民国趣读

老城记

老广州

中国文史出版社

本书编辑组

主　　编：韩淑芳

本书执行主编：张春霞

本书编辑：牛梦岳　高　贝　李军政　孙　裕

目录

第二辑　风气之先·走在时代前列的广东人

第五辑　一盅两件·广州人独有的生活情趣

第六辑　大买卖小生意·千年商都的民国记忆

第七辑　美味聚集地·吃货们的天堂

第八辑　娱乐休闲·会享受的广州人

第九辑　大人物·小人物

第十辑　广州印象·一幅难忘的岭南画卷

第一辑

看见广州·
老街老巷与一座老城

❖ 黄汉纲：广州城，要从一个神话说起

五仙五羊降临广州的神话故事，最早见于晋裴渊的《广州记》，说："战国时广州属楚，高固为楚相，五羊含谷至其庭，以为瑞，因以五羊名其地。"其次是《南越志》（作者及时代不详，初见于《隋书·经籍志》著录），说："任嚣、尉佗时，因楚时有五羊五色以为瑞，故图之于府厅。"更详细的记载是北宋乐史的《太平寰宇记》（成书于976—984年），说："周时南海有五仙人，衣五色衣，骑五色羊，来集楚庭（广州最古的名字），各以谷穗一茎六出（即一棵有六支谷穗的禾秆）留与州人，且祝曰：'愿此阛阓，永无饥荒。'言毕，腾空而去，羊化为石。"稍后，北宋张劢于政和四年（1114）立的《重修五仙祠记》碑，南宋方信孺的《南海百咏》等也有大致相同的说法。到了明末，屈大均在他的《广东新语》里，不但重复了前述的说法，而且更加具体、详细，神话故事发生的时间，也推前到了公元前八九百年的周夷王时。

汉代以前，广州地区不但稻谷栽培业已相当昌盛，羊也已成为常见的家畜，近几十年来广州汉墓出土了不少羊的模型（陪葬品），便是明证。从上述记载来看，五仙五羊降临广州的神话故事，最初不过是几头以青草、稻秆为食料的羊，含着带有谷穗的稻秆，走进了楚相高固的庭院（或办公室），事属平常。后来，经过历代人的辗转传述，逐渐增加了五仙人、五色衣、五色羊、六出谷穗、"愿此阛阓，永无饥荒"的祝词和五仙降临、飞升而去等一连串内容，构成了一个善颂善祷的神话故事。拨开这个神话故事的荒诞外衣，它实在是反映了两千年来广州的先民，在这里从事农牧业生产和创建城市的活动，并把羊视为帮助他们生产致富的吉祥物，用它来命名这个城市。这个神话故事也被广州居民视为广州历史开端的象征而永远传颂。

《五仙观史话》

❖ 冯国梁：老城变迁

广州古城从兴建到拆城，经历了二千多年。随着各朝代的变化和社会的发展，古城也出现多次的变化。而广州古城绝大部分都在越秀区。根据古文献记载："其城（指广州城）则周赧王时越人公师隅为越王无疆所筑，为之南武城，秦置郡县，属南海郡番禺县，南海郡尉任嚣拓之，赵佗据以自立为南越王，复增筑之，后世因亦呼为佗城。"南武城的确实地点虽无法查考，但任嚣任南海郡尉时，曾修筑的番禺城，俗称任嚣城。关于任嚣城城址，据北宋初郑熊的《番禺杂志》说："在今城东，二百步，小城也，始嚣所理，后呼东城，今为盐仓即番禺县也。"据后人考证，宋代的盐仓在今中山四路仓边路以西的旧仓巷。这座小城，东起仓边路，西至北京路；南到中山四路，北至越华路。秦汉之际，继任嚣统治南海郡的赵佗，曾把这座小城——任嚣城扩大到周长十里的大城，俗称"越城"或"赵佗城"。东起德政路，西至广仁路、广大路，南到北京路的圣贤里，北至正南路的锦荣街。这些地段都属于越秀区范围。自三国至唐代的广州城，只有古越城的西半部，比宋代的中城（又称子城）南边还略小。宋代在北宋庆历四年（1044）修筑子城之后，北宋熙宁三年（1070）和熙宁四年修筑东、西城，与中城连接。东到今农民讲习所以东，西到今人民路，北在百灵路、越华路、豪贤路一线，南抵大德路、文明路。元初曾大毁天下城垣，元至元十五年（1278）广州城被拆，至元三十年（1293）始修复。明代广州城垣又进入大发展时期，明洪武十年（1377）前后，将宋时的三城合一，并向北跨到越秀山之上，向东伸延越秀路。

嘉靖四十四年至四十五年（1565—1566），又在城南加筑外城，周长六里多。后人称明初所筑为"老城"或"旧城"，嘉靖时所筑为"新城"。

老城南界为今大德路、大南路、文明路。新城南界为今一德路、泰康路和万福路。新老城东界为越秀路（越秀路与中山路相交处为老城大东门旧址）。新老城西界为人民中路（旧称丰宁路）和人民南路（旧称太平路）。人民中路和中山路相交处，为老城的西门旧址，所以现称之为"西门口"。清顺治四年（1647）又在新城之南，增筑东西两翼城，直至珠江边，各长二十余丈，此后再没有扩展了。民国七年（1918）广州设立市政公所后，开始拆城墙，至民国十一年（1922）除越秀山至五层楼附近一段城墙外，已全部拆完。

从宋、明、清城内所辖的地区来看，除了文明路以南，文德路和德政北路以东一小部分地区属东山区外，其余绝大部分地区属越秀区。明代老城的七座城门，除正东门（俗称大东门）和定海门（俗称小南门）在东山区外，其余正西门、正南门、归德门、正北门、小北门等五座城门都在越秀区辖内。

广州古城的变化，体现出城墙作用的扩大。唐代广州虽然是世界著名的商港，但城墙的作用大概仅是用来保护官衙，范围不大，商业区多在城外。宋代广州的经济比唐代有所发展，城墙也经过十多次扩建和修缮，主要商业区也列入城墙的保护范围。以后明、清两代城墙的作用更主要是保护商业区。

《广州市越秀区的沿革》

❖ 韩锋：羊城八景，一座美不胜收的城市

我记得旧时"羊城八景"是这样的：一、珠江夜月；二、石门返照；三、大通烟雨；四、金山古寺；五、波罗浴日；六、蒲涧濂泉；七、景泰僧归；八、白云晚望。珠江夜月确是好景，珠江一河两岸，而且烟波浩荡。泛舟中流，明月在天，人影在水，这是何等景致。石门水清如镜，斜阳返

照，映在水面，但见霞光万道。这种景色，每天只有一个很短的时间可供赏玩。大通寺在花地，寺中有井名烟雨井。因为天将雨时，井中便云雾漫漫，屡验不爽。我小时曾经见过，还增加一种印象，就是井旁无数黄皮树，结实累累，作金黄色，用渔网网住。小儿嘴馋，望见真令垂涎欲滴。金山古寺在什么地方？连我也不知道。波罗庙所供奉的为一番僧，看样子是个印度人。当时来广州做生意不幸沉船，人民立庙祀之。四周皆是大海，了无遮障，在此看日出日入，那个日好似从海里洗浴出来一样，当然是一绝妙奇景。今日沧海变作桑田，又看不见日出日入，更谈不到那个"浴"字了。蒲涧在白云山脚，那道濂泉莫说比不上贵州的黄果树大瀑布，连罗浮山黄龙观前的瀑布也差得远，只可称作小水潺潺。有人建一濂泉寺在旁边，已为日敌拆卸。景泰寺在白云半山，一条小径，蜿蜒若蛇蟠，暝色四合时，远远望见僧人一个一个归来，亦属佳景之一，奈何亦为日敌拆去。在白云山顶晚眺，但见万家烟树，若隐若现，沉浸在暮霭中，这个景色，确实不可多得。

"八景"看来，现在只存"珠江夜月""石门返照""白云晚望"三景。不过广州大好景物尚多，如华林寺的五百罗汉堂，光孝寺南汉王朝布施的铁塔，六榕寺的花塔，怀圣寺的光塔，海幢寺的鹰爪兰，大佛寺的星岸石佛座，长寿寺拆余的王士祯"红楼映海三更月，石径通江两度潮"石刻，中央公园的景岩石狮子、铜壶滴漏等等，皆是不可多得、不可多见的古物，不可不饱饱眼福。你若要知道羊城得名的由来，应该逛逛五仙观。你若不忘本，要知道祖先怎样才能读书识字，应该逛逛中山四路开越大夫（贾）祠。若要知道前刺史吴隐之怎样饮过的贪泉，并题"昔人云此水，一呷怀千金。试使夷齐饮，终当不易心"二十字在旁边，你就应去石门山下看一看。还有，漱珠岗的纯阳观，也是要去看看的。至若广州新的景物，很多很多，请你读读朱光市长的《广州好》，有词有画，既可以作导游，又可以作游览指南，恕我不再详细写出来了。

《羊城八景叙谈》

❖ 李云谷：白云山的来龙去脉

▷ 白云山上远眺广州城

白云山为广州名山，位于市郊大北门外，方圆凡十公里，向为风景旅游区。山上多名胜，可溯至秦代之迹。有仙祠、佛寺、岩洞、溪谷，有流杯之池，壮水帘之观，千章古木，百尺飞涛，苏东坡曾加赞美，为四方游客所常至。以山之脉络形势言，据《番禺县志》：白云位处县城之北，高达三百余丈，盘踞百余里。据现时测定，最高点为383米，虽不若吾粤四大名山（罗浮、丹霞、西樵、鼎湖）之雄峻壮丽，亦自有其独擅之胜。据地理学家言：吾粤山脉，不出五岭，皆有所自，可见山有脉，水有源，可从地系书籍考究得之。据志书言：白云山脉远来自粤北连平县之九连山，该山位于连平县之东部，高达二千余丈，周回五六百里，东连龙川、河源；南连博罗、增城、龙门、从化；西连翁源、英德；北连龙南，环通九县，故有九连之称。末段则由从化以迄白云，余脉则结为越秀山，为山脉之终点，大部分地质为花岗岩及石灰岩所成。陈恭尹镇海楼诗有云："五岭北来峰在地"，可证白云越秀山脉源自五岭。

另据屈翁山《广东新语》云："白云者，南越主山，在广州北十五里，自大庾逶迤而来，既至三城，从之者有三十余峰，皆知名。每当秋霁，有白云葱郁而起，故名白云。"合上文观之，白云山脉来自粤北，九连和大庾，均属五岭，可见来龙去脉。

《白云山文献掌故考》

❖ 李纪麟："四大丛林"，每个都有一千年

广州拥有著名古刹四所，又称"四大丛林"，其中包括：

光孝寺——原名"制旨寺"，后建"五苑就延寺"，到宋朝才定名"光孝禅寺"，始建于三国时代（220-265），距今约1700多年。东吴虞翻被贬南来，曾在这里讲学，并种上诃子树，故称"诃林"。

华林寺——原名"西来庵"，始建于南朝梁武帝大通元年（527），高僧达摩西来所建，距今约1400多年。

六榕寺——初名"宝庄严寺"，始建于南朝梁武帝大同三年（537），距今约1400多年，初唐王勃撰有《庄严寺碑记》，供奉南宋六祖师惠能，寺有古榕六株，宋苏东坡手书"六榕"两字，是为六榕寺得名的起源。

海幢寺——初名"千秋寺"，始建于五代南汉，距今约1000多年。明末僧人池月和光半募得长老郭龙岳的宅园葺而居之，颜曰"海幢"，今释（澹归和尚）有《兴建海幢寺碑记》。

据统计，这四间古寺，年代最久者为光孝寺，其次为华林寺，大约后十年左右为六榕寺，河南的海幢寺也超过千年了。

《广州四大丛林之一的华林寺》

▷ 广州华林寺五百罗汉堂旧照

▷ 南海神庙仪门

❖ 陈大伟、罗菁：波罗庙的传说

南海神庙别称"波罗庙"。据考证："波罗"梵语即"彼岸"；"蜜"，指"到达"；"波罗蜜"，意思是"到达彼岸"。当时乡民不识梵语，便以为呼南海神庙为波罗庙了。另一说法是，庙前空旷草地，东西各有一株波罗树，高达三四丈，枝叶茂盛，果实累累，相传是婆罗门贡使携种来庙种植。萧梁时期，婆罗门即为波罗国（今南印度），故称"波罗庙"。可惜庙前的波罗树今已枯死。

波罗庙主要是供奉"南海广利洪圣王"的。但庙之左廊，祭祀着一位鳌面白眼的神像，不像其他菩萨金身红面，一手加眉际作远眺状的神像，它就是波罗神。

关于波罗神的来历，众说纷纭，较为可信的说法，见宋代方信孺在《南海百咏》中的记载。唐朝时，古波罗国有来华朝贡使，回程时经广州到南海神庙谒神，并将随身带来的波罗种子植于庙前空地，后被庙中秀丽景色所迷恋，以致误了返程的海船，使者于是举左手至前额远眺，望江悲泣，日久立化为神。后人认为朝贡使是友好使者，即将其厚葬，并按他生前"盼归"形象塑像，置于庙之左廊，奉为神灵祭祀，又给他身加中国衣冠，封为达奚司空。宋高宗绍兴年间，达奚还被敕封"助利侯"。俗称"番鬼望波罗"，即指此事。

《波罗庙·波罗神及其咏诗》

❖ 刘文澜：羊城主干线

自从明代起，今天的解放路便是当年广州从北到南贯穿市中心的主干线。现在象岗南麓大北花圈附近有一座"大北门"，大北门外为"大北外直街"。从大北外直街向南直至"小市街"是用五行石板块铺约4公里的长街，可分为三段：北段是今天解放北路至"鸡林"（现中山五路口）附近，叫"大北直街"，其东边附近有越秀山上的镇海楼、三元宫、越王井、总统府（现中山纪念堂）等胜迹；西侧有清代平南王尚可喜的府第、八旗将军府第。中段是今解放中路，即从大北直街南端（鸡林）至"孚通街"附近的"归德门"（羊城南门之一，位于解放中路南端），这段路明代和清代叫"四牌楼"，即有惠爱、忠贤、孝友、贞烈四座牌坊，分别为表彰昔年南下的名宦、地方贤良名流以及孝子节妇而建的。南段即今天的解放南路，昔从归德门迄南至靖海路，叫"小市街"。"小市街"是明代中后期新建的市集，与"大市街"（现惠福西解放路口至米市路口一段）先后形成，故名。

1930年，市政当局将这条石板块铺砌的南北干线改建为马路，并改名为"中华（北、中、南）路"。

1949年10月14日，中国人民解放军急行军200余里，从北郊沿中华北路入城，分兵占领了国民党逃亡南来的据点——伪"总统府""行政院""国防部"、广东"绥镇公署"及伪"省、市政府"等，15日，广州天亮了，彻底解放了！

为了纪念人民解放军的功绩，党和政府根据广州市民的意愿，于1951年"八一"建军节那天，在解放北路天安大厦前开党政军民庆祝建军节暨解放路命名大会，叶剑英市长主持剪彩、朱光副市长作了命名的说明。自此，这条南北干线便称为解放路（也分北、中、南）。

《广州解放路溯源》

❖ 曹思彬、林维熊：越秀区的街道

越秀区街道的得名，来历是多方面的。我们就现有的文史资料来考察一番，街道的得名来自几个方面，说来也颇有趣。

第一是以原有的衙门、公署而命名的。现越华路正南路以东一段，旧称司后街，是因为位于布政司的后面而得名。将军前、将军东、将军西（在中山六路），在清代原是将军衙门。八旗二马路，因曾有八旗会馆而得名。大马站、小马站（在中山五路），是因清兵南下时，曾将这条巷作为官府的马房。

第二是因教育而得名。清乾隆二十五年，盐运司范时纪倡办越华书院，在广中路附近，今天的越华路因而得名。清同治八年，布政使王凯泰倡建应元书院，是为培养科举考试人才而设在三元宫一带，今天的应元路因而得名。广东公立法政大学原为法政学堂，创办于1906年。校址在湛甘泉别墅旧址（在法政路），今天的法政路因而得名。府学东街和府学西街，以"广州府学宫"（在今市一宫）得名。教育路因清末在此设"教育会"而得名。著名爱国诗人、教育家丘逢甲，曾担任过教育会会长。

第三是因名胜古迹而得名。光孝寺是广州市的古寺，原是西汉时南越王赵建德的王府，今天的光孝路因而得名。南朝梁大同三年，僧人昙裕建宝庄严寺舍利塔，即今天六榕寺和花塔的前身，六榕路因有六榕寺得名。唐代为纪念伊斯兰教创始人穆罕默德，建立了怀圣寺，寺内有设计奇特的光塔，保存到现在，今天的光塔路因而得名。九眼井，以南越王的名井而得名。七块石，以原南汉时代西湖的桥石而命名。南汉在广州建立王朝时，曾在城内（在今教育路附近），开凿西湖和仙湖，并种植红药，称为"药洲"；今天的西湖路、仙湖街，因此而得名。药洲亦称"九曜园"，内有九曜石，北京书法家米芾到广州时，曾在石上题"药洲"二字。现在教育路内，有一条巷九曜坊，因而得名。

第四是纪念历史人物而命名。聚贤坊又名聚仁坊，是纪念五贤人得名。明朝初期，有五位诗人王佐、孙蕡、黄哲、李德、赵介，在今文德路附近建立"南园诗社"，经常聚会吟唱，"五贤"是指这五位诗人。诗书路原名诗书街，是纪念明代诗人张诩而得名。张诩著《南海杂咏》，被人推崇为"诗书"。高第街是广州市著名街道，因明代巡按使周新曾定居这里而得名。周新为官清廉正直，因铁面无私得罪了锦衣卫指挥使，被明成祖误处死。周新临刑前大呼"生为直臣，死为直鬼！"据说，对面的仰忠街，也是后人为纪念周新而得名。

第五是以地形位置而得名。越秀北路、越秀中路、越秀南路，因紧接越秀山的不同方向而得名。海珠南路、海珠中路、海珠北路，因连接珠江不同位置而得名。

第六是以商业市集而得名。例如米市路、纸行路、麻行街、海味街、麦栏街等，都因过去集中经营某些商品而命名。

第七是因特殊情况及其他原因而得名。例如蒲宜巷，原名蒲夷巷，古时称阿拉伯人为"蒲夷"，因该巷聚居较多阿拉伯侨民，故名。后来因"夷"字不够尊重，故改为"宜"。又如惠福西路有甜水巷，相传过去这里有个水井的水是甜的，故名。

其余还有不少街道的得名，与历史、传说有关，待收集整理后，再来一个续篇。

《越秀区街道得名考》

❖ **秋蘩：陶街街名考**

位于广州市解放中路西侧、东西走向的陶街，是因500多年前明代的陶成、陶鲁父子而得名。

《明史》载：陶成，字孔思，广西玉林人。明代永乐间中举，历官交趾凤山典史、广东布政参议、浙江佥事进副使。值处州农民起义，陶成战死。朝廷追赠他为浙江左参政，录其子陶鲁为广东新会县丞。

陶鲁字自强。任新会县丞时适广西瑶民起义，攻陷高、廉、肇、惠等州。香山（现中山市）、顺德、新会等县农民也群聚响应。陶鲁召集新会绅士说："贼气欲吞我城，不早备必陷。汝等能率子弟捍御乎？"士绅们说："能！"于是筑堡寨、修甲兵、练技勇。故陶鲁被擢升广州同知，家人亦从玉林移居广州。明成化二年（1466）陶鲁又随粤总督韩雍征大藤峡农民军、立"战功"，再升官为广东按察副使，官领新会、阳江、阳春、新兴等"岭西道"。有"三藩岳伯、父子忠勋"及"陶三广"等"称誉"。

明嘉靖四十年（1561），广东（尤其是新会）士绅为其父子建"忠勋祠"于广州忠贤坊后街，清代建内街时称"陶街"，保留至今天。

《陶街街名考》

❖ 陈予欢：拆街闸、装电灯，市政建设的开端

清末民初之交的广州城，原有内城和外城之分，各城门外曾筑有瓮城、月城、翼城等；又有老城和新城之分，老城区由观音山（今越秀山）起，经今日之越秀北路、越秀南路，向右转经文明路、大南路、大德路，再向右转经丰宁路（即人民中路）及长庚路（即人民北路）、盘福路，仍回返越秀山。新城区的原址为今日之越秀南路起，经万福路、泰康路、一德路，右转至太平南路（即人民南路）的太平桥止。实际上，民国元年（1912）广州府治范围是：东至大东门（今中山四路与越秀北交界），东南至小南门（今文明路与越秀南交界处），南至大南门（今大南路旁之玉带濠前），西至西门（今中山六路与人民中路交界），西南至归德门（今解放南路与大德路交界处），北至大北门（今盘福路北与解放北之界）、小北门（今小北路与

越秀北交界），镇海楼（即五层楼）地处广州老城正北，扼守城垣边关。

当时的广州城，原属南海县和番禺县的分治地。南海县署设在通衢街，即今盘福市场内；番禺县署设在惠爱八约，即今德政北路之禺东、西街。两县的知县官，则是广州府属的地方官。

当时的广州为旧式城垣，最初的大马路（砌石条）只有西濠口至东堤一段，其余全是石泥混铺路面的内街窄巷，每街交界（主要街巷）设有街闸（闸门），晚间定时锁闭，天明始开，街闸处悬点油灯。入夜后街巷昏暗，社会秩序紊乱，而街闸又成了警察维持治安的障碍。老同盟会员陈景华上任省警察厅长后，厉行警巡制度，下令拆除全市街道闸门，并促电灯公司在全城内外各街交接处安装电灯。因此，旧广州街闸之拆毁、街道之有电灯，实是民国时期广州市政建设之开端。

《民初之广州市政建设》

❖ 韩锋 等：拆城筑路的风波

1918年10月，广州成立市政公所，设在育贤坊禺山关帝庙内（后迁到大佛寺）。当时市政公所的重要任务是负责拆卸城墙，将墙基改建为马路。当时的督军是莫荣新，省长是朱庆澜，由莫、朱任命财政厅长杨永泰充总办，警察厅长魏邦平充帮办。（后期加派孙科为会办）在他们看来，拆城筑路第一需要钱，就任命财政厅长兼总办；第二生怕群众反抗，就需要武力，便同时任命警察厅长兼帮办。总办和帮办都不是常驻所办公的，故在他们之下设一坐办，主理全盘事务，担任这职务的是杨永泰的老师曹粲三。还有总稽核、总务科、工程科、经界科、总测绘等职务，尽是杨或魏的人，形成杨、魏两派的分立。每做一件事情，彼此钩心斗角，争权争利，谁也管不得谁。

▷ 20世纪20年代的长堤大马路，远处为海珠岛

拆城筑路最早的倡议人是温宗尧。1902年岑春煊督粤，温是岑的"洋务文案"（也称洋务总办），献议将城西长寿寺封闭拆平，改建自来水塔和一家乐善戏院，还开辟一条不长的马路，路旁建商店。此路在住宅稠密之中，四面仍是浅街窄巷，不能行走车辆的。此外，温还献策把城南沿珠江一带修筑沿江马路。这样，当时广州市唯一能行走车辆的就是由城东到城西直达沙面的这条沿江马路（即长堤路）。

朱庆澜提倡拆城筑路，有人反对，有人赞成。大体来说，城内的人是赞成的，城墙拆了，城内外畅通，交通方便得多。还有城外西关和长堤一带地价比城内高数倍至十数倍，一旦城墙拆下改建为马路，城已不存，原日的城内地皮也将随着商业地区的扩大而涨价。西关方面的财主们却十分不愿意，首先是怕开筑马路，西关的古老街道也将要拆宽改为马路；其次是怕城内的官风洋气冲刷西关的封建社会的堤防。后来，果然借故大闹大嚷一场。

《旧广州拆城筑路风波》

❖ 刘文澜: 四牌楼 "搬家"

四牌楼，是地名也是街名，即今天广州的解放中路。60多年前（20世纪20年代），那里称为归德直街，1929年拆旧城建马路时改称中华中路，1949年10月广州解放，1950年改名解放中路。

四牌楼是惠爱坊、忠贤坊、孝友坊、贞烈坊四座石牌坊的合称。若加上纪念海瑞的盛世直臣坊，共有五座。但人们叫惯了，只称四牌楼。

▷ 广州四牌楼旧貌

四牌楼之所以著名，是因为这些牌坊虽然有封建意味，但都为纪念历史名人而设。惠爱坊是为纪念自中原来粤、有惠民德政的地方长官，如秦时首任南海尉任嚣、汉时南越王赵佗、东晋时广州刺史陶侃、唐时潮州刺史韩愈等67人而立；忠贤坊是纪念广东历代地方贤良名流如高固、邓宓、杨孚、陈献章、伦文叙等49人而建；孝友坊是为表彰孝亲爱友的人物如董正、罗威等54人而设；贞烈坊是为旌表贞节烈女如陈南妻戴氏、符凤妻玉英等55人而树。

广州史地志虽未明确记下各牌楼建立的年代，但东莞井简氏族谱中提到："嘉靖十三年（1534）甲午广东御史戴公璟为坊于广州之通衢，额曰'孝友'，是则四坊均同时立矣。"可见四座牌楼建于明代。

各牌楼从北到南分竖于闹市中，每座相距二三十米不等，建构大致相同，均以石柱、石梁、石幔、石匾、门前石圆辘座等制凿刻件叠架而成。上有盖，飞檐高翘；下为题刻横石匾；再下是石门，当中大门较宽高，可通过中型汽车，两旁为对称的较矮小侧门，只可过人力车。

广州城市的发展和汽车的出现，亟须拆城扩建马路，而四牌楼横跨通衢大道上，发生过撞坏汽车事故，影响交通，便于1947年相继拆迁，分别移竖至现越秀山南麓（2座）、儿童公园和中山大学内。

《四牌楼风物琐记》

❖ 秦启泰：平南王府话今昔

清初顺治七年（1650）一月，被清廷封为"平南王"的尚可喜，率领数万清兵围攻广州城，广州军民拼死抵抗，坚守孤城长达10个月之久。尚可喜命清兵大量砍伐城北景泰坑一带的树木，沿城构筑几十个比城墙还高的炮台，向城内发动猛烈的炮击。广州军民终因弹尽粮绝，于同年十一月被尚可喜攻陷。尚可喜因广州人顽强抵抗清兵而大怒，下令屠城，重演了清兵"扬州三日"的惨剧，广州街头到处是被杀军民的尸体，据史载，广州军民被杀戮10多万人。

尚可喜攻入广州后，占据庭院森森的明朝提督府作为自己的府第，并大兴土木加以扩建楼台，这就是赫赫有名的"平南王府"。尚可喜在这里用铁血政策统治广东人民长达十三年之久，广州平南王府就成为当时广东最高权力之地，几多横征暴敛、草菅人命的法令，就出自这座平南王府。

尚可喜还不满足于已攫取的权力，与云南的平西王吴三桂勾结发动叛乱，这就是有名的"三藩之乱"，战火烧遍半个中国。清康熙二十年（1681），派遣官兵几经大战才平定了三藩之乱，削去平南王封号，改为轮换的"将军制"，重新任命了"广东将军"。于是平南王府改为"广东将军署"，这是清廷驻广东的最高军事领导机关。在平南王府南侧新建一座将军楼（今广德路、将军东路、将军西路就是当年威严的将军楼遗址）。将军楼和今广东迎宾馆是连成一片的，广东将军署的大门向南，中山六路16号小红棉饭店（现已拆），就是将军署的大门，今广东迎宾馆是将军署的后院。

第二次鸦片战争后，清咸丰十一年（1861），英国强迫清廷把将军署北侧，即今广东迎宾馆碧海楼、白云楼一带，划给英国做领事馆用。英国人占据此地长达67年之久，直至民国十七年（1928），广州国民政府与英国几经交涉，才收回此地。民国二十一年（1932），广州市政府决定将原平南王府改为净慧公园，以示纪念净慧寺（六榕寺前身）。在公园南侧兴建民众教育馆（后一度成为广东省教育厅）；在公园北侧兴建迎宾大楼（就是今天碧海楼前身）。但净慧公园的寿命很短，不久就改作"广州迎宾馆"。1949年初，国民党中央政府从南京迁至广州，代总统李宗仁就住在迎宾楼，这里事实上成了国民党的"总统府"。李宗仁与白崇禧等桂系首脑多次在此楼的西花厅聚会，研讨时局和对策。

《尚府楼台几度新——广州平南王府今昔》

❖ **梁俨然：荔湾变迁**

荔湾地区原为古城广州之西郊，旧称"西园""西关"。自秦代起先后隶属于番禺、南海县（郡）等管辖，反复更变。至宋太祖开宝五年（972），荔湾地段属南海县管辖，此后多朝代未变。清咸丰九年（1859），沙面被迫租借给英、法做租界。清末荔湾地区西关属南海县捕属（即县衙直辖区），西村、泮塘一带农村属南海县恩洲堡管辖。光绪三十年（1904），荔湾地段内设巡警北路正局于华林寺，设南路正局于陈塘南。光绪三十三年撤销南北路正局，分别于西山庙、西禅寺、浮丘寺、允贤坊、华林寺、长寿寺、第十一甫庚网巷、十三行、陈塘南、大笪地同德大街、永庆街、宝源北街设立12个西关巡警分局。宣统二年（1910），12个分局并为4个巡警区，为第三、四、五、六区，区所分别在西禅寺、长寿路、陈塘南、永庆街。

▷ 民国时期的荔湾

辛亥革命后，民国十年（1921）广州市政厅成立，西关地段属广州市区范围。民国十七到十九年，原属南海县管辖的南岸、澳口、增埗、西场等地均划入广州市区范围。民国时期地区事务主要由警察局（署）管治。30年代荔湾地段的警局有长寿、宝华、陈塘、西禅、荷溪、逢源、黄沙等分局，另有西山、南岸、太平、鹅潭等分局管辖的部分地段属现荔湾区范围。民国三十四年抗日战争胜利后，国民政府重新把广州划为28个行政区，收回的租界沙面也新设成区。此时荔湾区域内设有长寿、西禅、逢源、黄沙、陈塘、沙面区、南岸、西山、太平区有部分地段属今荔湾范围。各区设区公所和警察局管辖。每小区管辖范围较小，仅相当于今天两条左右行政街。

《荔湾区沿革》

❖ 李云谷：荔湾潮涌，那个游河啖荔的夏天

荔湾风景的好处，就在湾里河涌多，曲曲折折，都架有桥梁通行，著名的柳波涌、柳波桥，文人总好写入诗句里。过去没有公共游泳场时，游人就在湾里游泳和划艇，人艇都多，很不方便，容易出事，发生危险。湾里有各种船艇，有紫洞菜艇（多在湾外）、大厅、鱼生粥艇、海鲜虾艇、烟酒果艇，蔬菜、甜品什食等都有供应。还有出租唱机、唱片和卖唱歌娘的小艇，每到夏季，尤其荔枝上市时，游客更多，游河啖荔，别有一番情趣。为了尝新，外地游客也不少。可是旧社会对于交通、卫生很不注重，河涌渠道没有经常疏浚，加上附近人家烟户稠密，垃圾污水不断流入湾里，拥塞不通，遇到潮退水浅时，发生臭气，使人感到不快，这是荔湾过去的现象。

《荔枝湾杂谈》

❖ 李穗梅：五层楼，万千劫后今尚在

　　五层楼是广州北城墙上的城楼，又有望海楼或镇海楼之称。楼高28米，阔31米，深16米，登楼可眺望整个广州城及珠江。五层楼是明洪武十三年（1380）永嘉侯朱亮祖所建，是兵家必争之地。600多年来，由于人为和自然的灾难，五层楼屡遭毁坏，数度重修，其中有5次，分别在明嘉靖二十四年（1545）、清康熙二十六年（1687）、1928年、1946年和1952年，进行了较大规模的修葺。1928年重修时，将楼内的木结构改为钢筋混凝土结构，但楼东西两面的山墙、后墙第一、二层的红砂岩和第三层以上的青砖墙基本上保存明代的旧物。这次大修后，在此建立广州博物院。新中国成立后，五层楼被公布为省级文物保护单位，也是广州博物馆馆址，常年展出广州的历史文物。清末李棣华撰的著名楹联"万千劫，危楼尚存，问谁摘斗摩霄，目空今古；五百年，故侯安在，使我倚栏看剑，泪洒英雄"至今仍悬于顶楼上，吸引着每年几十万的中外游客。五层楼已成为广州著名的游览胜地。

《五层楼上指挥平叛》

❖ 何炳材：大钟楼，见证广州百年沧桑

　　粤海关的原始办公大楼位于西堤沙面附近，距离十三行原英商会馆不远，建于1859年（清咸丰九年）。楼高两层，占地面积4000多平方米，在当时可算是广州市最高大的洋楼之一，令人瞩目。大楼南向濒临珠江，前

▷　广州镇海楼（五层楼）旧貌

▷　广州大钟楼

面岸边建有海关码头，海关码头东边有几个商船码头，货轮、客轮均可靠泊。辛亥革命后，粤海关大兴土木，将该办公大楼（已有55年老龄）重新拆建，建成现在模样的“大钟楼”。大钟楼于1914年3月28日奠基，奠基人为当时粤海关之监督宋寿征和税务司梅乐和（F. H. Maze，英籍），1916年建成，耗资达12余万两白银。楼高31米，地下室和一楼全部用花岗岩砌筑，仅作储物用的地下室高出地面4米，全楼按防洪防台风之高标准设计建筑，质量要求极高。顶层的钟塔本身高13米，大钟是由英国著名钟厂制造，钟面直径约3米，夜间有灯光照耀，四面可见，每15分钟以音乐报时一次，风静时可传播4公里之遥。大钟还有一条直径1.5厘米、长约15米的钢丝缆，吊着一个重约200公斤的钢锤，每月由两名工人用手摇起重机将钢锤绞上，作为时分针运行和报时音响的机械动力。粤海关的大钟楼是我国近现代史上有名的大钟楼之一，至今仍完好无损。

《粤海关概述》

陈华新：广州“巴黎圣母院”，教徒要发爱国心

矗立于广州一德路旧部前的天主教圣心堂，俗称石室，是我国最大的一座哥特式石结构建筑物。

1912年5月11日，孙中山来到石室，出席天主教欢迎会。是日上午11时，孙中山应邀在圣心堂演讲。原来孙中山于4月1日辞去临时大总统职务，由南京到上海，又由上海到武汉，再从武汉回上海，乘轮南下，于4月25日抵达广州。当时离清朝的被推翻仅有数月。孙中山在这次演说中，首先指出推翻清朝的远因。他说：“吾人排万难冒万死而行革命，今日幸得光复祖国。推其远因，皆由有外国之观感，渐染欧美文明，输入世界新理，以至风气日开，民智日辟，遂以推倒恶劣异族之政府，盖无不由此观感来也。”接着，孙中山肯定了来华传教士在传播西学中起过一定的积极作用，

并认为国政要改良，宗教也要改良，希望以宗教补政治之不足，并号召教徒同发爱国心，对于民国各负其应尽之责任。孙中山的简短演讲，受到与会者的热烈欢迎。

▷　清末民初的广州天主教圣心堂

由于石室仿法国巴黎圣母院建造，故有"广州的圣母院"之誉。值得一提的是这一著名建筑，乃出自揭西建筑工人蔡孝之手。1962年7月石室被列为广东省文物保护单位。石室现为省、市天主教爱国会所在地。昔日孙中山号召教徒要发扬爱国心，今天可以说是实现了。

《石室谈宗教》

❖　**韩锋：**中央公园，曾经是个"大果盒"

中央公园的旧址，原为巡抚衙门，因东边地势有点弯曲，不甚齐整，遂将卫边街三多里的民房，全部征收，并入巡抚衙署。图式设计，全由市政公所技士杨锡宗一手完成。图为对称式，两边一样。入门后，当中一个水池，从前有个观音像，是梁常的作品。像高四尺，双手持着个钵盂，作向下倾倒姿势，池水不深。现观音像已拆去，多养金鱼。水藻纵横，游鱼可数。再进数武，两旁排列着一对巨大的星岩石狮子。原来将军署门前之物，一雄一雌，高逾寻丈。将军衙署旧为平南王府，尚可喜镇广州时所建。落成后，命高要县令杨雍建找肇庆七星岩白石，琢成石狮一对，以为门前装饰。这种白石，名叫蕉叶白，在坑石中非常难得。听说还有一对，比这对宏伟得多，可惜因重量太大，沉在肇庆峡附近。这对是杨雍建仓促找来充数的。

▷ 民国时期中央公园外景

再进为音乐亭，初建时，每星期日，必有乐队在此演奏。亭子上有楹联一副，是王亦鹤手笔。王有两个侄女儿，一名静宜，一名淑宜，皆有声于时。当市政合署未动工兴建前，有一茶亭，卖粉面点心，夏天兼卖雪糕汽水。那时所植树木，高仅逾人。独亭前那株大叶榕，是抚署百年前旧物，高可数丈，广荫盈亩，憩息其下，凉风袭人。现时此树矗立市人委（即今之市政府）门前，仍觉青葱可爱。

公园初建时，临吉祥路的围墙过高，人讥为监狱。彭回长工务局后，改建一次。此园又名第一公园，在从前的广州，已算首屈一指。但入园之后，几乎一览无遗。没有一处地方，可以令人流连不去。因此有人讥为"大果盒"。现在这个"大果盒"已树木参天，非往昔时的吴下阿蒙了。

《漫谈中央公园》

❖ 刘成基：吕彦直的绝唱，中山纪念堂

自1925年3月12日孙中山先生在北京逝世，当时即已有人倡议在广州建立纪念堂。但其时华北军阀政府是不愿意纪念中山先生的。而当时国民党政府仅占广东一隅，正在忙于统一广东，进行东征，且当时中国政治局面混乱，内战频繁，外患交迫，是以建立纪念堂之议迄未实现。至两年之后，即1927年，其时蒋介石已在南京建立起他的反动统治，革命暂时处于低潮，国内暂时呈现相对稳定局面。蒋政府为了戴起"总理信徒"的假面具，企图欺骗人民，同时炫耀其"全国统一，进行建设"的虚假声势，于是继在南京建设中山陵之后，在广州正式设立"广州中山纪念堂筹建委员会"，由当时任广东省政府主席的李济深主持；陈铭枢、冯祝万、李福林等均为委员。建筑经费，最初计划白银一百万两，由广东省政府每月筹十万元，归国库支拨。

1927年4月，筹建委员会登报悬奖征求设计方案。当时应征者有中外建筑师多人。5月中旬评选揭晓，第一名吕彦直，第二名杨锡宜，第三名范文照。筹建委员会决定采用第一名方案，由吕彦直建筑师主持设计工作。

设计建筑师吕彦直（1894—1929），山东省东平县人，1913年毕业于北京清华学校，赴美国康奈尔大学（Cornell Univ.）研习建筑，毕业后曾协助美国建筑师摩非工作。1921年回国，在上海设立"彦记建筑事务所"。应征南京紫金山中山陵及广州纪念堂，均获首奖。吕氏的建筑设计，细致而富

▷ 1931 年落成后的中山纪念堂

▷ 俯瞰越秀山中山纪念堂、中山纪念碑和镇海楼

有中国风格。他虽在美留学，受西洋建筑影响不浅，且曾佐美国建筑师摩非工作多年，摩非自称对中国建筑有研究，曾设计北京燕京大学、南京金陵女大、广州岭南大学，惯于在西洋式建筑物上加上中国式大瓦顶，被中国人讥为"穿西装戴卜帽"。而吕彦直的创作一洗摩非的生搬硬套作风。他所作中山陵及中山纪念堂图案，均外形壮丽，纯粹中国民族风格，而又吸收西方建筑学长处，以现代化材料作为结构手段。中山纪念堂整个建筑面积为3700多平方米，高49米（相当于普通楼宇16层高），可容观众近5000人；而大厅内部完全没有柱子妨碍视线。原来在大厅周围用八条大柱支承着四个跨度约30米的钢桁架，再在这四个大钢桁架上支承八个较小桁架，在上部构成一个八角瓦顶，像一把张开的巨伞。由于钢桁架跨度很大，因此其下形成的空间也相当巨大。至目前为止，广州市的会堂剧院还未有出其右者。另外，基座和石阶选用香港花岗石，砌墙裙的大理石从辽宁运来，墙面镶乳黄色泰山面砖，足部用五色人造石饰面。紫红色巨柱上是宝蓝色琉璃瓦顶；整个建筑色彩鲜明。观众大厅共有11个出入口，5000人在几分钟内即可离场完毕。凡此种种，均被当时建筑界推为杰构。而设计师吕彦直却于1929年3月18日因患肠癌于上海去世，竟不及见中山纪念堂建成，年仅36岁，实为我国建筑界的重大损失。

《广州中山纪念堂建筑史料》

❖ 刘成基：中山纪念堂与纪念碑

中山纪念堂的建筑地点，选在越秀山南麓，南临德宣街，背倚越秀山，该处清末时为督练公所，辛亥革命后，曾被军阀龙济光据为"振武上将军府"。1921年孙中山先生回粤就任非常大总统时，曾以此为总统府。但按建设计划，除此地址外，还须拆除附近民房数百户，当时北面的九龙街，西面的粤秀街，东西的莲塘街，以及许多不知名的小巷，均遭拆平。当时虽有规定补偿房价，但在重重克扣之下，居民实际所得无几。此地聚居者绝大部分是劳动人民，有不少因此而流离失所者。旧社会的重重黑暗，由此亦可见一斑。

至于中山纪念碑的建筑地点，系在纪念堂背后，越秀山南面最高处，此地点原来系一观音庙（越秀山俗称观音山，即由此得名）。龙济光据粤时，曾在此架设大炮，该炮现仍存在五层楼前。此地拆毁观音庙建筑中山纪念碑，对劳动人民的生活无大影响。但因地势高峻，运输纪念碑建筑材料的工人，即大感困难，当时水塔还未建设，连建筑用水也要从山下运上来。

《广州中山纪念堂史实》

❖ **杨颢：** 沙面租界的由来

1857年12月，英法联军占领了广州，两广总督叶名琛被俘，广东巡抚柏贵、将军穆克德纳投降。英法在巡抚衙门内设置了权力很大的外人委员会，严密控制和操纵中国的官员，使广东当局成了地方傀儡政权。外人委员会由3人组成：英国的巴夏礼、哈罗威上校和法国的修莱海军大佐，而巴夏礼居中为主。这个外人委员会实际上负责具体管理广州的政务，监督其文告的发布。委员会之下设置有警备部队，最初为60名（其中英人40，法人20）；后增至130名（其中英人100，法人30），另外还有中国巡警队，市区700人，郊区600人，以维护日常治安。

英法联军深知，以弱小的兵力，长期驻扎在人民极富反抗精神的广州城内是不现实的，终有一天要撤出。于是他们开始寻找新的租地，以代替从前外国人居留的十三行地区，建立永久的据点。

1859年，英国人看中了西濠和白鹅潭边的"中流沙"（近海一面称沙面）两块地方。1859年5月，英法两国官员正式向广东巡抚毕承昭要求租借。毕以西濠人口稠密，难以迁徙为由而拒绝，但应允租借"中流沙"河滩地，并在租借前负责把该河滩地填筑成一座小岛。同年7月，两广总督黄宗汉也正式同意了毕承昭予英法租借沙面的允诺。

沙面之所以成为英法租地的选址，有三个原因：一是"有自然生成的停泊地，稍加建设即可停泊大小船只"；二是"接近中国富商大贾所住的西关，贸易交往方便"；而且宜于夏季纳凉、眺望。

英法两国官员责成广东当局负责沙面河滨地基填埋工程，经费从中英、中法《天津条约》中规定的600万两赎城费中扣除，由即将组建的粤海关支付。地基填埋工程完工后再租借给英法两国。

▷　20世纪30年代广州沙面航拍图

1859年下半年，沙面地基填埋工程开始。迁徙住在沙洲上的寮民及拆毁两座第一次鸦片战争时的广州城防炮台后，先从水底用花岗石把沙面周围垒成椭圆形，填上沙土，地基高出水面一丈余；再在北部开挖一条运河，使沙面成为四面环水的小岛，并与市区隔开。面积55英亩（合约330亩），工程耗资共32.5万墨西哥元，英国出资80%，法国出资20%。租借面积亦与此相应，英国占44英亩（合264亩），法国占11英亩（合66亩）。1861年9

月3日，英法两国官员与广东当局有关官员劳崇光签订了租约，每亩年租制钱1500文，每年年末（第十二个月）向广东当局交纳，而"中国政府则须放弃对该地之一切权利"。沙面从此成为英法租界。

《沙面租界概述》

❖ 梁炳枢：沙面，殖民者的"独立王国"

沙面被划为"租界"以后，英、法帝国主义就瓜分地皮，以现在沙面一街为界，西面是"英租界"，占地约为沙面之五分之四，东面为"法租界"，占地约五分之一。他们占了地盘以后，更贪得无厌，用尽各种卑劣手段，搜刮我国资财进行建设。他们除从粤海关中刮去税银883000两，作为基本建设费外，除去建筑洋衙门、教堂的地皮外，剩下75段于1861年9月4日公开拍卖。离签订《沙面租借条约》仅一天，可见英、法帝国主义霸占沙面蓄谋已久，他们拍卖地皮，平均每段价款3200元，拍卖完后他们又净捞了24万元。随后，他们用了325400元墨西哥银圆大兴土木，强迫中国人民为他们建起一座座洋房，供他们作为洋衙门、教堂、银行、企业、酒吧、医院、住宅之用，把沙面作为帝国主义在广州的一个"独立王国"。

英法帝国主义者在沙面实行的是殖民主义制度，他们各自在自己的"租界"设有"工部局"，这实际上是"警察局"，沙面的治安、行政等权完全由他们控制，他们有武装的军官、警察、便衣侦探，有监狱，还有操兵射击场（在现在沙面街办事处和市供销社的地方），他们制订了很多侮辱、压迫中国人民的法规，如靠近白鹅潭沿江的大道，不让中国人行走；河边小小的花园也挂着"华人与狗不得入内"的极端侮辱的牌子；网球场、游泳池以及沿江的绿瓦亭码头，都是他们洋人专用的。他们的银行、洋行等大门只供洋人、买办出入，在那里工作的华工，只准由横门小门出入。他们在东桥和西桥出入口处都设有铁闸，有警察把守，（东桥属法租界，由法国警察把守；西桥属英租界，由英国警察把守）铁闸有大小二门，大门只准洋人买办出入，中国老百姓只能走小门。1924年发生了越南爱国志士范鸣刺杀居留在沙面的越南统治者，法籍总督梅林的案件后，英、法帝国主义者以此为借口，迁怒于中国人民，制定了限制中国人出入租界的条例——《新警律》，规定住在沙面的中国人民要领"工部局"的"通行证"，要受侮辱人格的搜身，还规定进入沙面后，晚上八九时前要离开沙面，逾时不走就要坐牢，这些侮辱中国人的无理规定，激起了沙面中国洋务工人的反对，于1924年7月25日至8月19日，全体在沙面工作的洋务工人举行罢工，使整个沙面陷于瘫痪，后来帝国主义迫于无奈，同意取消了这些规定，罢工取得了胜利。

▷　1926年广州市政府在沙面西桥桥头树立的沙基惨案纪念碑

　　沙面是帝国主义干涉中国内政，镇压中国人民革命的军事基地之一，帝国主义者在东桥、西桥以及沙基涌沿岸，修起了一座座碉堡，架设了小钢炮、机关枪。在沙面的白鹅潭河面上，停泊了一艘艘炮艇、军舰。1911年3月29日革命党人起义，沙面的帝国主义者竟帮助清廷镇压革命党人。1925年5月30日，上海日本人枪杀中国工人顾正红，爆发了闻名中外的

"五卅惨案"，全国人民同仇敌忾，掀起了反帝高潮。广州和香港工人在中国共产党的领导下，举行了省港大罢工。参加罢工的工人达20万人，沙面的洋务工人亦参加了这一罢工斗争行列。1925年6月23日，广州的几万工人、学生和各界人士举行反帝大游行示威，沿惠爱路（现中山路），财厅前转入永汉路（现北京路）、泰康路、一德路、太平南路（现人民南路）到长堤直趋沙基（现六二三路）。下午2时40分，当游行队伍前队已经过西桥附近转入内街，后队亦将到西桥的时候，帝国主义在西桥桥头的碉堡、水塔以及在屈臣氏汽水厂等高楼大厦架设机枪，立即向我示威游行队伍疯狂射击。停泊在白鹅潭河面的英、法、葡等国的炮舰也卸下炮衣，开炮向示威游行队伍轰击。当时如果不是沙面的洋务工人在这些刽子手身旁奋不顾身地勇敢夺枪，和他们展开了搏斗的话，惨案规模还要更大。但是，即使这样，沙基路面已成一片大血海，当场中弹被害死亡者52人，重伤170余人，这就是"沙基惨案"，又叫"六二三惨案"，为了千秋万代牢牢记住帝国主义这一暴行，后来把沙基马路改名为六二三路，并在西桥头立一"毋忘此日"的纪念碑，解放后，改在东桥头建有烈士纪念碑，教育后人，永志不忘。

《沙面租界史》

❖ **林克明：** 海珠桥，首座跨珠江的大桥

建造横跨珠江的海珠桥是20世纪30年代闻名全国的一项重大工程，该项工程是在陈济棠治粤初期的1929年12月破土动工的。

广州市因珠江一水之隔，形成南北市区。两岸往来交通，全靠舟楫，一遇风雨，易生危险。且因交通不便，河南市区商业不振，一切建设事业都不能与河北并驾齐驱。清朝以来，曾有人多次发起建桥的倡议，并想利用珠江礁石，安设横柱，横架桥梁贯通南北，可惜没有完整的设计方案，

又缺乏足够的资金,建桥之议终未能实现。1929年初,在林云陔任广州市长期间,再有建造海珠桥的倡议;由城市建设委员会进行规划,并开始征求建桥的设计方案。

自公开征求建桥的设计方案以后,应征者共有三家:一为德国人,建筑费约需400余万元;一为中国人,建筑费约需300万元;一为美国人(即慎昌洋行),所需建筑费最廉,为103.2万两(大洋计)。几经研究,决定与慎昌洋行订约承建,由马克敦公司承包建筑。工程则由市工务局进行监理。这座广州市民想望已久的海珠铁桥终于1929年12月正式动工兴建。

▷ 1933年海珠桥开通时景象

海珠桥建筑地点:自维新路口直达河南厂前街(即南华东路)。桥长600余米,宽60米。南面斜坡360米,北面引桥斜坡为476米,这项斜坡工程是由梁启寿工程师设计的。桥心高度约离平水线26米。全桥计分四桥趸。第二至第三桥趸之间,距离为160米,其上设有机关电掣,能将中段桥面向上开合,使较大轮船可从桥下通过。

海珠桥动工兴建以后,工程进展顺利,于1933年2月竣工。粤省府定于该月15日为海珠桥的落成举行盛大的通行典礼;规模盛大的广州市展会亦于同日开幕。陈济棠还派出专人到香港邀请港澳各界侨领组团回粤参观海珠桥及市展会。当时，以莫应溎为团长的华侨回国观光团在参观了海珠桥以后，对这座大桥的建成深表赞扬，认为它贯通了南北市区，交通方便。河南各业亦会逐渐获得平衡发展，对广州市经济的发展起到很大的促进作用。

《广州市政建设几项重点工程忆述》

❖ 谢次陶：东山，新贵聚集地

东山区域的发展，以北部为最重要。1907年（清光绪三十年）清外务部与中英公司订立合同，开筑广九铁路，以大沙头为总站。路线往东行约四里为东山，径东行为石牌第一站。当线路筑到东山时，所经过的地段多有岗峦，发生阻碍，必须将其开辟，中间铺设轨道，两旁砂石泥土亦须一一削平，火车方能行驶。1919年（民国八年）市政公所成立后，将东门之外的大东路伸展至百子路（今中山二路）。当马路扩展至此处时，两广公医院已由西关迁来，特以新型改建，颇为壮观。邝磐石医生亦购地于路旁，建立私人医院。更有华侨富商组合世光公司，掘平马棚岗开道建屋。时政府以该岗既平，遂进行筑路，其东西行的马路由百子路东向可直通到石牌进入旧中山大学。东西交通绝不阻碍。其南北向的横路有农林上下路与梅花村。东沙马路则于1906年（清光绪三十二年）早已开辟。这路在东门外自东较场以东经东明寺、牛王庙直达于沙河。须经过红花岗史坚如墓等，多为烈士坟墓，曾取名先烈路。其以伟丽的建筑著称者莫过于梅花村，不但结构簇新，且多仿效西洋式样。有所谓西班牙式、法兰西式，无不争奇斗巧，炫耀一时。这里都是新兴的达官贵人华厦与别墅。此地离市中心稍远，非自备有私家汽车出入才方便，其生活的豪侈可想而知。今再回顾西向，拭目以观农林上路及靠近东门的东桌，昔时冷落荒僻，自拆城后，多已建有高楼大厦，与梅花村互相辉映。这时东山北部的旧城与西关恰好成

▷　民国时期的广州东山公园

▷　1932 年落成的广州市东山电话分所

一对照。西关富贵之家虽极宏敞，但多为旧式；东山则层楼高耸纯是新型。西关虽有宽阔通道，但全路纵横连接颇形繁杂；东山则地方辽阔，常作疏疏落落的布置反觉得饶有风味。这是由于东山是新的展拓，比较富有朝气，可以代之而兴。尤有一与政治有关的所在地是名退思园，园位于东山之东南，能与百子路、农林路衔接。此园初为外国铁路工人的住所，到陈铭枢长粤时（约在1929年即民国十八年以后）始以退思园为名。这园常随时局的转变而出现于报纸。虽仅一座花园，实际上却是南方时局的会议厅，与北方要人的招待所。这便成为南方政治的集中点，比其他城关更为重要了。这便是东山区域北部初步发展的情形。此区域的山冈经削平，道路亦经开拓，反倒便宜了少数新兴的达官贵人占有而独享之，如梅花村其尤著。

《东山开发的缘起和东山区域的发展》

第二辑

风气之先·
走在时代前列的广东人

❖ 陈序经：广东与中国

自中西海道沟通以后，西方文化继续不断地输入中国。中国文化，无论在经济上、政治上、宗教上、教育上……都受了重大的影响，逐渐地趋于新文化的途径。固有文化在这种情形之下，也逐渐地呈了崩裂的状态。所谓固有文化的残缺之尚留存者还能延长下去多久，我们不必在这里讨论，我们所要注意的，是自从西方文化传入以后，因为地理以及其他的原因，粤人为这种新文化的先锋队，广东成为新文化的策源地。

因为广东为中西交通的枢纽，故新式商业发达较早。比如先施、永安、大新等规模较大资本较厚的百货公司，固为粤人所创始，就是其他各种较小的新式商店，也多为广东人所首创。就工业方面来看，奏请开设较早的江南制造局的固是曾国藩，可是江南制造局的规模的计划，以至机器的订购与转运，是全赖容闳。丝业为我国出口之大宗，可是我国新式丝厂的成立，可以说是始于陈启源。陈氏在光绪初年，在安南经营商业，见法人在那里所设立的缫丝工厂里所用的新式缫丝机器，因而创造脚踏机，以人力代火力，其后又改用蒸汽原动力。又如南洋兄弟烟草公司，张裕酿酒公司，以至装饰品方面的广生行，糖果饼干方面的马玉山，都可以说是新式工业的先驱。

在矿业方面，开平矿务局是近代矿业的嚆矢，可是当李鸿章奏请设局开矿的时候，其资本220万两，差不多完全是广东唐廷枢所召集。

在交通方面，第一次由国人自己计划与建筑的京绥铁路是詹天佑。容闳在1867年已呈请政府当局设立轮船公司。这可以说是招商局的种子。此外广东华侨数百年来，在海外所经营各种企业与实业，不但在海外占了很重要的地位，即对于广东及整个国家的经济上，都有莫大的帮助。

清初屈大均在其《广东新语》里已说过："吾广谬以富饶特闻，仕宦者以为货府，无论官之大小，一捧粤符，靡不欢欣过望，长安戚友，举手相庆，以为十郡膏腴，可以属餍脂膏，于是争以母钱贷之，以五当十，而厚责其赢利。"

总之，广东因为商业发达较早，在经济上占了优越与特殊的地位，因而各种物质生活与经济组织之趋于现代化，也较他处为早。

在政治方面，太平天国之勃起，主要是借基督教以号召群众。所以曾国藩在其《讨粤匪檄》里说："粤匪窃外夷之绪，崇天主之教……举中国数千年来之礼义人伦诗书典则，一旦扫地荡尽，此岂独我大清之变，乃开辟以来名教之奇变，我孔子、孟子之所痛哭于九泉。"然而最奇特的是拥护孔孟的曾国藩终不得不窃外夷绪以平太平天国。而提倡"外夷之绪"的洪秀全，到了南京坐金銮殿之后，却去提倡科举之制，劝读孔、孟之书。

▷ 我国首批赴美留学幼童

又如维新运动的康梁，都是粤人。维新运动虽然昙花一现，转瞬凋零，然在历史上的意义却很重要。它与甲午之败以至庚子之祸，都策源于广东，这是妇孺所共知，用不着详加叙述的。

在宗教方面天主教的利玛窦是1582年抵澳门，他后来在肇庆、韶州住了十余年，学习中国语言，考察中国风土，翻译西书，画绘地图。然其主要目的，却是为宣传宗教，罗致信徒与设立教堂。据说当时制军刘节斋，不但同情于大主教义，而且劝利玛窦在韶州设立教堂。直到晚年，他因为得了定安王忠铭及其他的士大夫的帮忙，始赴北京。至于新教的马礼逊，自1807年到广州后，始终致力于在广东宣传宗教。而国人之信仰新教较早，宣传最力的是粤人梁发。

在教育方面，较早留学西洋的如清初香山郑推信，用不着说，近代留学的先锋，要算容闳、黄宽、黄胜三位。黄胜到美国后，不久因病回国，成就较少。黄宽留美后又留英国爱丁堡大学，专攻医科。据容闳告诉我们，他不但是中国的医学的先驱，且为好望角以东的最负盛名的外科医生。所以旅粤的西人，欢迎黄宽，较甚于欢迎欧美医士。容闳回国后不但对于曾国藩的新政，帮助最力，对于维新运动，对于革命运动，都有关系。然而他最大的贡献还是在新教育的传播上。他是第一个主张派送留学生去西洋求学的人。从1872年至1882年之间，政府分批派送百余留美学生，这不但是由他发起与计划，而且他亲自带学生出洋。此后留学的派送，以及留学生之影响于中国，都可以说是发端于容闳。又在维新运动的时候，康有为劝了光绪废除科举之后，又劝光绪振兴学校，也是我国新教育的主要人物。

此外梁启超的文字革命的主张、白话小说的写作与其通俗文体的流行，以至于黄公度的新诗，对于近代白话文运动均有深刻的影响。至于妇女运动、劳工运动与新都市的运动等等，都可以说是策源于广东。

节选自《广东与中国》，原载《东方杂志》1932年第2期

❖ 黄淼章：黄花岗的祭奠

1910年11月，孙中山在马来西亚的槟榔屿召开秘密会议，决定吸取以往多次起义失败的教训，集中力量，再一次在广州发动起义。孙中山为此次起义做了大量工作。他和黄兴分别到美洲和南洋各地华侨中募捐筹款，

得到华侨的热情支持，共筹到18万多元作为起义的经费。1911年1月，孙中山领导的同盟会在香港成立了起义的指挥机关——统筹部，由黄兴和赵声分别担任正副部长。与此同时，在广州设立秘密据点38处，以联络各地同盟会员，还购买了一批枪械，并从全国各地及华侨中挑选同盟会骨干组成选锋队，作为起义的中坚力量。

▷　民国初年黄花岗七十二烈士纪念墓

1911年三月二十九日（农历）下午，革命党选锋队160多人，在黄兴率领下举行起义。起义军从设在越华路小东营5号的指挥部及莲塘街吴公馆出发，一举攻入清两广总督府，两广总督张鸣岐逃脱。当晚，清军组织大规模的反扑，起义军与之进行激烈的战斗，终因寡不敌众，起义失败。黄兴、赵声等部分起义军，辗转撤回香港，而未能逃出广州城的革命党人，不少惨遭敌人杀害。死难烈士的遗骸陈尸在咨议局前的空地上。后来，革命党人潘达微以《平民报》记者身份冒险四处奔走，终于劝得广仁善堂将东郊红花岗上的一片义地献出。潘达微想方设法收集了72具烈士遗骸，埋于红花岗。潘达微还以"咨议局前新鬼录，黄花岗上党人碑"为题，将安葬情况作了报道。潘喜欢菊花，认为黄菊高洁清雅，故将红花岗改为黄花岗。因此，这次起义亦称为"黄花岗起义"。

1912年，广东省军政府拨款10万元在黄花岗建烈士陵园，并于同年5月15日（农历三月二十九日）首次举行了七十二烈士墓祭典。孙中山亲自主持了祭典，并写下祭文如下：

维民国元年五月十五日，乃黄花岗七十二烈士殉义一周之辰，文适解职归来，谨为文致祭于诸烈士之灵曰：

呜呼！在昔建夷，窃夺中土，凶德腥闻，天神怨怒。嗟我辕孙，降侪台隶，含痛茹辛，孰阶之厉。种族义彰，俊杰奋发，讨贼义师，爰起百粤。觥觥诸子，气振风雷，三日血战，虏胆为摧。昊天不吊，忽焉殒踬，碧血一抔，歼我明懿。寂寂黄花，离离宿草，出师未捷，埋恨千古。不有先导，曷示来兹，春雷一声，万汇蕃滋。越有五月，武汉师举，荡荡白旄，大振我旅。天厌胡德，乃斩厥祚，廓清禹域，腥膻尽扫。成仁之日，距今一周，民国既建，用荐庶羞。虔告先灵，汉仪光复，九京有知，庶几瞑目。呜呼！尚飨。

《黄花岗祭英烈》

❖ 黄曦晖：老广州建起了新高楼

辛亥革命推翻清朝之后，在城市建筑方面，广州市出现了历史上所未有过的盛况。值得一提的是：民国七年（1918）由澳洲华侨集资筹办的大新公司耸立于珠江河畔，建立于清末时还是瓦渣乱滩之上，使省城的建设为之耳目一新。

在民国之初，长堤、西濠口、太平南（现今人民南）一带到处大兴土木，建筑与日俱增。拆城工程在民国十年（1921）完工之后，这里已经构成一幅新楼群的画面。先施公司以及很多茶楼、酒家、旅店、戏院新建在此，形成了广州市新的一个经济中心。位于东至海珠中、西至丰宁路（现今人民中）、南至大德西、北至惠福西左右这一地带的大片土地，在这里未有马路之时都属于名叫"西瓜园"的范围。民国之前，这里没有楼房。

民国之后，马路两旁新楼林立的局面才开始出现。当年原是惠爱首约、惠爱二约等一带的横街窄巷，为一条宽阔长直的惠爱路（现今中山五路、中山六路）和此路两旁的新建楼房所代替。马路两旁的合掌楼房，亭亭玉立、多姿多彩。

▷　20世纪40年代的广州城已是高楼林立

现在广州市东山区是市内各区中年岁最小的区域。时光为60年左右。该区大部分的建筑是民国前期建造或开始建造的，多是一些华侨和官邸住宅。民国之前，除部分田地农民用于耕作外，其余土地一片荒芜；间有一些建于明代的祠堂庙宇，诸如护国寺、寿国寺、永胜寺和永寿寺等。城市楼房的不断兴建，使得与城建关系十分密切的搭棚业也顿时出现了异乎寻常的发展。搭棚行业，挂的是"有巢圣域"的招牌，拜有巢氏为先师的。搭棚在广州，到清末时止，上数已有500余年左右的历史。但在这500年内外的漫长岁月中，搭棚工人的数目一直维持在400人上下。民国之前，搭棚业多是从事搭戏棚和因红白事、"七七烧衣"等而搭棚，生意不宽。民国之后，马路一开，城内城外的建筑大幅度增加了，工人人数也成倍增加。所建的楼房多了，故搭棚也不再搭低棚为主，而是以搭高棚为主了。此时，业务十分兴旺。

与此同时，建楼所需的钢筋、水泥、木材、砖瓦、灰沙石的使用也大幅度增加。与这些材料有关的行业，其经营业务也显著地兴旺起来。

《辛亥革命后广州市工商业发展实例》

❖ 孟鲁：老西关的英文馆和英文热

西关之英文馆，于20世纪初起二三十年间亦相当发达，其中首推梁氏兄弟（忘其名字）所办之百粤英文学校。该校设在逢源中约，学生多至三四百人。因为梁氏兄弟曾留学英国，发音正，业务熟，教学认真，故能吸引学生。其后有区树德（原是石室圣心书院的英文教师，在圣心早有威望，后来圣心罢课，区树德等创办长城中学）、罗榏存（原是南海中学英文教师，亦孚众望），二人在十六甫合办英文夜校，校务亦发达。黄坚在西关教英文，亦有名，不过未尝自挂招牌开馆。在二三十年代西关办英文馆历史最长久的，要推十六甫之黎敏伯。黎馆招生广告中，常列举：今年本校学生××等考入香港拔萃书院有若干人，考入香港皇仁书院有××等若干人以夸耀其教学成果，而广招徕。当时西关的敏伯英文学校，与在城内小马站的（简）廉伯英文学校，有名于广州。当日西关人对学英文何以如此兴趣？此则因沙面与西关毗连，沙面租界乃外国领事馆、银行、洋行的集中地，到那里工作，待遇都较优厚，银行、洋行的买办们又多住在西关。如最著名的汇丰银行买办陈廉伯就住在逢源北街尾，天祥洋行买办何辑屏住在十二甫西约，怡和洋行买办黄涧东住在宝庆大街。西关人当年吃洋务饭的相当多。在各洋行工作的，自买办、大班、写字而至雇员、"仆欧"都有，历史渊源，约已历百年之久。又旧中国的海关、邮政，职业较为稳定，且有按年资升级和退休的制度，不少人也都想考进那里工作。但那些机构，当时都操在外人手里，要进去工作，非熟习英文不行。对外贸易也要英文，以此，西关英文馆遂长期不衰。

及日寇侵入广州后，沙面洋务完全停顿。抗日战争胜利后，沙面租界交还中国，所有沙面的外国银行、洋行都撤回香港，从前到沙面吃洋务饭的人，遂全都失业了。当时学英文的人，由于出路大大缩窄，便逐渐减少了。且学生为求减轻经济负担，多愿就读公立学校。在此情况下，私立英文馆自难有立足余地。抗日战争胜利后，黎敏伯从外地返穗，想重操旧业，复设英文馆，也觉一筹莫展，终于也没有重新开馆。西关的英文馆，也像西关的私塾一样，于40年代即告衰歇。

《广州西关私塾与英文馆概略》

❖ 卜穗文：黄埔军校的女生

1925年6月的一天，一名叫金惠淑的广西妇女写信给黄埔军校校长蒋中正，要求进入军校习武。信中慷慨陈词："中国四万万人，女子居半。男子从事革命，女子袖手旁观，责任不均。"随后，金又亲自到长洲岛黄埔军校政治部和中国青年军人联合会再三表明心迹。金的行动引起了不少妇女的共鸣，何香凝和苏联顾问夫人热情地接见了她。但校长蒋中正拒不同意接纳妇女入校。一些顽固分子还在冷嘲热讽："男同志足以实行革命而有余，何必要这些天生柔弱的女子加入。"于是，军校招收女生之议只好作罢。

随着革命形势的发展，妇女界要求进入军校学习救国救民本领的愿望也在不断增长。1927年2月，由邓演达主持的黄埔军校武汉分校招收了女生200余人。她们大多是投笔从戎的中学生，一律留着短发，穿着男式军装，衣袖上缀有"W"的标记，显得英姿飒爽。在动荡的环境中，她们每日三操两讲，刻苦地学习政治和军事知识，可谓巾帼不让须眉。电影《大浪淘沙》曾生动描述过这些场面。当斯大林知道中国革命军校有了女学员后，感到十分惊奇和高兴，特嘱寄一张全体女学员合照给他。同年5月，军阀夏斗寅进攻武汉国民政府，女生大队在叶挺的带领下，投入了平叛战斗，武汉一些团体赠给她们"少年先锋""巾帼英雄"等锦旗。

大革命失败后，女生大队被遣散。很多人奉党的指示投奔叶挺、贺龙部队或到苏联学习。游曦等30多名女学员则被编入叶剑英领导的第四军教导团，并参加了著名的广州起义。在战斗中，游曦率领女兵班坚守在珠江河畔，与敌人作殊死战，全班壮烈牺牲，为革命献出了宝贵的生命。

《黄埔军校是怎样招收女生的》

❖ 黄曦晖：电灯取代了煤油灯

照明依靠点燃油灯，这是民国之前广州市千家万户多少年来都没有变化的。电灯的问世，改变了这种状况，是到了民国二年（1913）左右才开始的。那时，邹殿邦在五仙门创建的发电厂开始进行营业。从此，由官邸到民宅也逐步地燃点上电灯了。照明上的变革，是广州市辛亥革命后的一件大事。它不仅方便了民众的生活，而且促进了生产的发展。广州市的灯饰业，在电灯尚未出现的时候，生意兴盛。例如，在宁远坊（现今和平东）一带，开业于清代咸丰年间的均安、广丰、成发等，都是该业驰名远近的老字号，随着电灯的问世，它们的业务就逐渐衰退，一蹶不振了。

《辛亥革命后广州市工商业发展实例》

❖ 梁俨然：看电影要配讲解员

20世纪30年代前，电影院所放影片，皆为默片，无声无乐。只在放映时，配以字幕，以字幕来解说剧情内容，而文化粗浅的观众难深入理解。

影院负责人，有见及此，乃雇请讲解员以说明内容及过程，按其放影次序，文字说明，慢条斯理，柔声软语，详为解述，或以动听声音，或以模仿动作言语，使观众听来，靡靡动听，饶有兴趣。

《电影讲解员》

❖ 黄严：冯如，中国航空第一人

广东地处沿海、毗连港澳，海外华侨众多，而华侨旅居海外，由于国势积弱，一向被人歧视和欺凌，因此总是希望祖国富强，岿然挺立于世界强国之林。他们得风气之先，冀挟一技以报国，以是研习航空者遂蔚为风气。所以，广东早期的航空事业是华侨回国效力以成。后来在广州虽设航校造就了不少人才，但自国外学成航空归来投效者仍络绎不绝，故华侨始终成为近代广东航空的基干力量。

▷ 1912 年，冯如在广州燕塘准备试飞

冯如是我国自制飞机和飞上天的第一人,也是华侨带翅膀返回故土的第一人。他在美国迭次演放飞机,显示了出众才华,饮誉遐迩,当时跃居世界领先地位。可他功成名就,却不唯名利是图,断然拒绝重金聘请,怀着一颗赤子之心,毅然作返国以遂振兴中华之愿。他于1911年3月从美国回抵广州,筹设"广东飞行器公司",从事飞机制造,开拓祖国的航空事业。

为了提倡航空事业,冯如回国后即计划表演飞行事宜。讵料当其还乡省亲事毕重返广州时,比利时人云甸邦已于4月8日演放过飞机,且为革命党志士温生才乘机,将前往参观的清将军孚琦刺杀于途中。那时候,清王朝濒临覆灭,风鹤频惊,全省骚然。这就影响了冯如原定的表演计划,一时未克实现。

是年10月,震撼神州的武昌起义爆发了。在革命的洪流中,冯如迅即组成飞机侦察队,准备北上效命。广东军政府任命冯如为飞机长,朱竹泉为飞机次长,朱兆槐、司徒碧如为飞机员。旋因"南北议和"而未成行。

1912年8月25日,冯如呈请广东军政府批准,在广州郊区燕塘操场作飞行表演。当他驾机呼啸而起,凌空有顷,昂首爬高之际,飞机突然失速坠下,他因伤救治不及,为国捐躯了。他的死,对我国刚要萌芽破土的航空事业,无疑是一个重大损失。然而,冯如的爱国图强思想,和在科学技术上奋发有为、勇于开拓的献身精神,不但使人对其无限崇敬,且更激励人们为振兴中华迸发出时代进取心,写下我国航空史上熠熠生辉的一页。

《近代广东航空概述》

❖ 黄曦晖:汽车开进广州城

汽车出现在广州,是第一次世界大战之时,从外国购进的。广州市出现行驶于市面上的汽车,牌子人们叫它为"加拿大"。穗城未开辟马路之前,人来人往,一般只好走路。只有达官贵人、富商巨贾才坐上轿子。如

▷　民国时期广州街道上的人力车、大板车和汽车

果属于货运，则由一些猪笼车、大板车之类进行人力推运。这是民国之前
陆上交通运输的情况。民国之后，有了汽车行驶，开头的年份，多是一些
政府官员专车乘坐，不久，市民亦能乘搭了。当时的车子较少，一般只能
容纳十人左右。车的设备比较简单，车顶由帆篷盖上，车内设些木凳座位。
每次搭车收铜仙八个，路程长短不一。在当年，它是一件历史上在广州市
未有出现过的新事物。接着，货运也由人力车逐渐改由汽车运载。交通和
运输方式的逐步改变，也是民国之后开始的。

《辛亥革命后广州市工商业发展实例》

❖　**陆羽：方便穷苦人的方便医院**

　　广州方便医院，或称广州城西方便医院、广州城西高岗方便医院，即
现在广州市第一人民医院的前身。该院始创于清光绪二十五年（1899），那

时，是广州商业资本蓬勃发展年代，也是戊戌政变的后一年。那年，广州地区疫疬流行，市民染病死亡者很多。其中，为了生活所逼，远从外省外乡到广州出卖劳动力的店员工人、官僚地主的仆役婢媪，以及各行各业的劳动者们，因无人照料，无钱医病，在病亡或病重之后，被老板、主人、把头等所摈弃者为数更多。当时，城内死者及垂危病人，多被送往越秀山麓三眼井街（即现在市第二中学附近）方便所善后，唯城外地区，则每因晚上城门关闭，无法送入城内方便所收殓，被弃置西门外高岗（即现在市一人民医院所在地）的茅寮、空地间，在那里，未死者呻吟待毙，已死者尸体横陈，造成一个使人触目伤心的人间惨象。当事情发展到非收拾不可的时候，乃有与上述情况关系密切的商业行业——首先是南北行（中药业）、金丝行（丝绸业）、三江行（土杂货业）等商贾，如邓希琴、吴玉阶、陈显章、邓广南、陈惠普等，发起募捐，筹建城西高岗方便所，主要是殓葬尸体，顺便医治一些未死病人。这个方便所，就是后来方便医院的前身（也称城西方便所以别于原在越秀山麓的城北方便所）。当时，仅仅作为一种单纯的慈善事业，创办伊始，经费奇绌。嗣得旅港商人陈鹤云、丘静轩等在港捐募协助，先后建立病房、殓房等十余间，乃应当时的维新风气，于1901年改名为方便医院，以收容病重垂危的病人为主，同时兼作异乡劳动者病亡收殓的处所。收容量百余人。

由于当时劳动人民在本身职业上得不到卫生医疗的保障，而到达广州谋生的外乡人又日益增加，因此，方便医院的业务就成为当时的社会需要，得到广大人民的支持和引起海外侨胞的同情，在经济上予以大力支持。因此，国内国外的捐款，纷至沓来，所有方便医院的沿门劝捐，茶楼酒馆及各江轮渡的救济箱，即使是最贫苦的劳动者，也乐于解囊捐助。自动到院捐款的差不多无日无之。其中，尤以海外华侨的捐款最为大宗。总计从1899年开办时起，各方捐款，逐年增加，很快就由1899年的6000多元增加到1906年的11万元、1916年的23万多元、1926年的30万元，到抗战前为45万元。抗战期间，外汇中断，收入减少，而抗战胜利以后，1947年1月至1948年6月，收入仍达［伪］法币450亿元。而1948年7月至10月，即国民党反动政府改用伪金圆券期间，4个月内，收入就达伪金圆券30万元。此外，港澳同胞及海外华侨，还不断捐建院舍。最显著者，1947年，为该院建设新病房的捐款，总数达港币120万元之巨（实收60万元），而方便医院的业务，也逐年扩大，由过去开办时的收殓死者，治理垂危病人，进而发展为留医、施药、急赈、救灾、施棺、施衣、施茶、施粥、招待病侨、代收华侨骸骨等等，成为华南最大的慈善团体。

《广州的方便医院》

❖ 高宇连：女子理发店

民国成立后，男子剪去长辫，但女子仍留长发，以梳辫或梳髻来做未婚已婚的标志。

五四学生运动的同时又掀起了妇女解放运动，废除女子缠足和提倡剪去辫髻。经过一段时间新旧事物的斗争，妇女剪发成为一种新风尚，而且西风东渐，不断出现新的发型。理发店增设为妇女恤发电发，而且工艺和工具也十分讲究，稍为高级的理发店，都纷纷向香港购进电发器械，派出专人去香港理发店学习。最早兼营恤发、电发的有广大巷口的唯一、一德西路的一新、抗日西（今和平西路）的美化，但所有理发师都是男的，男理发师为异性理发也是那时开始的。

过去在街边巷角常有一些"梳头婆"设档，专为家庭妇女梳头、剃面、修眉，有些"梳头婆"则上门或包月为富家妇女服务。

到30年代初期，女界的恤发、电发日多，各大理发店开始雇用了女理发师，而且争相雇请，广州的女理发师一时成为"热门奇货"。于是1931年便有广州第一间女子理发习艺社出现。这间女子习艺社在丰宁路（今人民中路），创办人是杜秉珊（女），她从丈夫学得一门恤发、电发的手艺，后创办这间女子习艺社并亲自执教。接着在第一公园（今人民公园）前开设一间木兰女子理发店，安置第一批毕业的学徒，这是广州第一间女子理发店。该店开业后，顾客如云，应接不暇。但同行如敌国，引起了理发业男理发师的不满，于是由广州市理发工会出头干涉，限期木兰女子理发店关门停业。杜秉珊不服，亲自请广州妇女会会长邓不奴（邓不奴系国民党要人邓青阳之女，当时是广州的律师）出头维护，这件事成为轰动一时的新闻，报章的舆论和一些社会知名人士多为木兰女子理发店声援。以后女子理发店得到合法存在，而且越开越多。

《广州第一间女子理发习艺社和女子理发店》

❖ 林礼庭：照相馆的黄金时代

照相发明于法国，后由英国依你福加以补充改进乃告成功。风行于欧洲，再由美国伊斯文将照相技术提高一步。约1870年，一姓梁名怡（改名为海初）的人从香港回到广州，在双门底开设芙蓉镜照相馆，是时照相乃新的业务，生意颇多，乃雇用学徒以资协助。梁晚和以同村叔侄的关系，得在店当学徒。随后，广州陆续有人开办照相馆，先有一位姓黎名镛从美洲回国的华侨在十八甫开设黎镛照相馆，又有冼逸初在十八甫开设兆南昌照相馆。不久后，香港华芳回来开分店，继有肖生园亦在河南开业。至清朝末叶，照相进一步发展：十八甫有容芳照相馆、同生照相馆、真光百货公司照相馆（梁晚和成年后改名协臣），西堤有大新百货公司照相部；长堤有荣芳照相馆影业公司；老城有容芳支店、镜光丽生等照相馆。到1913年开办了艳芳照相馆和1917年开办的星洲兄弟照相馆（乃现存在最老的照相馆）。1949年为鼎盛时期，本市照相业达265家，从业者1200人。

黎镛原为美洲华侨，资金比较雄厚，当开办初期规模不大，单间门面，楼上照相，独沽一味。由于生意颇好，加建后座，扩大了影楼，增加了影具，能照18寸×24寸团体相。从此，照相业务量扩大，为全省之冠，誉满广东。除市内高级大家庭之外，不少远道而来的四乡客。它的工作人员如黎祐芝、黎活泉、黎子良、黎子和等子弟，此外还雇请些职工和吸收些学徒共20人左右。

黎耀生于海边的谷埠，为了避免每年一度西水浸铺，以三楼为影棚，后门直通海边。如果从水道来的顾客可以从后门直上影楼。由于它的顾客不少水上人，所谓艇妹，这些人很不自由亦很迷信，每年农历九月九日到此照相叫为转运相。随后，本市有不少人"重九"照相即由此迷信而来。

长堤荣芳乃由方便医院董事熊康侯主办的。他以慈善家的身份出现，取价稍廉。它的客源以低级家庭及近郊农人和水上人为多。

大新公司、真光公司是百货店附设照相部，它的主要客源以家庭妇女、舞台艺人和花界中人为多。

华芳肖生园由于当时交通不便，因而顾客只以"河南"人为主。其中有些水上人、戏人和花界中人（因河南尾不少花界）。

十八甫南约菜栏横街阿芳照相馆乃位于横街小巷不被人注意的照相馆。它的客源以沙面外国人为多，收取多属西纸（币）。该馆设有西文招待员，生意颇好，出品亦佳。设有旋转机照相，以电光补助，除西人生意之外，还有不少贵族学生、机关团体等。

十五甫广东照相馆并非开设于市中心区，但它拥有良好的影具并有旋转机，机关、学校绝大多数学生来此光顾。

十八甫民镜照相馆主办人麦君博，拥有大量金钱，原属南洋华侨，自建规模宏大的楼房，设备周到，道具很多，尤以戏服及中西时装衣服为多。它的业务对象多属艺人、花界及大家庭妇女。

长堤彩业公司以原材料为主，照相为副。静海门的镜明别开生面，只搞女子照相。

老城的镜光丽生以家庭生意为多，亦有些学生光顾。当时省直大小机关多设在老城区，因而惠边街照相馆林立。但由于大局转变，地方亦随而变更。自从艳芳开办以后，该馆由刘丽朝主办，手段较为灵活，机关生意占其大半。及至周剑锋开办星洲照相馆，即形成竞争。畅旺地移至惠爱路，而惠边街则有一落千里之概。是时，有高培生也在惠爱路开办兆芳照相馆。高仲标主业以檀影旋转机为主，也转向各大机关。业务的竞争更加剧烈，所有团体生意在上述三间占绝大多数。多众业务进一步趋于竞争形势，当时照相的旺盛打破了历史纪录，成为照相业的黄金时代。永汉路成为雅丽光由黄坚志主理，它以生活相为号召，并参加了竞争，成为广州照相业最辉煌的一页，考其因素，是时正值各行业工会纷纷成立，民众运动极为活跃，因此盛况空前。

《广州市照相业起源回忆录》

❖ 文铁夫："野鸡车"，受欢迎的出租车

出租小汽车始于1915—1916年间，行走沙河至大东门和财政厅，由于随街接客，故名"野鸡车"。当时沙河一线虽有马车行走，但汽车具有速度快、载量大、运费低等优点（行走沙河线的"野鸡车"有时兼载货物），故颇受欢迎。这种"野鸡车"初时是一些马来亚归来的司机和华侨集资在香港购进几部残旧汽车，修理后携车来市营业的，业务很好。不久，又有香港同胞和汽车工人合作，携车来市经营，由是越来越多，至省港罢工后才稍减少。由于第一次世界大战后，香港和新加坡等地不景气，失业人多，当时国外旧汽车的价格很低，每部仅约港币300元；而广州正在陆续开筑马路，十分需要小汽车这种先进的交通工具。当时广州领牌行车很方便，只需经过简单的验车和技术考核，便可领牌营业。至于每年牌费，自用者10余元，营业者20余元，大型者则看车而定。"野鸡车"的司机就是车主兼修理工，投入本钱不多，便可谋生，而且行动自由，胜过打工，所以经过三年时间，便增加到20多部，并且继续发展（当时连同政府机关自用汽车，在市面行驶的共约五六十部）。

1920年，市内第一、二、三期拆城建马路工程相继完成，路线四通八达，汽车交通更加旺盛。于是更多的马来亚及港澳汽车商人和一些汽车工人回市经营，除参加沙河线行走外，还发展到在市内营业。当时的"野鸡车"有两类：一类是在繁盛地点设立某某汽车出租公司，起码拥有两部以上较好的小汽车，公司内并装有电话候召，收费较高，一般都是按时计算，每小时约4—5元；另一类是泊车路上候客，集中点是广九站、大东门、财厅前、普济桥、西濠口等地，车身较旧，收费较低，殷勤接客，自由议价，市民称便。因此即使到了1922年有了"加拿大"长途车在市内行驶，因其座位有限，"野鸡车"仍然是市民的一种主要交通工具，1925年尚有七八十部。

从1926年起，公共汽车有了初具规模的组织，担负着全市的交通工作，同时还指定十部汽车行走沙河线。1931年，公共汽车增至120多部。这样一来，"野鸡车"就被压到几乎绝迹，只留下很少数有一定基础而又比较华丽的汽车继续经营。

《抗战前广州市公共客车史话》

❖ **文铁夫：**有名无实的广州电车

1916年间，热心于祖国交通事业的美国华侨和香港同胞伍学幌、伍籍盘、陈广兴、陈孔钦等人，筹集资金约180万港元，筹办广州电车公司，闻说以100万元向政府承办广州电车专利权（专利权的内容不详，只知其中有一项规定：日后市内其他机动的营业性公共车辆不能超过七个座位）。该公司被批准后，鉴于国内政局不稳，又另在香港英政府立案（旧社会政局纷乱，不少大企业为求自保，便向外国申请立案，托庇于洋人）。电车公司成立后，因广东政乱频繁，影响股本的收集，延至1918年间，才开始在广九车站附近建立车厂，翌年有无轨电车（其实是大型汽车改装）行走广九站至西濠口和广九站至普济桥之间。到1920年，政府执行专案规定，责令该公司铺轨行车。公司为着应付，铺了由广九车站经泰康路至一德西路一段路轨。但其后又因为应酬市政府伸手借款40万元作为拆城筑路费用，公司又要再度筹集资金，加上向外国所定的车辆设备未能及时运到等原因，未能实现有轨电车的行驶，从此，电车公司便处于半生不死的状态了。

▷ 1921年广东电车公司发行的股票

约1921年，市长林云陔以电车、电灯、自来水不能任由商人承办为词，断然撤销承案，取消电车公司的专利权，当时的报纸曾有林云陔"捻死电蛇"的报道。事实上，广州在解放前，始终未有行走过有轨或无轨电车（有一段时间行走的"无轨电车"是由大型汽车改装的）。

《抗战前广州市公共客车史话》

❖ 梁俨然：老西关的天台游乐场

20世纪20年代初期，广州市场物价比较稳定，西堤大新百货公司（即今南方大厦）利用天台开设了电影场、粤剧场、魔术技艺场等，使市民有游玩的地方。当时认为这是新事物，是奇迹。由于观众日增，继而十八甫真光百货公司（今广宇大厦），亦同时开设，那时，可说是天台游乐场的全盛时期。

▷ 民国时期大新公司天台游乐场券

各天台游乐场中，以大新公司较为优胜，公司的天台广阔，且布置了园林亭阁。游艺方面以粤剧最吸引观众，聘女文武生刘彩雄、花旦梁丽姝为主要演员。真光公司则聘任剑辉、胡蝶影为主演。西堤大新公司后来还增加了游艺场所，扩大宣传，除原有的京剧、粤剧、大力戏、魔术、电影等之外，还开设了歌舞场及新派剧场，更为卖座。故大新公司能一直支持至广州沦陷，才告停歇。

《二十年代的西关天台游乐场》

❖ 曹绍辉：粤秀体育会

20世纪20年代末，为适应体育运动的开展，以邹殿邦、梁植槐、梁九峰等为董事的粤秀体育会诞生了。具体负责体育会工作的有梁九峰、李文存、李伯照等。该体育会的游泳场建起来后，还聘请宋耀德为体育干事，协助管理游泳场事务和开展游泳活动。

粤秀体育会成立后，设会址在东山新河浦，并选一块空地建了两个网球场、一个篮球场。会所是简单的平顶建筑，下面有办公室、更衣室；楼顶为休息处，摆设简单，坐在这里可观球赛或聊天，是会员业余娱乐的好地方。

体育会网球活动开展得较早，一些体育界的网球爱好者，如赵仕伦、李文翔、司徒壁等常来活动。1930年粤秀体育会在本会的网球场举办了万国网球单人赛，经月余的角逐，最后由粤秀的代表李文翔与市民体育会的代表何俊民争夺冠军。1933年广东第二届全省运动会召开，粤秀体育会派队参加网球比赛并夺得锦标，运动员有司徒壁、赵仕伦等。

体育会也开展排、篮球活动，运动员多是来自私立学校的学生，他们有时也代表粤秀体育会与外队进行比赛，其中梁质君、马元巨、徐亨等为佼佼者。粤秀体育会为广泛开展排球运动也举办过排球比赛。

夏天烈日炎炎，到粤秀运动场活动的人逐渐减少，兴趣浓厚的也只是在太阳初升和西下的一两个小时到场活动，余下的时间，都转移到河边游泳去了。粤秀体育会为了解决游泳问题，在东山水体会西侧涌边，择地五千余平方米建游泳场。以竹木搭起简单的、小小的办公室、男女更衣室、储物室以及小食铺等，初级池在涌边围地建成。在小范围的地方，挖去泥泞的泥土，打桩铺板，建成了初级池。其后，建中级池、高级池，均分别打桩划分开来。初级池和中级池边围有栏杆并设有休息座位，方便家长观看儿童游泳，也方便游泳者休息；高级池边筑有一个附设跳板的跳台。泳场受潮水限制，低潮时不能游泳。泳场又建一蓄水池，引入河水，水退时封堵。这样，解决了低潮时不能游泳的问题，深受欢迎。泳场旁还有卖艇仔粥的艇仔，并附设有小艇租赁。泳场收入场券，入场后可以玩到尽兴而归，不另收费。

泳场常在星期天举行游泳比赛或游艺会，以吸引更多的群众来场参观及游泳。游泳比赛有友谊赛、表演赛、对抗赛，还有水球赛及跳水表演。游艺会中有花式游泳、绑手游泳等，其中有一叫"捉鸭子"的项目最饶有兴味：五六个人下水围捉一鸭子，鸭子游得快还会潜水，要想捉住它是要游得快且灵活，观者兴趣盎然。

《忆东山粤秀体育会》

❖ 谢鼎初：首届广州市环市赛跑

长距离赛跑在体育竞赛中属于一种特殊项目，途程距离一般是25公里，这是有一段历史根源的。公元前4世纪时，希腊与波斯战争，在马拉松（Marathon）一役，希腊获胜，有菲氏（Pheidippides）由战地带着捷报跑回希腊京城雅典告捷，任务完毕后即力竭倒毙，跑过路程为26公里385码。由此故事遂以此为试验耐久力的长距离跑的里程，谓之"马拉松赛跑"（Marathon Race）。1921年（民国十年），第五届远东运动会在我国上海开会，曾举办过25公里赛跑，冠军为日本人长谷川照治获得，成绩为2小时37分16秒8。1930年陈铭枢任广东省政府主席，对体育运动颇热心提倡，曾对中山大学学生讲演以注重体育相助，尤希望把长途赛跑由最高学府先在本市提倡以推及全省。当时如海军司令陈策、空军司令陈庆云、警察局长欧阳驹等对体育运动都极感兴趣，因此推动较为顺利。我当时在广东省体育协进会工作，该会原为民众团体而兼有行政机关的性质，直隶于省教育厅，为办理一切体育运动的机构。该会事前曾召集开会，以长途赛跑为锻炼持久毅力的特殊项目，关系国民体格很大，而本省在以前未尝办过，特议决先从广州市开端，以次推行于各县市，故定名为"广州市环市赛跑"，由体育协进会负责筹备。

事属草创，大家都未有很好的经验。于是集思广益，调动很多有关部门的人力物力，共同协作。首先订定各种章程细则，以为办事的依据。通过报纸方面广为宣传，勘定赛跑所经各马路的路线和报名编号等手续。又由卫生部门的医院检查报名参加各运动员等的身体健康情况，作准否参加的依据以策安全。又以赛跑路线长达20多里，经过沿途的警卫救护，非大量工作人员不能全面照顾，于是由警察局派出督察员，各分局派出警长、警士，各学校派出童子军，各医院派出医生护士，分别担任沿途的工作。另有单车（自行车）队为联络员。电单车开路先行，救护车、救护站分段负责，连同体育协进会的工作人员，各校派出协作的体育教员，报馆的新闻记者、摄影记者等，动员多至千人，筹备约一个月。2月22日上午，本市第一次环市赛跑便在万人空巷的热烈情况下举行，是日陈铭枢和教育厅长金曾澄均亲到主持，陈更亲自鸣枪发令起跑，决胜后又亲自发给奖品，市民围观如堵，对体育的推动确起了一定的作用。自此以后，每年2月间必举行一次，没有间断，一直到1937年的第八届。以后广州沦陷了7年，复员后续办第九、第十两届，成绩大不如前。

《民国时期广州市历届环市赛跑概况》

❖ 潘伯鎏：西郊泳场，游泳课的需要

1928年，陈策、司徒优、关崇志、陈本等创办的广东体育学校开学，但至1929年仍无法上好游泳课，只能每月一次从设在西关陈家祠的体校走

路到丰宁路（今人民中路龙津路口）搭长途汽车到东山水上体育会游泳场上水上课，其余都是在课室或操场作纸上谈兵。这使当时的游泳教练黄丽棠急坏了，他四处奔走呼吁，希望开辟自己学校的游泳场地。后得挚友梁或农的介绍，在荔枝湾涌口右侧觅得约六亩多的废滩，此地产权属梁或农的姻亲黎寿彭所有，只因该地附近设有一间牛皮寮，经常流出污水，成了臭水滩，但除此之外，再也找不到适当地点。黄、梁、黎三人努力斡旋，商得牛皮寮的协助，另挖深沟把污水从后侧排出，随即将该滩用竹木拦起来，利用深挖出来的泥土，在靠近陆地的地方筑成堤基。由于这块滩地处在潮汐必经之角端，经过数月之后，这个地方的土质和水质都恢复到未有牛皮寮时的样子了，至1930年建成一个简单可用的游泳场。最初全用竹木结构，上盖葵蓬，设有高、中、初三个泳池，一群少年如何培昌、朱志成、苏天膜、叶子由、黄彼得（黄丽棠之子）、吴年等都经常不断地在西郊泳场锻炼，被誉为泳场的"泳逗"，正是这个简陋的泳场抚育，除黄彼得早年天折外，其他几位后来都成为省、市泳界的知名人物。

《荔枝湾头的西郊泳场》

❖ 潘伯鎏：荔湾游泳场

　　1947年，邹殿邦（广东省银行行长）出资在青年泳池地址，建成一个木料结构，松皮盖顶的泳场，取名"荔湾游泳场"。场内有一个四方形的初级池，50米×50米高级池一个，池中央靠河那边建一10米高的跳水台，台两侧设跳板，高级池两端建有各长27米六级的观众台，供近千人观看游泳竞赛。高级池四周走廊相通，场内围绕初级池及高级池之间都有宽阔的走廊，中菜部、西菜部、小卖部、粥品部、摄影部等就分设在大走廊上，在当时真是一个颇具规模的游泳场。

　　荔湾泳场的建成，加上右邻的西郊泳场，与一河相对的海角红楼泳场楼台相望。由荔枝湾往来泳场的交通艇，穿梭似的频繁，河中停泊许多酒舫菜艇，鱼生粥艇，流动的甜食艇，专营虾、蟹的小艇，供游客租留声机唱的小艇及乘坐的舢板，"四柱大厅"小艇和装饰华丽的洋板。众多游河的群众，有些在酒菜艇或粥粉艇边进食；有些在泳场旁观看游泳；有些唤船泊在河中乘凉。一到晚上，灯光明亮，整段珠江河热闹非凡，直到深夜。这是荔枝湾鼎盛繁荣的时代。

《荔枝湾头的西郊泳场》

❖ 李次民：打网球

　　网球运动的起始，已经有百余年的历史。至于网球运动传到中国，是在20世纪初，随着帝国主义的侵略，而先后传入我国上海、天津、广州等沿海大城市。但当时仅是些洋人和少数官僚、买办、资产阶级的消闲工具，一直被视为"贵族的娱乐"。网球运动传到广州，距现在已有七八十年的历史。广州市于1905年首先出现有人玩网球的。当时的人称它为"绒球"，因为这种球是用绒布包起来的。传说最先设置网球场的地方是在"伍村"（相传在河南小港一带），还是妇女最先玩这种球，她们可能就是在"伍村"的居民。与此同时，格致学校（一说是岭南大学的前身），也开辟了网球场。格致学校就成为广州市第一个有网球场的学校。

▷ 民国时期广州中央公园网球场

此时在沙面小岛上，也是广州网球运动的摇篮。这里是外国领事馆集中地。英、法、德、日、美、意等国的领事以及各国在广州经营商业的商人，都有不少人喜欢玩网球。特别是日本侨民，他们除在正金银行里面设置了网球场之外，还在从沙面东桥至西桥中间一段空地上（现在是种植花草的）也作为网球场，雇工总管，划为场地，前后挂起蓝布，还雇用儿童拾球，玩得十分热闹。至于在白鹅潭畔上这时也有球场，则设置了好些草地网球场，既有铁网围栏，亦雇用儿童拾球。来这里玩的多数是各国领事馆职员及流动的外国海员等。那时候这些场地都是归外国人所组织的名为"广州俱乐部"管理的。另一面德国人则在东山的高尔夫球场附近也建造了两个网球场；他们也是有组织的。

接着我国的学校亦有设置网球场的，但仍极简陋。多数就以篮球场挂起网，权充网球场地。如广州市立师范学校（原设在双门底）于1915—1916年间，当年该校体育主任为丘纪祥，临时就以篮球场权作网球场，挂起了网就玩起来。这时还有许崇清、陈春棠等人去玩。可见广州市民对网球运动和兴趣已有所提高。

到了20世纪20年代广州市的网球运动和兴趣，越来越高了，出现一批网球运动爱好者。就在这时，广州市长堤基督教青年会在游泳池旁边也开辟了泥地网球场，并在室内大厅地板上也划着网球场界线，经常有体育工作者，如许民辉等老体工去玩。也就在这时岭南大学设置了五个场地，除一些外国教师去玩外，学生也有些去玩了。另外博济医院（今中山第二医院）相传很早已开辟了网球场，一说还可能早过岭南大学。这时还有不少教会办的学校，如培正中学设场地两个，协和女子中学、美华中学、培道中学、真光中学、协和神学院等均有设置。当时有些网球运动员，就是从这些"基地"培训出来的。

《广州市网球运动发展史》

第三辑

文教生活·

中西合璧的羊城文化

❖ **赖琯：**岭南大学，像到了美国一样

　　1923年孙中山先生对岭大学生演讲时，曾说过这样的一句话："你们现在就是在美国留学一样了！"这句话一点也不假，因为那时岭大进行的教育完全是美国化的教育。大学和中学的课程，除了国文、中国历史、中国地理和中国文学等非用中国语文讲授不可的课程以外，其他各门课程一律用美国出版的原文课本。教授和教师大多数是美国人，讲课自然是用英语，就是中国教师也得用英语来讲课。每天上体操，口令用的是英语；上早会和做祷告讲的是英语，唱的是英文圣诗；出布告也是用英文写。学生不但和美国教师交谈要讲英语，和中国教师谈话也要讲英语。同学之间互相谈笑，也不完全讲粤语，总得掺进一些英语的词句。

▷　岭南大学格兰堂

　　美国教师时常对学生介绍美国的种种"美好"生活。中学校长葛理佩（美国人）编写了一本书，名为《新中国》，内容极力夸奖美国，让中学生

作为英文课本，灌输崇美和亲美思想，使学生认为要想把中国变新，只有学习美国的榜样。中学舍监孙雄，由学校资送他到美国去游历一趟回来之后，也替美国大肆宣传，盛赞纽约的摩天大厦，使中学生羡慕美国，做梦都想到美国留学，至少也要去游历一番。同学中就有些人，身虽然还在中国，而心却早已飞去美国了。他们的生活处处在模仿美国方式，日常用品非美国制造的就不爱，经常注意纽约和旧金山等地的百货公司有什么货物样品寄来，或者时常翻寻美国各种杂志里的商品广告。格兰堂设有文具贩卖部，陈列的货物多系来自美国，没买过的同学是很少的。

岭大的校舍是采用所谓中西合璧的形式的，同学们的住所表现出英美化和贵族化自不必说，至于吃的和穿的也是喜爱"中西合璧"的。我们那时的伙食虽然还是粤式的饭菜，可是吃法却采用西餐的方式，每人一份，餐具是西餐用具（也有些同学还用碗筷的）。我们穿的除西装外，常穿一种颇为奇异的服装：上身是大襟短褂，下身却穿西装裤。吃和穿也跟住一样，追求英美化、贵族化。所以初进这个学校的同学，都有一种仿佛已经到了异国的感觉。

《略谈岭南大学》

❖ 罗宗堂：忙于兼课的老师们

广州教师兼课自清末开办学堂起，至新中国成立前没有歇过，究其原因，主要是教师人才欠缺。尤其是图画、手工、音乐、体育、物理、化学和英文等教师更缺。那时，国文老师徐信符、徐立三；音乐老师沈菊生、沈仲强等，都应接不暇。本来学校规定每天上课6个课时，一周共计36课时，兼课的老师每周授课时数超过这个限额，有多至40多课时的。有些人是利用吃饭和休息时间，如徐立三上课前就把午饭带去，到中午由甲校到乙校，就雇乘二人抬的肩舆（即轿），并在肩舆内吃午饭和休息。有些人则安排请假表，即在兼课各校轮流请假。这样，兼课时数多了，实际老师上课时数还是不变。后来，教师供求关系多了，这种情况有所改变。但到了军阀混战时期，教育经费削减，教师每月只能拿几折薪金，生活无着，迫于无奈又走回兼课之路。当时有人说："七成薪水七成堂"（即拿七成工资上七成课），就是反映了教师当时的情形。

由于教师兼课成风，学校授课时间表受到牵制。每学期授课时间表的安排，首先要征求兼课老师的意见，由兼课老师自己先安排好每周在兼课的各校授课的时间。各校才能编排总授课时间表，万一安排不当而要更改，就不仅打乱了某一间兼课学校的授课时间，而且也牵连了其他兼课学校的授课时间。此外，兼课产生了集中授课与分教授课的矛盾。因为有些科目按理要分时授课的，但兼课老师为求自己方便，不同意分开授课，而要集中授课，以至影响了教学的质量。

抗战胜利后，由于国民党币值不断下跌，教师兼课的更多，不仅要兼公立学校的课，而且还要兼私立学校的课。这是私立学校发薪用港币的缘故。

《广东教育界见闻》

❖ 采萍：鲁迅先生在知用中学

1927年7月16日下午，鲁迅先生应邀在百灵路知用中学对青年学生作了一时三十分钟的讲演，题目是"读书杂谈"。因他的浙江口音难听懂，由许广平用广州话翻译。

鲁迅先生对当时学生在校读书的情况先作了分析，后对读书的要求目的和嗜好作了详尽的阐述。

鲁迅先生认为读书"必须出于自愿，即嗜好的读书，全不勉强"。可见自觉学、乐于学是先决条件。

鲁迅先生认为读书"必须有所选择"。他提醒我们："坏书是毒剂，是半封建文化和帝国主义侵略的产物。如果随手拈来大口吞下，殊不知这是新袋子里的纸包里的烂肉，吃得人胸口痒像要呕吐。"这些话在今天也有十分现实的意义。

▷　1932年冬，鲁迅在北平师范大学作演讲

鲁迅先生在总结其讲话的时候特别指出读书必须和现实社会接触。他说："总之，我的意思是很简单的：我们自动的读书，即嗜好的读书，请教别人是大抵无用，只好先行泛览，然后抉择而入于自己所爱的较专的一门或几门；但专读书也有弊病，所以必须和现实社会接触，使所读的书活起来。"

所以当时的听众之一的陈学昭在其《学习与回忆》文中说："这是多么深刻呵！读书，不能死读书，要把读的书活起来，必须和现实社会接触。我想，这该就是和实际联系。"

❖ 鲁迅：读书与革命

现在我因为职务上的关系，不能不说几句，可是有许多好的话，以前几位先生已经讲完了，我再没有什么话可讲了。

我想中山大学，并不是今天开学的日子才起始的，30年前已经有了。中山先生一生致力革命、宣传、运动，失败了又起来，这就是他的讲义。他用这样的讲义交给学生，后来大家发表的成绩，即是现在的中华民国。中山先生给后人的遗嘱上说："革命尚未成功，同志仍须努力。"这中山大学就是"努力"的一部分。为要贯彻他的精神，在大学里，就得如那标语所说，"读书不忘革命，革命不忘读书"。因为大学是叫青年来读书的。

本来，青年原应该都是革命的，因为在科学上已经证明：人类是进步的。以前有猿人，或者在五十万年以前吧——这是地质学上的事，我不太清楚，好在我们也有地质学家在这里，问一问便知道——后来才有了人。虽然慢得很，但可见人本来是进化的，前进的。前进即革命，故青年人原来应该是革命的。但后来变做不革命了，这是反乎本性的堕落，借用宗教家的话来说，就是受了魔鬼的诱惑！因此，要回复他的本性，便又另要教育、训练、学习的功夫了。

中山大学不但要把不革命、反革命的脾气去掉，还要想法子，引导人回复本性，向前进到革命的地方。说，革命是要有经验的，所以要读书。但这可很难说了。念书固可以念的革命，使他有清晰的20世纪的新见解。但，也可以念成不革命，念成反革命，因为所念的多属于这一类的东西，尤其是在中国念古书的特别多。

中山大学在广东革命政府之下，广东是革命青年最好的修养的地方，这不用多说了，至于中山大学同仁应共同负的使命，我想，是在中山大学的名目之下，本着同一的目标，引导着许多青年前进，格外努力。

然而有一层，又很困难，这是在中国青年最吃力的地方了，就是：一方要读书，一方又要革命。

有许多早应该做的，古人没有动手做，便放下了，于是都压在后人的肩膀上，后人要负担几千年记下来的责任。这重大的事，一时做不成，或者要分几代来做。

因此青年们要读书不忘革命，的确是很吃苦、很吃力的了。但，在现在的社会状况之下又不能不这样。青年应该放责任在自己身上，向前走，把革命的伟力扩大！要改革的地方很多，现在地方上的一切还是旧的，人们的思想还是旧的，这些都尚没有动手改革。我们看，对于军阀，已有黄埔军官学校同学去攻击他，打倒他了。但对于一切旧制度，宗教社会的旧习惯，封建社会的旧思想，还没有人向它们开火！

中山大学的青年学生，应该以从读书得来的东西为武器，向它们进攻——这是中大青年的责任。我希望大家一起担负起这个责任来。

1927 年 3 月 1 日鲁迅在中山大学开学典礼上的演讲

❖ 林克明：陈济棠创办勷勤大学

广东省立勷勤大学创办于1933年，当时我在市工务局工作，兼任"工专"教授。"工专"改为勷勤大学工学院后，我调任该校工学院建筑系教授兼系主任。这所大学是陈济棠为纪念国民党元老古应芬而创办的。它的缘起与筹办经过亦颇为复杂。现将当时我所知道的一些有关情况忆述于下，供研究广东教育史者参考。

古应芬字勷勤，早年参加同盟会，追随孙中山先生从事民主革命运动，是国民党元老之一。他与陈济棠有很深的历史渊源。早在 1922 年，陈济棠还是粤军第一师陈修爵旅的一个团长，第一师驻在江门及四邑，这时大本营办事处亦设在江门，古应芬便和陈济棠结识。当时滇、桂军东下，陈炯明败退东江后，古应芬在陈济棠没有什么突出战绩的情况下就曾向孙中山先生保举他升任旅长。1923年，古应芬在肇庆任大本营驻肇庆行营主任，陈济棠兼任西江督办公署参谋长时便已过从甚密，深相结纳。相约各自从政治、军事方面互相支持，从此，他们便在以后的政治生涯中结下了不解之缘；1927年，陈济棠到苏联考察后回国，希图复任第十一师师长，也是古应芬

▷ 国民党元老古应芬（1873—1931）

在李济深面前力为说项，才使陈得以顺利复职；1929年，李济深因反对蒋介石对军队的编遣计划而被扣于汤山，也是古应芬联同胡汉民向蒋介石推荐，使陈济棠得以出任广东编遣区特派员而接替李济深掌握了广东的军事大权，从而为他步上政坛打下了稳固的基础；1931年，"胡案"发生，古应芬南下策动陈济棠举起反蒋的旗帜，使陈得以挤走陈铭枢，完全掌握了广东的军政大权而形成西南开府的局面；在宁粤分裂、西南政府与蒋介石分庭抗礼期间，古应芬和胡汉民一直是陈济棠政治上的保护伞和有力支持者。陈济棠对古在他的政治生涯中所给予的扶掖与支持，当然是感恩怀德，视为恩人。1931年10月28日，在宁、粤双方各自准备召开国民党第四次全国代表会议的前夕，古应芬因拔牙中毒逝世。陈济棠对古的突然逝世，深感哀悼。为了表示对古的悼念及对元老派的尊崇，陈济棠提出倡议，经粤方所召开的四全大会议决，筹办勤勤大学一所，以资永久纪念。这就是勤勤大学诞生的缘由。

《陈济棠与勤勤大学》

❖ 罗宗堂：讲坛怪现象

那时的教学法是"先生讲，学生听"。虽然课科上有物理、化学、生物等，但却没有实验，教师只是以本宣科。1928年，梁漱溟接长省立第一中学，他极力主张实验，多方购买仪器，由于他倡导，各校也相仿效。如省立女子师范学校，向德国买进些实验仪器，但由于那些教师本身也没有做过实验，甚至连仪器也不知如何使用，只可推说他在大学念书时所实验的仪器和这些仪器不同，就把仪器放在一边了。

上地理和历史课时，连挂图也没一张。如伦达如先生教地理，既没有挂图，又没有在黑板上把地图画出来，只听到他在讲台上大叫"呢、呢、哪、哪"，那就是什么国家了。又如教历史课的罗让贤先生，年年上课都拿着那本课本，但他上课，学生就吵着要他讲故事，于是他也顺水推舟地讲些故事来代替历史课。还有位教音乐的沈先生，平时上课就给学生胡拉胡扯，有时则教学生唱些流行粤曲。

笔者曾到过省内一些县去视察过，各县的情况也是一样。如阳山县立乡村师范学校，聘了位三家村的老学者来担任教育科教师，他一面担任国文科老师，一面又担任教育测验和教育统计两科，这两门科目他一点也不懂。见了督学，只可向督学请教。又如清远县立中学，原设有农科的，规定每周上课二小时，但由于学校经费不足，不能专聘一位教农科的老师，也找个国文老师兼任。又如连县中学，它附设了一个乡村师范班，正当他们快要进行毕业实习时，我到那里。一个晚上，师范班推出三位代表来对我说："我们迟几天就要去实习了，但我们不知道如何去教学生。"并要求我指点他们。我问他们为什么不去请教担任实习科的老师，他们说实习科老师是学英文的，也是外行。我只好给他们上了三个晚上课。后来，我问教育局长何诗迪，为什么不请个学英文的教育科，他说没人才，并请我代为介绍。但因为小北江盗贼多，大家视为畏途。虽然找到一个答应去了，但到了韶关，又给韶州师范以高薪留下了。

《广东教育界见闻》

❖ 姚传显：广州排球，远东之冠

　　1935年前，广州的排球与上海的足球、天津的篮球分别号称全国第一。那时的排球规则是9人排球，双方各9人，分3排，每排3人，采取转换发球计分法，即要发球那方得球便计算一分，并继续发球，如失球便让给对方发球。比赛以三场决定胜负。由于广州的学生对排球特别感兴趣，所以在学校中经常进行班与班、校与校之间的比赛，因而促使广州的排球运动成为全国之冠。说是"全国之冠"，实际该项运动仅集中于设备较好的几间学校，如中山大学、岭南大学、培英中学、培正中学等学校，其中，除中山大学是国家办的学校以外，其余都是教会学校。这和上海的足球、天津的篮球的发展均主要来自教会学校同一情形。

　　1925年以后，历届广东省运动会排球锦标赛和一年一度的广州市排球联赛，全部都是上述四间学校交替获取冠军和亚军。中山大学和岭南大学都拥有相当数量球艺优良的球员。在第八届远东运动会（1928）前后，中山大学前排实力很强，优秀球员有黎连楹、李仲生。黎连楹长于压球，他跳得很高，举动敏捷，压球时非常迅速，同时他的闩球（拦网）也不错。岭南大学的球队，一、二、三排实力都很强，第一排王昆仑之压球、拦网技术水平相当高，第二排中锋外号"飞将军"的曹廷赞是一个技术全面的运动员，他不但能击球，而且也善于压球、救球，行动敏捷灵活，被当时上海良友图书公司出版的画刊誉为"名闻中外之抛球猛将"。第三排的李景谦、孙权、梁质君三人则擅长救险球，就当时而论，上面说过的中山大学和岭南大学的几位球员不失为全国的优秀排球运动员。

▷ 1935年第六届全国运动会女子排球比赛

1928年第八届远东运动会在我国上海举行。参加比赛的排球队选手名单：黎连楹、李仲生、王昆仑、曹廷赞、罗南科、陈锡炳、陈锡培、谭苏景、李景谦、孙权、梁质君、陈煜年、黄培昌。队长：罗南科，教授：丘纪祥。中国排球在第八届远东运动会上先后胜日本队和菲律宾队，获得冠军。从以上球员选出的区域看，除陈锡炳、陈锡培从香港选出外，其余都是广州的球员，故有人说广州的排球是远东之冠。

《广州排球运动回忆》

❖ 胡峻甫："野鸡大学"生意兴隆

在民国时期，广州永汉路东横街有一所大学店，叫作私立广州大学。这所大学店可谓"生意兴隆通四海，财源茂盛达三江"。学生来源甚为广泛，不管"冬瓜""豆腐""芝麻""绿豆"……有钱拿来就无限欢迎。入学考试是照例的，不讲究学历，不讲究成绩，总之，来者不拒。幽默一点说，它的入学试题，就是"来者不拒论"。学生人数，最盛时期，达到三四千人。这就反映出在国民党反动统治时期，知识青年考公立大学之难难于上青天，只有望门兴叹之感！大家存着侥幸心理，不惜资本，人去大学店，挂名读大学，虚度几年光阴，获得大学毕业证书，希望吃到"安乐饭"，或得到所谓"一官半职"，借以"光宗耀祖，炫耀乡亲"。广州大学店的校长陈炳权于抗战前走遍美国各地，向华侨劝捐，抗战胜利后，汇了不少美金回来，在永汉路东横街大买地皮，大兴土木，建筑一座相当规模的校舍。由于主持建校的人从中舞弊，偷工减料，建校工程完成不久，有些墙壁爆裂。王志远以代校长的职权也乘机捞了一把，他自己也在正南路建了一所洋房。

▷ 20世纪20年代私立广州大学校门

广州大学的校舍的利用率甚高，日夜利用不停。除大学部有日夜班外，还设立日夜计政班。课室的面积不大，只能坐五六十人，但每课室的座位表编上了七八十人至一百人。其实经常上课的学生不多，每课室还空出座位不少。因为学生每学期可以只交学费不来上课，但到学期考试时回来参加考试就行了。有些学生本人甚至不参加考试，而请人代考，学校方面也永不理会的。有一次，笔者担任监考员（每班有两个监考员，笔者是其中的一个）。笔者依时前往监考，还没有打上课钟，但课室内学生人头涌动，坐得水泄不通，课室门口有人，课室旁边有人，讲台上边也坐满了人，大家喃喃细语，左顾右盼，手拿钢笔向试卷大书特书在答试题。当时笔者觉得十分奇怪，望遍整个课室，也不见另一个监考员。于是笔者行出课室外的空地，才见到那位监考员，他说："你不用到课室里去监考了，大家谈谈天罢，有一些学生还拿了试卷到别的地方去写，我们何必这样认真？"我们在课室外空地谈了两个多钟头。当、当、当，下课了，讲台桌子上的试卷横七竖八地堆积累累，我们把试卷收拾好，拿交教务处，监考的任务就完成了。据说有些学生读了四年大学，每学期只交学杂费，直至毕业试也请人代替，结果也算毕业了。故所有人称这间大学店叫作"野鸡大学"。

《民国时期的广州大学》

❖ 林克明：中山大学的新校舍

中山大学原名广东大学，是伟大的民主革命先行者孙中山于1924年创办。当时系由广东高等师范学校、广东农业专科学校和广东法政专门学校合并组成，校址在广州文明路高等师范旧址。孙中山先生逝世后，广东当局为纪念孙中山先生，于1926年改名为中山大学。

陈济棠于1929年主粤政以后，一贯重视知识分子，对教育事业悉力扶持。为了扩大中山大学的规模，西南政务委员会于1931年遵循中山先生生前遗愿（孙中山生前曾定石牌为广东大学校址）决定在石牌建立中山大学新校址，并提请中央教育部委任邹鲁为校长，负责筹建工作。

中山大学新校址坐落在石牌五山地区，占地面积11000多亩。新校舍的总体规划及第一期工程的设计方案，由邹鲁校长委任建筑师杨锡宗负责设计。

▷ 民国时期中山大学新校址的石牌坊

　　杨锡宗建筑师为中大新校舍所做的工程设计，采用了仿宫殿式，保持民族风格的建筑方法。第一期工程共完成农学院教学大楼一座，工学院教学大楼两座，门楼一座以及学生宿舍等。第一期工程完成后，邹鲁以杨建筑师所作工程的设计造价过高，改委托我负责第二期建筑工程的设计。我从1932年至1933年共设计完成了农学院教学大楼两座、理学院教学大楼四座、法学院教学大楼一座，以及学生宿舍、膳堂等若干座。我所做的工程设计亦采用了仿宫殿式的建筑形式，与杨的工程设计协调一致。第二期工程的总投资共达毫券200万元，由两间工程公司承包，于1933年全部竣工，经验收后交付使用。至此，中大新校舍遂告落成，全体学生迁入石牌上课。此后，还有文学院及一些实验室相继由其他建筑师设计完成。中山大学不断发展，成为华南最高学府，为国家培养了数以万计的建设人才。

　　回顾当年建设中大校舍，当时主粤政的陈济棠对中大迁址及建设新校舍方面均起了重要作用，尤其对建设新校舍所需巨额资金大力给予支持，始能完成规模如此壮观的校舍建设。陈济棠鼎力支持中大石牌新校舍的建成应列为其治粤的一项政绩而载入史册。

《广州市政建设几项重点工程忆述》

❖ 李红伟：进步书店遭查封

1945年1 2月1日，设在广州惠爱东路（现中山四路328号）的广州兄弟图书公司正式开业。它是华南地区最早的三联书店，由广西桂林坚持进步文化事业的生活书店、读书出版社、新知识书店等为应付日寇入侵后的大撤退而联合起来的战时发行点，由曹建飞任经理、吴仲任副经理。该公司有3名中共党员，由中共广州市委宣传部派人直接联系。

该公司与进步作家一直保持密切联系，它的经营方向是为革命文化服务，专营进步书刊，不卖黄色书刊，还以经营文具生意作掩饰。这里出售的杂志有《列宁文选》、毛泽东的《新民主主义论》《鲁迅小说选集》《国家与革命》《共产主义运动中的"左派"幼稚病》《三民主义》，还有茅盾、巴金、冰心、高尔基等中外文学家的小说集等。

抗日战争结束，国共两党在重庆谈判，签署了承认言论、出版、集会、结社自由的《双十协定》。兄弟图书公司为了应读者的需要，大胆地陈列出由香港新民主出版社出版的《整风文献》、毛泽东的《论联合政府》《在延安文艺座谈会上的讲话》等革命书籍。各种文艺和时事、政治性杂志及歌曲选，都在兄弟图书公司发售。兄弟图书公司一开张，精神窒息了七八年之久的广州读者，很快就把它当作补充精神食粮的理想场所之一。因此，兄弟图书公司时常被挤得水泄不通，热闹非凡。相比之下，那些官办的正中书局、中国文化服务社就显得冷冷清清，门可罗雀。

为了长期坚持革命文化工作，必须设法找个比较隐蔽和安全的地方，给负责刻写油印宣传品的同志居住和工作，兄弟图书公司在东山署前街2号（今东山百货大楼后的一条小街）作临时的书库和家居宿舍。

在反动统治区搞进步文化事业，总是缺乏安全保障的。1946年1月，重庆发生了"较场口事件",接着广州也刮起了邪风。兄弟图书公司也不断发现"偷书贼"和一些并非真正买书、看书的不正常"顾客"。2月13日下午,一个胸佩广州市政府职员证章的汉子,闯入兄弟图书公司,扬出一份手令,说什么《自由世界》《文化新闻》《新世纪》《学习知识》等四种杂志,"出版手续不全,内容荒谬,应予禁售",并声言要没收。种种迹象,预示着一场暴风雨即将来临。4月下旬,兄弟图书公司为隆重纪念抗日战争胜利后的第一个"五四"青年节,决定在5月3日、4日、5日八折廉价优惠读者3天。为了预防敌人破坏,他们连夜把一些书运到东山书库收藏起来,以免被抢劫和毁坏,并安排店员在"兄弟"对面马路观察,加强戒备和应付事态的发生。

1946年5月4日,国民党指使暴徒破坏兄弟图书公司,他们撕毁图书,使当时门市部前面的惠爱东路一大段马路上铺满被抛掷被撕破的书籍和纸屑,一直延伸到大东门、仓边路,白茫茫一片。店内4位员工被打伤,现金被抢走。门市部虽伤痕累累,橱窗被打破、广告被撕毁、招牌被打碎,但兄弟图书公司全体员工不屈服于暴力。5月5日上午,工作人员虽头缠绷带,但革命精神依然旺盛,又像往常一样准时开门为读者服务。这天,读者来得更多,他们送来了许多慰问信;有的紧紧握住书店同志的手,感情激动地点头致意;有的随意取几本书,放下比书价多一两倍的书款,匆匆离去。这是人民的心意,也是一颗颗射向国民党反动派独裁专制的无声枪弹。6月21日,国民党政府查封了兄弟图书公司,并扬言要没收其全部财产,不得在广州复业。

《出售进步书籍的兄弟图书公司》

❖ **张世泰:** 中大图书馆,进门就舍不得出去

1936年夏中山大学已建新校舍,规模之大,全国少有。为筹建新图书馆,屡次催请杜先生回中大工作,他便辞去上海交大等职务,7月间再次回

▷　中国图书馆学家杜定友（1898—1967）

到广州，就任中山大学教授兼图书馆主任。在他离去近7年时间，中大图书馆已六易其长，到任后除整顿馆务外，以建设新馆为主要任务。他对图书馆建筑多年来一直在注意和研究。对以前广州市市立中山图书馆建筑未能始终其事，建成后又因不合图书馆要求深感遗憾；上海市图书馆虽然一手操划，亦因官僚掣肘而未能尽如心意，最后又毁于抗日战争。因此，对中大新建图书馆满怀信心。他了解当时世界各类型图书馆建筑发展趋势，结合自身条件和要求，希望能建一个合乎理想的，用他自己话来说就是："希望读者一进门，就舍不得出去。"怎样才能达到理想，在设计上必须考虑由内及外，配合工作程序，藏书的使用和发展，读者的需要。就是说任何类型的图书馆建筑，一要切合图书馆工作流程；二要使读者使用不感到拘束；三要有远见，看到将来的发展，因此必须由图书馆专家和建筑师共同设计。过去他曾参与不少当时国内新图书馆筹划建筑工作，其所以不理想就是没有做到上面的要求，他在设计上十分注意到机械化的程度和发展，也注意到藏书缩微化。如中山大学图书馆藏有民国元年（1912）前后省内大小报刊全份，因缺少馆舍，堆集一起，不少已霉烂，多次请款购置显微机（现称缩微翻拍机），设法全部翻成胶片。由于校当局以经费困难拖延不决，结果抗战兴起，广州失陷，无法运出，坐使重要文献化为灰烬，这是个无可补偿的损失。时至今日几经变乱，全国再也找不到第二份了。他生前每念及此，深感痛心。他付出极大精力为中大图书馆进行设计，除建筑蓝图以外，在材料上也十分注意。例如阅览室及书库铺地砖，他从国外寄来多种最新材料进行对比选择；小至门锁也注意到，如各门之锁不能互开，但每楼有一总匙可以开全楼各门但不能开另一楼的门，而全馆有一总匙可以开各楼各室的门，这设计当时已显示了杜先生的精微处，是难能而又可贵的。1936年11月奠基破土，但基础工程刚刚结束，七七事变，工程停顿，一番心血尽付东流。然而他的不少科学设想，虽距今数十年仍有许多值得我们借鉴。他晚年（1964—1965年）曾撰《图书馆建筑设计》一书，凡10万言，图百余张，这也是国内唯一的由图书馆学专家撰写的图书馆建筑专著。惜阻于十年动乱，未能出版。

《图书馆学家杜定友先生》

❖ 韩锋：为保头颅画残菊，算偿宿债廿年前

高剑父（仑），原为广州岭南画派之一。曾跟从居古泉学花卉、伍懿庄学山水，造诣皆有独到之处。剑父家贫，居留河南安海之日为多。懿庄亦以子弟蓄之，教养一视同仁。剑父身材不高，因此伍家人皆呼剑父为高矮仔。记其与罗仲彭（罗是居古泉弟子，善画花卉）相谑，你这酒狂烂锣，写来虽姹紫嫣红，闻来却酒臭扑鼻。仲彭笑答，胜过你侏儒老剑，穿起长衫，依旧是一个磨辘（广州话，意为胖矮）。

懿庄蓄有小环十数，皆以禽鸟命名，如阿蝉、阿蝶、阿雁等等。就中阿蝶最明慧可人意，剑父久已色授魂与。赧颜向懿庄启齿，愿得阿蝶为妇，懿庄亦首肯，一无难色。剑父方庆好事得成，谁知阿蝶反抗不从，谓誓死不嫁高矮仔。因此剑父意兴索然，无颜在安海再居留下去。辞懿庄偕弟奇峰东渡日本，学西洋画。由此中西合璧，兄若弟皆成为折中派名家。独惜

剑父利心甚重，对于钱字，非常斤斤计较。我记得剑父常对人说，年来积存作品不少，倘溘然死去，所存画当必利市三倍。因此向剑父求画，相当困难。彼至无可推托时，或画梧桐半株，巨干冲天直上，至纸末处，点缀桐叶数片。或画残菊二三枝，摇曳石旁。我的朋友伍希吕，本懿庄侄辈，剑父居安海时，与希吕相交至笃。希吕曾向剑父求画，二十年来，剑父皆无以应。1924年春，剑父在园游会即席挥毫，希吕向剑父挥拳作势，笑说，这次汝如不为我作画，当击破汝颜。剑父不得已，为画残菊数枝，并题"为保头颅画残菊，算偿宿债廿年前"于其上。

《高剑父为什么去日本学画》

❖ 蔡天涛：高剑父，惜才重才的伯乐

早在20世纪20年代，高师就以佳作《江澜萧瑟》《绝代名姝》在比利时万国博览会上获得过优等奖。作为驰誉画坛数十年的画学大师，又是岭南派的领袖人物，却每每在后学中发现可堪造就的人才时，能够倍加器重，着意栽培从来都是不择身份、不计报酬的。这和他把艺术视为教育手段的思想一致。他创办的"春睡画院"为了作育人才，曾三迁其址。甚至在抗日战争时期，日机频频轰炸，还坚持为学生讲学于危城，直至广州沦陷前夕，才率领诸弟子避居澳门，把"画院"设于普济禅院中。师生们行装甫卸，便重整旗鼓开其画席，接着又筹办了"春睡画院留澳同人画展"，不因风雨飘摇而停止艺术创作。

据著名画家关山月先生的回忆："1936年，我得到一位同学的帮助，冒名顶替进入中山大学听高师讲课。一天晚上，我同全体同学一样正聚精会神地临摹高师的画稿，突然我发觉神态严肃的老师走到我身旁就站着不动了。我顿时感到局促不安。因为第一，近几天老师的画稿被人偷走了，正在追查。第二，恰好我又是冒名顶替混进来的，不知会不会被看作'嫌疑

分子'？可是当我坦然回答了高师的提问，当知道我是一个穷教师，想学画又交不起学费时，他主动免费收下了我这个学生……"打这一颇富戏剧性的情景正好说明高师的高尚人格。又如何磊是一个卖报的穷孩儿，竟然能够列于门墙，黎雄才曾得到过慷慨的资助等都可以说明这位艺术大师的确是惜才重才的伯乐。他从不把学生拘囿于自己风格方法之内，反而鼓励学生汲取各家各派之长，培养学生独具慧眼，使他们对自然的美保持自己独创的发现，启发他们在大自然中获取源源不断的创作题材，为学生超过自己提供有利条件，其心胸之博大、气魄之豪雄实为少见。

▷　高剑父作品《浇花图》

所以，他门徒众多，而且更值得称道的是这些学生中没有一个完全是老师画品的重复，画的风格竟然没有一个是相同的！例如：关山月的奔放苍劲、富于神韵；方人定的意趣深沉、老练浑厚；黎雄才的雄浑秀逸、滋润灵动；杨善琛的笔墨超脱、章法奇崛；何磊的轻快潇洒；黄独峰的格调清新等都是春兰秋菊，各擅其胜的。诸如其他出于岭南派门下的黄少强、赵少昂、叶少秉、鲍少游、何漆园、陈子毅、黄幻吾、卢传远等亦各有成就。此外，在国内外，直接或间接师承岭南派艺术的新一代更是多似恒河沙数，其中亦不乏佼佼者，在此便不一一列举了。

《岭南画派大师高剑父》

❖ 曹思彬：北新书屋，鲁迅的书店

上海的北新书局，是李小峰创办的，主要出版进步书刊和鲁迅的著译。鲁迅到广州后，看到文坛沉寂，便和孙伏园开设北新书屋，以沟通南北书刊，活跃文化气氛。当时在芳草街某青年处转租了一间房子，门牌四十四号。业务开办后，许广平写了一篇《北新书屋》，发表在1927年3月31日广州《国民新闻》副刊上，当中说："从此这北新书屋，就于3月25日在芳草街出现。"以后鲁迅在广州经常与李小峰通信，加强书刊的发行。鲁迅决心离广州前，才结束北新书屋业务，在8月15日的日记写着："上午至芳草街北新书屋将书籍点交于共和书局。"

《鲁迅在广州》

❖ 秦牧："画怪"李铁夫

说李铁夫是画坛怪杰，不仅由于他在国际画坛上赢得了崇高声誉和对革命做出了无私贡献，同时，也由于他的率真耿直，卓尔不群，敢作敢为，独立特行。至今在美术界，仍有许多有关李铁夫的奇闻逸谈在流传。

李铁夫（1869—1952）是鹤山陈山村人。他生于贫农人家，祖父、父亲，世代都务农，16岁时赴加拿大，依族叔谋生求学，后来到英属加拿大学画9年，曾获奥灵顿画院画赛冠军，被授予奖学金，享有殊荣。他接着又到美国好些著名美术学院进修，跟当时的大画家沙金蒂和车时共同探讨油画10多年，他1916年加入纽约国际画理学会，是东亚加入这个最高美术学会的第一人。此后在三次油画大赛中夺得冠军，并多次获二三奖，成为美国画坛上著名人物之一。他卖画收入丰厚，曾经在当地购置过相当漂亮宽敞的别墅，过着舒适的寓公生活。

但是李铁夫实际上是一个不治生产，只倾心于革命和艺术的人物。他自己就这样宣称过，"我生平有两件喜欢的事，第一是革命，第二是美术。"他自从在英国结识了孙中山之后，就一直追随着从事兴中会和同盟会的活动了。同盟会纽约分会成立时，李铁夫担任了六年常务书记。为了支持革命事业，他不仅变卖过许多油画作为同盟会经费，有一个时期还把房子也卖掉了。仅仅是卖画捐款就达一万多美元（如果是按照目前美国的琼斯指数所显示的物价变动状况，当年的一万多美元就要值现在的好几十万了）。1910年清廷军舰海圻号驶抵纽约，李铁夫和两位同盟会会员冒险登舰，鼓动海军舰队统领程璧光参加革命，程璧光果为所动，终于率全舰官兵起义。辛亥革命后程担任海军司令，一直与李铁夫保持深厚友谊。黄兴和李铁夫的关系也很好，在旧金山时两人曾同住一室。

孙中山在美国度着艰难困顿生活的时候，李铁夫曾经加以帮助，有时两人还常一起到餐厅进餐。孙中山曾称他为"东亚画坛第一巨擘"。武昌起义成功后，孙中山电邀他回国任职，但是李铁夫舍不得海外自由自在的绘画生涯，没有应邀。到了1930年他回国的时候，孙中山早已逝世了。

青壮年时候曾经饮誉四方，过着优裕生活的李铁夫，晚年的生活却相当坎坷困顿。一方面固然是回国后，人地生疏，认识他的人不多，油画卖出不很容易，更重要的是他耿直的性格不为流俗所容。举例来说，在海外的时候，他曾多次和孙科一起活动过，习惯于称孙为"科仔"。等到他回国的时候，孙科已经做了大官，前来探望他，他却仍然叫他"科仔"，这就使得孙科深感不满。当时有些趋炎附势的官员本来也想假以辞色，借以自重，前来巴结他。但是李铁夫常常当着此辈大骂贪官污吏，痛揭官场黑暗，这就使得这类人物后来远远避开了。他当时为人画一幅油画像酬金是相当可观的，但如果不是志行高洁的人，他就加以峻拒。曾经有个有劣迹的大官找他画像，画了一半，他得知底蕴之后，就愤然把画布撕烂，酬金当然也就付之东流。

▷　李铁夫油画作品《盘中鱼》

　　由此之故，李铁夫生前就被人称为"画怪"。对这样的称号他并不以为忤，并且说："清代就有扬州八怪呢！"也正是由此之故，他的任何建议，都不为当时的权要所采纳。他也就经常流寓香港，在九龙城、土瓜湾等处居住，过着萧然一室、贫困潦倒的生活。他最珍视的历年得奖的油画作品，也只好用一个麻袋装了起来，吊上屋梁。由于房子破旧，门锁不固，他出门时常在门上贴一张纸条，上书"侦探学校"几个大字，借以吓吓小偷。他素来喜欢饮早茶，可以说无日不饮，在贫困中就只能光顾三流茶馆了。他家里没有炊具，早上出来饮茶，午、晚餐就在普通饭店或者"大排档"吃一盘咖喱牛肉饭之类果腹。有人描写晚年的李铁夫的形貌道："一件旧西装，歪斜的领带，花白的头发和胡须，穿着不大整齐的衬衣，脸上老是笑眯眯的。""夏天，他穿一件褐花色纺绸小褂，颈子插一把大芭蕉扇，常常在耳朵上夹一段没吸完的烟屁股。"这类描写是相当传神的。

《画坛怪杰李杰夫》

❖ 胡根天：首次全省美展，评选闹出的纠纷

广东全省第一次美展，筹备了几个月，便在1921年12月借用广州市文德路广东省图书馆展出。展览会是由当时粤军总司令兼广东省省长陈炯明担任会长，副会长是画家高剑父，顾问是律师谢英伯，还有画家高奇峰、赵浩公、温其球、姚粟若、李凤廷、陈丘山、梁銮、胡根天、徐藏龄、刘博文（女）、雷毓湘、金乐仪（女，工艺美术）等任审查委员，分别担任中国画和西洋画及工艺美术等出品的评选并协助筹备。高剑父比较多负责具体工作，曾亲自到上海和香港征集出品。出品人不硬性规定是广东籍。因为这是广东第一次全省美展，广州市出品踊跃自不在话下，各县也有展品送来。我记忆起中国画出品有3000多件，西洋画2000多件，还有少数刺绣、雕刻等工艺美术品。美展会向来最感麻烦的是出品的评选问题，不论西洋和东洋都曾因为这件事发生了不少纠纷。这一次省展的评选，中国画方面，由于以高剑父、高奇峰为首由日本引进的比较倾向于形似的画法（当时叫作"折中派"），和我国传统——主要是宋、元以来已经形成的各家画法之间，在过去几年间首先由高剑父挑起争论，人为地造成较大矛盾和对立，互不相让，甚至互相攻击。因此，在这一次美展评选一开始又出现了争论。争论的结果，就不得不把国画出品分成两部分：一部分由二高等负责评选，另一部分由姚粟若、赵浩公、李凤廷等负责评选。因此，以后十多年间，双方壁垒就筑得更厚，对立也更大，一直持续到对日抗战时期及其以后才各有新的体会、新的谅解和新的动向。这个过程是值得回顾和玩味的。编写广东近代美术运动史应当有所了解。

《记六十年前广东第一次全省美展的风波》

❖ 李洁之：陈济棠掀起读经运动

陈济棠提倡读经的打算虽然已非一日，但恐引起社会非议，还未敢公然倡行。至1933年冬，在某会议上谈到社会风气问题，陈说照我看来要挽救今天社会的恶化（指进步的革命活动）和扭转腐化的风气，只有提倡读经，讲求四维八德，恢复民族固有道德，除此别无他法。陈的胞兄陈维周知道陈的意图之后，认为有机可乘，便竭力向他怂恿，陈述读经之利，以坚其心。至此陈遂下决心，一面着人编写《孝经新诂》教本，分小、中、大学三种，一面着人草拟推行读经的计划，定为学校必修课。后因了解到南京政府对大学课程有严格规定，不得擅自修改，才将大学读经之议暂缓实行，专搞中、小学。于是授意教育厅长黄麟书向广东省政府做出提案，附《孝经新诂》中、小学教本两种。省府因事关重大，未便自作主张，乃转呈西南政务委员会核示，该会乃命教育家许崇清审查其事。其实当时省府和西南政委会多数委员对此都不以为然，认为是违反总理遗教，只不敢公开反对而已。

陈考虑一般学校实行读经，须由上级机关核准，手续繁多，惟燕塘广东军事政治学校系由其本人兼校长，可以任由支配，不生阻力，遂决定马上实行。并以政治深造班为重点，其他学生班、学员班、行政人员训练班、自治工作人员训练班以及广东海军学校、空军学校等也同时实行。中、上级人员则采取上大课方式，不时集合他们于一堂，由陈本人或请"专家"去讲授经义。总之务求普遍化、深入化。这是1934年春夏间的事。

陈的胞兄陈维周，当时在政治上有很大野心。当十九路军在福建失败后，有人传说他将出任福建省政府主席，他的亲信孙家哲在福建省政府改组时任福建省政府委员就是陈任闽主席的先声。陈维周以此沾沾自喜，更以为自己既然做了两广盐运使五六年，有了资历、发了大财，如果要在广东登上省政府主席的宝座和乃弟分掌文武是很恰当的。可是自己没有班底、没有群众，只靠乃弟的支持还是不够的。而环视行政机关、文化教育机关以至各民众团体都早已给林翼中为首的高等师范系人物区芳浦、黄麟书、霍广河、黄河丰等掌握殆尽。要将他们排挤出去，发展自己的势力，别树一帜，是相当困难的。只能设法把那些中下级人员拉过来供自己利用。因此妙想天开，乘陈济棠提倡读经的机会，自己抢先一步，企图组织一个团体或机关来搞这一工作。这样既可响应陈的号召，又可借此建立自己的势力，作为政治资本，一箭双雕。

▷ "南天王"陈济棠（1890—1954）

于是陈维周便在广州大石街租了一座房子作筹备处，常约陈玉昆（陈的秘书处长）、林国佩（省参议会长）、张昭芹、龙思鹤、蒋介民等商谈进行办法，后决定创立一个"明德社"，广收军政学人员为社员，而以研究三纲五常、四维八德、复兴民族为宗旨。并请陈济棠以整编部队中各级政治训练部为名，将编余的中校以上政训指导员派往国内外考察或学习政治、经济、法律、社会学等；少校以下政训指导员则分两期召集在"明德社"

轮训，结业后即分派至各机关团体去做骨干，发展组织，与林翼中的高等师范系争地盘。

陈济棠为了和乃兄同享荣华，当然乐于支持。陈维周乃于1934年4月在中山路广东省甲种农业学校旧址正式宣告成立"明德社"，吸收社员和开办训练班。当时社会人士以陈氏兄弟在国民党内搞小组织，颇有微词。陈为避免外界指责，同年11月乃将它改为"学海书院"。并以钟介民的关系，聘请张君劢为院长，钟盛麟为办公厅主任（因钟不属林系人物），张东荪为教授，此外尚有其他所谓国学家，开讲大学、中庸、礼记、孝经等课，俨然以改变社会风气，复兴民族自命。

在陈济棠积极提倡读经之下，社会上的一些地主、豪绅果然与之相呼应，风起云涌地成立同乡会，各姓氏亦纷纷筹募巨款兴建祠堂，大搞地缘血缘关系。寄生阶级——江湖术士也大大地增加了，广州市惠爱路的城隍庙成为卜筮星相的好市场。不少社会人士和工商业者，在茶余酒后亦多以相命、风水为谈讲资料。陈的参谋长缪培南对风水之说也很感兴趣。于是很多人都不愿再去关心国难问题、政治问题，在他们的思想上的确起了不少麻痹开倒车的作用。在陈济棠看来，他所提倡的读经已收到一定的功效。其实这才是世道衰微了。

《陈济棠提倡读经的经过》

❖ 胡守为：陈寅恪南下

1948年冬，国民党反动政府已处于风雨飘摇之中，社会混乱，物价飞涨，（陈寅恪）这位名教授所得的薪俸却不能维持一家温饱，不得不把一部分心爱的藏书卖给北京大学东方语言文学系，以书款买煤过冬。这时候，北平已面临解放，国民党政府由青年部长陈雪屏出面想把他运走，遭到拒绝，乃由胡适出面邀他南下。陈寅恪以为胡适是个文人，无政治企图，于是随之南下抵上海，复由上海乘船至广州，岭南大学校长陈序经借机聘请他担任讲席。解放战争势如破竹，1949年10月，解放大军越南岭而下，国民党政府又派人引诱他逃离广州。当时他要去台湾、香港都很方便，经过慎重的考虑，陈寅恪都没有去，因为台湾国民党政府只能在美国卵翼下求存，香港是英国的殖民地，都不是他认为可以安身之所，也是爱国心和民族自尊心使他留下来。

▷ 新中国成立后陈寅恪在中山大学

在岭南大学任教期间，他为历史系、中文系的学生轮流讲授两晋南北朝史、唐史、唐代乐府等三门课程。岭南大学的学生本来就不多，读历史的更少，但陈寅恪仍然以极其认真的态度上每一堂课，受业的学生对他渊博的学识和诲人不倦的精神，非常钦敬，1950年还特地送他一面绣有"万世师表"的锦旗，表彰他在教育事业上所做的贡献。陈寅恪一生从事教学30余年，培养造就许多出色的历史学家，这面锦旗，他应是受之无愧的。

《著名历史学家陈寅恪》

第四辑

江海沧桑·
老广州往事

❖ 梁俨然：巡城马，功能强大的"邮递员"

清末民初，西关有一种特殊的职业，叫"巡城马"。巡城马是城乡之间沟通联系的重要角色。当时邮务工作还未有完整的建立，解决城市与乡村的联系和通讯，巡城马就是一种最有能动性的"工具"。其具体的工作，一是邮递，二是汇款，三是包办零星采购与运输。他的邮递工作与今天的邮递员大不相同。他不独代带来往信函，而且连包裹也送到家门。投递时还往往要给收信人读信。因为那时乡下的人不少是文盲，有的连名字也没有，信面所写只是：烦带李某某家下收，或陈某某母亲收，赵某某内人收等等。由于巡城马与收发信人其中一方相熟，兼有一定文化，才能担任这一工作。寄信时，由发信人付酬的，信面写有"力金已付"；由收信人付酬的，写上"到奉"二字。那时尚未有什么邮汇或银行汇兑，巡城马就代人带送来往款项家用。

还有代购各种用品和小件货物。甚至偶有受托代带子弟到城市见工（求职时老板约见）或与家人团聚。业务不足时，有些巡城马也兼营副业——做水客（小行商），从乡间带土产往城市，或从城市带些通用货物回乡销售。

巡城马通常是壮年男性，身体结实，行动敏捷，口齿伶俐，无不良嗜好，为公认信得过、靠得住、受欢迎的人。他们大都在腹部系着多分格的兜肚式大荷包，人们望见这种特别标志，就会欣然相告："巡城马又来了。"今天，这行业已成陈迹，但在社会发展的历史过程中，委实起过一定的作用。

《巡城马——一个已淘汰的行业》

❖ 柳蔼人：赌场轶闻两则

余进入莫五姑的"文武赌场"后，亲眼见到两件悲惨事。

广州市小市街（即今之解放南路）老牌金铺西盛，是广州市的人多熟悉的。该金铺有一个伙伴叫何德，长于鉴别金饰真伪和含金成分，是金饰行业的名手，为人勤谨忠直，一向为铺主人所器重。余每次到该金铺找换金饰都与何晤谈。一天，余在"文德部"内见一执役者貌似何德，心疑之，特往西盛金铺去询问何德到哪里去了，为什么不在店。老板对余说，何德忽然沉迷于赌，置店事不理，已把他辞退了。事后查悉，何德偶从友人到"武功部"参加"雀战"，每赌辄胜，利之所赇，日夜溺于其中。店主深忌，将何解雇。何离职后即被部长收容，充当部内鉴别金饰职务。赌场结束，何德不知流落何处。

西关某大户女公子，得"龙女"之介（龙与女的家庭有戚谊）进入"文德部"，溺于赌，日夜不辍。临到出嫁前夕，乘夜遁往"内教部"。要求入局，"龙女"大惊，请问女："汝明日出嫁吉期，不宜留在这里。"女不愿去，卒入局，赌到天亮。家人到部催促她回去，她不听。余等从旁规劝，她也不为所动。大家你一言，我一语，她听得冒火，取出剪刀将头发剪去，把剪子掷在地下，说："我现在已出家为尼，你（指家人）可告老夫人，不要惦念我了。"家人号哭而去。后来"文武赌场"结束时，女被"武功部"部长纳为妾侍，从此沉沦了。

《记莫秀英的"文武赌场"》

▷ 清末广州大清邮政官局

▷ 民国广州的高级赌场

❖ 罗锦泉：刺杀广州将军

辛亥三月廿九日一役，革命党人虽然失败，但并不因此气馁，而是再接再厉，因此全国各地革命风暴亦从未停息，此起彼伏，对于清廷反动政权予以严重的打击。广东是革命策源地，清政府为了巩固它的摇摇欲坠的政权，并妄图扑灭革命的火焰，于是派将军凤山南下广州，准备采取高压的手段，但革命党人亦早已准备，设下陷阱，等待凤山到达广州时便饷以巨弹，使对革命形势更为有利，以加速清廷的崩溃。

辛亥年间我在周康年戏班工作，因早年在香港时认识黄兴和孙中山先生，又因为我曾加入广州华侨兴业社，认识不少革命同志，我经常和他们联系，并参加一系列的革命行动，如炸孚崎，三月廿九日之役，第一次行刺李准等，我均亲身参与其事。辛亥年夏，我在广州表面上仍在周康年戏班工作，实际上仍与革命党人王和顺、温德政等人来往，因此得以参加是次行刺凤山的计划和行动。

辛亥年七八月间，我和王和顺、潘赋西、朱述堂、钱耀、温德政、刘敏公、李式勋（即李沛基）等人经常在永南百货店宿舍（在华侨兴业社楼下）商量和布置。炸弹由陈惠（即陈庆）设计，弹壳由麦启基（濠畔街机器工人）制造。谭百洲则出款租铺作埋伏点。

清廷将派凤山将军南下广州的消息在辛亥年八月（旧历）间就已遍传广州，我和上述诸人经常聚头，先由华侨兴业社出资在仓前街租得铺位一间，开设惠民绒线商店，派李式勋、刘敏公二人负责，表面上系经营绒线等生意以掩人耳目。该店货物由南提永南百货店拨给，永南商店是由谭百洲办的，他是华侨兴业社的委员，管理财政工作。当时党人开设惠民商店的唯一目的就是设下埋伏点（惠民商店并无二楼）等候凤山来粤经过时，伺机下手。惠民开设之后约半个月，就实现了行刺炸毙凤山将军的计划。

负责这次行刺凤山所用炸弹的设计人是陈惠（即陈庆），该弹系50磅重（《广东辛亥革命史料》及《广州文史资料》第五辑各家所说是五磅或七磅等均不符事实），弹壳由当时濠畔街机器工人（钳工）麦启基负责制造。他将弹壳制好后，携到永南商店宿舍和王和顺、温德政等人研究。当时我本人亦在场。弹内放置十多个鱼炮炸弹，以零碎铁渣玻璃填塞，弹壳与装药盘套实后，再用钉头加固。当时我建议用30号漆皮电线十数丈，一端系以引信接在炸弹电管处，一端接以干电池。只要将电流一接通，便可立即引起该弹爆炸。他们照我的意见把该弹准备妥当，并放在永南商店宿舍一个木柜底下收藏。辛亥旧历九月初，王和顺、温德政等人探知凤山准期在是月初四日到达广州（对于如何探得凤山在初四抵广州的消息，我本人因未忆起，现暂不叙）。是月初三日我亲到仓前街观察地形。当时惠民商店之右邻是一家理发店，左邻是一块长方形的空地，放置许多竹器，空地尽头处是垃圾岗，再过就是一家竹缆店。惠民商店对面一列六间尽是竹器店。我观察该处地形之后，便向温德政、王和顺等人提出："用烂字纸箩装载炸弹埋置在惠民之左竹缆店边旁的垃圾岗里，接在炸弹的电线由左邻空地利用当时放在那处的竹器掩蔽以引到惠民店内，再接上干电池便可。"是月初三晚上深夜时由李式勋、刘敏公二人将该50磅炸弹，按照我的意见埋置妥当。

辛亥旧历九月初四日晨早7时，我和王和顺、温德政、谭百洲等四人在太白楼茶居饮茶（系事先在初三晚约定），秘密商谈，并约定各人潜伏的地点和所执行的任务，谈至上午8时许，各人便分途出发。我到太平沙孔家大屋附近埋伏，担任把风（即通风报信）任务。他们数人到珠光里附近潜伏，相机行事。埋置在仓前街的50磅重炸弹则由李式勋（或称为李沛基，但当时各人均称他为李式勋）一人担任爆炸任务。是日（即初四）上午约11时许，凤山乘轮抵达天字码头登岸，乘坐八人抬大轿鸣锣喝道前呼后拥而来，由南堤转入仓前街。是时凤山经过之处，家家户户均要关门闭户（这是清廷的规定，凡将军出街时，必要所谓肃静回避，以示其威风之意），当时李式勋在惠民绒线商店内早已做好准备，从门缝内向外窥视，见凤山所乘之轿从其门过到埋置炸弹的垃圾岗附近时，他立即将手一按，电流一通，炸弹便轰隆一声炸响，当场把凤山炸毙，血肉横飞。同时在珠光里口附近潜伏的王和顺、温德政等人，闻得炸弹声响后，即刻向护卫兵勇连续投掷手炸弹数枚，伤毙清兵及轿夫一共十多人。他们乘混乱之际从容逃去。当时李式勋将炸弹爆炸完成任务后，便由该店后门安全逃去（因该店后门是一条横巷可通出长堤）。我本人当时在太平沙孔家大屋附近把风，闻得炸弹声一连数响之后，便由太平沙经太平街转到安全地方去。这次行刺凤山所使用的炸弹，威力极猛，在炸弹旁边的一间竹缆店亦被炸塌，并引起火灾。附近各处消防队闻得发生火警，立即派出消防车（用手推的）赶到，但当时仓前街两头街口均有清兵把守，不准消防车入街内救火，因此火势愈烧愈烈，被焚毁的计有惠民商店，左邻的理发店，右邻的竹缆店（被炸塌）及对面一列六间竹器店，合计被烧毁及炸毁的店铺共九间。事后第二天，被炸死的尸体收殓后，清兵始撤去，交通亦恢复。我当时曾到该处观看一番，目睹上述各店被毁后的景象。

《行刺孚崎、李准、凤山亲历记》

❖ **梁春梅：** 永丰舰与孙中山

永丰舰是1910年8月，清政府海军大臣载洵和北洋海军统制萨镇冰赴日本考察时，耗资68万日元（当时1日元约合1两白银）向日本三菱船厂订制的炮舰，舰长62米，排水量780吨，时速13.5海里。配有阿式十生的五炮1门，阿式七五的炮1门，阿式三磅炮4门，马式一磅炮2门。配员136—180人。1913年驶泊上海，编入北洋舰队第十舰队，命名为"永丰"舰。1917年7月，由海军总长程璧光率领随孙中山南下护法，编入西南护法舰队。

1922年6月，陈炯明叛变，派兵围攻总统府，孙中山粤秀楼脱险后，退到黄埔。接着，又坐镇永丰舰，率领"永翔""楚豫"等七艘军舰驶进省河，沿途指挥各舰炮击大沙头、白云山、观音山敌军据点，反击陈炯明叛军。因未得到岸上陆军紧密配合，未能收到预期效果，随即退回黄埔。7月8日，温树德叛变。孙中山在黄埔再度脱险，乘永丰舰并率各舰离开黄埔，驶往新造河面。当晚，孙中山在永丰舰再次召开会议，研究作战计划，决定舰队暂时驶入紧靠沙面外国租界的白鹅潭。7月10日，永丰舰到达白鹅潭。8月10日，孙中山知道北伐军回师失利，待援无望，遂乘英国"摩轩"号去香港转赴上海。

▷　1923年8月，孙中山与夫人宋庆龄重登永丰舰，与舰上官兵合影

孙中山离开广州后，永丰舰于1923年2月驶离黄埔，开往汕头，加入了李烈钧组建的海军舰队，受到嘉奖。之后，永丰舰又奉命开往厦门，维护海面治安。孙中山回粤重组革命政府后，永丰舰于同年8月13日驶返广州，停在大本营外的河面上，听候调遣。第二天，孙中山和夫人宋庆龄登上永丰舰，欢迎它归来，嘉奖全体官兵，还对全体官兵发表讲话。他说：永丰舰从广州到汕头，又从汕头到厦门，始终是为了护法，现在为了正义，

又从厦门回到广州，经历了重重险阻，都不改变志向，实在难得。永丰舰官兵回到革命政府的怀抱，十分高兴。孙中山和夫人宋庆龄等在舰上停留近两小时，还和舰上官兵合影留念，到12时许才离舰回府。1924年11月13日，孙中山应冯玉祥的邀请北上，商讨国是，永丰舰护送孙中山、宋庆龄离开广州，踏上北去的征途。

孙中山在北京逝世后，1925年4月13日，广东革命政府接受桂军总部顾问雷在汉的提议，决定将"永丰"舰改名为"中山"舰。

《永丰舰与孙中山》

❖ 叶菊生：南北分治，孙先生是不赞成的

1917年，先生率舰队及国会议员南下护法，道经汕头，住莫擎宇寓所，我和李次温去谒见，座中有章太炎，陈炯明亦随同南下。我问先生，革命是一定成功，我国幅员辽阔，南北风气究竟有些不同，南人重改革，北人重保守，可否如欧洲的奈渣兰半岛，分为比利时、荷兰二国，使南北各自发展，将来再徐图统一？先生说，南北风气有殊，思想不同，但亦不能一概而论，张溥泉不是北人吗？先生那时已决定要出兵北伐，统一中国，故不赞成南北分治。

先生度量宽宏，常以忠恕语人，尤重一个恕字。1922年，先生出师北伐，陈炯明主缓进，左右不善于维护，因此搞成孙陈分裂。及叶举叛变，各省军队联合致讨，先生犹谓陈炯明可赦，叶举不可赦。这是当时的同志皆知道的。

《回忆孙中山先生几席话》

❖ 温翀远等：市政府的沿革

查广州市清代称为广州城，以广州府治所在地故名之。旧广州城清代城内划分为东西两个地区，其划分界线之起点，由大北门城门口起（即现时解放北路口越秀山麓）沿大北直街到惠爱四约四牌楼口（即现时中山五路），转东至藩司前之照壁（现在财政厅前），双门底上街北口（今北京路）向南直至天字码头。析为东向属番禺县。西向属南海县，亦为两县的分治界线。1911年清社既屋，民国因之。1918年（民国七年）9月底成立广州市政公所，市政仅作雏形的筹备，而无具体规模的措施。当时以财政厅厅长杨永泰为总办，警察厅厅长魏帮平为总办（两个总办），以曹汝英为坐办主理政务，杨、魏挂名而已。1921年4月1日正式成立市政厅，以孙科为厅长，广州市设行政首长肇基于此。后因市为地方政府性质，厅属事务机构，与事实径庭，改为广州市市政委员会，委员会乃多头政治的形式，意见分歧。旋又改为广州市政府，设市长负责，府以下设各局分掌政务，市政府之名称及具体形式，开端于此。第一任市长林云陔，1922年以粤军总司令兼省长陈炯明兼广州市市长，至该年7月间，派金章为市长。1923年陈炯明卸省长职回东江，孙科复任市长。1925年李福林兼广州市市长，1926年林云陔任市长。1928年11月以甘乃光为广州市市长。甘离职林云陔复任市长，1931年以程天固任市长，1932年刘纪文任市长，1936年陈济棠下野，黄慕松主粤政，曾养甫为财政厅长兼任广州市市长，1937年黄慕松在任病故，吴铁城接主粤政，广州市市长仍以曾养甫兼之。1938年10月日敌沦陷广州，粤省府迁韶关，广州市府疏散至广宁。1939年2月李汉魂任粤主席，以顾翼群为财政厅长，曾养甫回重庆，沦陷广州市市长之缺已成虚悬。1940年粤省府派民政厅长何彤兼任沦陷之广州市市长，接收广州市存广宁三卷

▷ 民国时期广州市政府合署办公楼

宗。1945年日敌投降，胜利复员，粤省府尚未迁回广州。而李汉魂突然免职，以罗卓英继之。粤省府9月间迁回广州，南京政府派陈策为广州市市长，何彤兼称之沦陷市长悉成泡影。1946年陈策辞职，以欧阳驹继任。欧阳为孙科、吴铁城所支持，欧阳驹接任后，酝酿改为直辖市，加以孙、吴在南京的推波，卒于1947年改广东省属市为伪中央直辖市。1949年薛岳任粤主席，荐李扬敬为广州市市长，李于10月6日接事，10月14日广州解放，李扬敬任市长仅8天（按：此处李扬敬任市长时间与《广州市历届市长一览表》在任时间有出入），为国民党政权最后一任之市长。

《民国时期广州市政府的沿革》

❖ 劳逸风：乙卯水灾，旷古巨劫

乙卯年（1915）水灾西关情况惨重，80多岁的老一辈每谈此事，莫不余悸在心。因为大水在下，无法走动，大火又在上焚烧，难以援救。据不完全统计，财产损失可达白银200多万两，死伤人数约2000多。这是广州西关旷古未闻的巨劫。

乙卯年发生大水，城西一片汪洋，最深之处有十尺、八尺，难民因住屋被浸或倒塌，被逼上树暂避，小孩子则用绳索系于树上，等候别人援救。芳村、花地及西关一带地势最低，受灾尤甚。以种植莲藕、马蹄、慈菇、菱角、茭笋所谓"泮塘五秀"的泮塘因屋宇破旧倒塌五六成，死人过百。西关多宝、逢源等街道地势更低，水浸更深。据住在逢源正街的老人说，当时各江潦水暴涨，市区又连天大雨，天水夹地水，威胁广州。六月初二日晨起洪水骤至，初时高涨几寸，继而一尺、二尺直浸至门楣。事起仓促，居民手足无措，有楼阁天台的则全家人口缩处一隅。为了逃生，有些人则租大沙艇栖息，街坊邻里只有各顾各逃避。我自己一家也做了十多天水上居民，待至水退才回家。

洪水淹没西关的严重时刻，十三行忽遭大火，自六月初二日2时起火，燃烧至翌日下午7时，不料隔三个小时后，至晚上10时火灾再降，又燃烧至凌晨1时方止。受灾街道共有25条之多，焚毁商户达2000家以上。水灾后从灰烬中发掘尸体约有千具。大水来时十三行九如茶楼有60余人在此避水，不料该楼年久失修突然倒塌，全部死亡，无一幸免。与此同时，在泮塘、荷溪和各受灾街道检拾到的尸体，亦有210多具。

十三行起火原因。据年届98岁的老人梁伯口述，火是由白米街口十三行尾的连发油烛店引起的。起火地点距梁伯开设在白米街内的泰生海味店只有六间铺位。六月初二日下午2时左右，正当水位最高时刻，连发店是经营煤油蜡烛的小店，只雇有一名小伙计，是时这个伙计因事扒门板出外，店主人因点燃灯烛寻找钱物，不慎烧及火水、蜡烛。熊熊烈焰瞬息蔓延起来，店主扒门板向外呼救，又因店内全是易燃物品，火势向上，下面的水无济于事，大火封门，店主只得逃命。邻店南兴是一间较大的油烛店，在火舌四射之下，殃及南兴店，因而火势更猛，又遇风大，一发不可收拾。对面是同兴街，全街皆是经营火柴、火水、洋烛、罐头、生油等店号，火势到此更不可遏，泽国火海，连成一片。各街商店中人只得携细软各自从天桥街过街逃生，结果二十五条街2000多间店铺民房同遭红羊劫难。

大水发生时已有很多大小船艇云集省河。平时沙面鬼棚尾是水上烟花场合，西濠口、大基头、金花庙、鳌洲街的横水渡小艇多至不可胜数，是时便成了船艇世界。有些船艇租与岸上人家暂住，有些售卖物品，有些做运载货物来往，不一而足。其时一些坏分子，乘着发生火灾之际，趁火打劫，驶入灾区抢掠商店货物，天灾人祸，惨不忍闻。火灾时适遇刮风，晚间火苗燃烧了船篷，各船艇又连成一串串，对面河南大基头的临河铺尾，多数用竹搭成篱笆，亦被火吞没。因此，事后有"火烛真系惨，河北过河南"之谚。

长寿路自来水塔脚的乐善戏院，是当时西关最大的粤剧演出场地，人寿年、乐其乐、祝华年等大班都常在此戏院演出。说来很凑巧，农历五月底某大班曾在乐善戏院连演几场《水浸金山》《仕林祭塔》等首本戏，不料隔了几天就发生了特大洪水，真是"水浸金山"了。戏院前茶楼饮食店很多，每天茶客如云。大水初到，茶客们不甚介意，但水势骤涨，瞬息间浸到膝头，于是纷纷走避，非常狼狈。

《乙卯年广州市水灾》

❖ 黎思复：孙科拆毁广州庙宇名胜之由来

　　1918年，胡汉民执广东民政。其时中山（当时名香山）县府设于石岐。孙科刚从美归来，与吴铁城等流连于石岐县政府，终日以搓麻将为事。此辈多留美，因而时操英语以炫人，当时人咸称之为太子派。

　　后数年，中山先生回粤，其时国民党古应芬辈思有以媚中山，推孙科为市政厅长，请命于中山。孙科到任之后，以美国大城市没有文明古物，从而认为广州之五大丛林，奉佛古寺，殊有失现代城市之观瞻。其实内心上并不止此，故当时社会人士咸称之为铲地皮厅长。因此河南海幢寺、长堤五仙观、城内大佛寺、西关华林寺、长寿寺等巍峨佛殿，均被拆毁，夷为地皮，分段出卖，以致全城群众，咸表愤懑，事闻于国民党元老派，又深以为不然。后卒保存各寺之大雄宝殿，即今日我们所见各寺之遗迹，寺之规模较少地皮不广者如六榕寺等因得以保留。此风一开后，当市政者咸以此为生财之道。循至伍朝枢（伍为伍廷芳之长子）继任市长时，设财政局分立官产股和民产股，调验红契（当时契据有官厅印信者习称之为红契），持白契（无官厅印信者习称之为白契）者多被没收入官。主办人员诸多挑剔，铺屋业主人心惶惶，于是诸多请托，风行贿赂以求幸免，真个是流弊百出，变化万端……

❖ 李朗如等：广州商团，从自卫武装到叛乱集团

广东商团是粤商维持公安会（前身为清光绪三十三年冬成立的粤商自治会）为维持地方公安而倡办的。清末至民初，官兵为暴于民，盗匪出没城乡，白昼抢劫，殷商巨贾为保护商场和资本家的生命财产，遂于民国元年成立了商团，购枪自卫。最初参加的只有40人。龙济光踞粤时，济军与劫匪伙同作恶，时入民家搜查，乘机抢劫财物，还经常调戏妇女。商团以警察不敢干涉，乃穿制服荷枪出巡。一般商人们既信不过警察，也信不过防军，认为商团确能收自卫之效，参加者越来越多。在桂系军阀统治广东时期，除设在西瓜园（在今人民中路）的商团总部外，老城、新城、东南关、西关、河南都设有分团，而以西关方面为多。至1921年，商团军已发展到400多人。

加入商团的商店，要出资购置枪支子弹服装，并派出人员参加商团军。每一个商团军成员都另有一个人充当后备。成员都是资本家、老板或少老板、司理、掌柜之类，后来也有出钱雇人代替的。

商团，除了操练外还要维持市面秩序。各分团规定分段出巡，每队三五人至七八人不等。有时捉到小偷、劫匪，就送到公安局去处理。商团和劫匪直接交火，打起来的时候也有。

1921年以后，广州商团与佛山、顺德、九江、乐从以至江门各地商团组织联团，联团间架了专线电话，还互相派队巡逻，乡与乡间，设有播鼓，互通声气，俨然成地方武装的性质。由于当时军队频频调防，调防以后的真空期间，商团是起了维持地方治安的作用的。

早期的商团是一个自卫性组织，后来逐渐演变成反革命叛乱武装集团，是由于实权被野心家陈廉伯攫取所致。

《广州商团叛乱始末》

❖ 黎初日：商团叛乱，滇军和番鬼佬都不帮忙了

商团组织，最初并没有政治野心或政治背景的，假使没客军进粤为祸广东，则商团不会扩大；假使没陈廉伯作为商团领袖，则帝国主义者亦未易进行煽惑。陈敢于明目张胆反抗孙中山，最大的原因是有港英为他撑腰。当时孙中山领导的国民党，改组后即明白提出"打倒帝国主义""废除不平等条约"的口号，自争取关税余款不达目的后，广州更掀起"抵制英美运动"。帝国主义者认定孙中山系他的真正敌人，便要在广东物色一个忠实走狗来反抗孙中山，恰巧商团领袖是陈廉伯，而陈又是沙面英商汇丰银行买办，于是水到渠成，不用再向外面物色了。陈此时的心境已从憎恨客军转到害怕革命上去，因此双方一拍便合。彼以为外面有番鬼佬撑腰，里面广州的实力派——滇军，又已取得联络，更派人往东江怂恿叶举（陈炯明所部）发动反攻，他便认定一举手，可把孙中山搞垮，此时陈的胆量真的越来越大了。

当陈廉伯认为广州商团的力量，尚不够作为作乱的资本时，就把广州与佛山、江门、石龙等地的商团一并结合起来，以后更进一步，索性把府城各镇的乡团也纳入总部来联成一气。所谓"联防总部"成立之日，笔者适因事到佛山，佛山的商团长为陈恭受，佛镇九十六乡乡团长是何江。陈乃张槎（佛山附近）人，以足智多谋见称，系陈廉伯的一张"王牌"，何是澜石（亦佛山附近）的绿林翘楚，颇能号召当地的大天二，但当商乡团联合之日，何突遇刺殒命。

"联防总部"成立之时，佛山到处贴有四字的韵文布告，内书："商乡各团，联为一家，只知自卫，不知其他。大局未定，市面巡查，扰乱抢掠，痛击严拿！"语气相当凌厉。有人说，他们岂仅"自卫"，连军警保卫治安

之权也给篡夺了。

　　陈廉伯所购的械是由一艘挪威船"哈佛"号载运进来的，甫抵广州黄埔，即被政府发觉，加以扣留。陈便鼓动商人反对，谓购械系经政府批准的，这样处理实不公平。不明内幕的人，以事涉本身利益，亦多随声附和，一时群情颇为激昂，大有"械存与存，械亡与亡"之概。孙中山召集全市商团到大元帅府训话，亲自向他们解释说："陈廉伯确曾向政府领得购械入口护照，但领照不过五天，械便运了进来。照理，购械是应先要取得政府同意，这一宗交易，倘谓业已预先取得政府同意的话，怎会在五日的短短期间内可以从外国买了运进广州来？那显然是陈廉伯自己的私货！以后可能尚有继续运来的，那才是请领入口那一批。捉猪问猪脚，我要弄清楚！你们大家也不要上了陈廉伯当！"末后又说："革命政府是为老百姓服务的，你们试想，龙莫时代，你们去请愿时，他会亲自出来接见你吗？"

　　向政府交涉，不得要领，商团便煽动罢市要挟，（1924年）10月10日，政府应各方调停，还给他们一部扣械。是日系辛亥革命纪念日，学生工人们在市上集会游行，过西濠口时，群众高喊"打倒帝国主义！""打倒买办阶级！"口号，领得枪械的商团军就与学生工人冲突起来，一时枪声卜卜，历时数十分钟，当场击毙多人，有一工人被害后，还给商团割下了肾囊。

　　以后局面便继续恶化，谣言蜂起。甲说政府已采取强硬措施，将要强逼开市；乙又说："老陈埋城了"（陈炯明攻到广州城下了）。商团散发告市民书，攻击孙中山三大政策，内有一段说道："秋风起矣，蟋蟀开矣。吾同胞乎，甘以身为蟋蟀而中带草者之毒计自相残杀乎？须知斗而胜，自己所得亦不过折手折足而已，而带草者之荷包肿矣！"措辞极尽挑拨，但谁为蟋蟀？谁是带草者？陈廉伯如果不昧天良，自己当会明白了。

　　14日，杨希闵（滇军）、刘震寰（桂军）、许崇智（粤军）、谭延闿（湘军）、樊钟秀（豫军）五总司令会衔布告，限令商团即日开市，恢复秩序，否则以武力解决。政府态度已转趋硬化。但商团方面，仍未见接受劝告。居民知战祸已不能避免。是日午，城内商团军已经纷向西关集中，彼时的西关并未开辟马路，街市通衢，木栅林立，屋顶则架设天桥，以备守望。自罢市后，许多街市昏后便把街栅关闭起来，交通断绝。是日因风声紧迫，有些地方业已把街石撬起来，堆积沙包，做好巷战工事。下午7时许，枪声大作，机关枪声及冲锋号声整夜不歇。走上天台探视，但见火光烛天，流弹四射。是夜因电灯熄灭，乃燃烛为灯，又防被流弹击伤，乃与家人席地而坐，终宵不寐。至翌日上午3时许，则枪声逐渐疏落。笔者时寓西关冼基东街，该地本设有商团分部，破晓，从门隙窥观，见有一商团军官，由两名持械团军夹护，神色仓皇，匆匆跑过门前，似欲突围而去。良久，便有少数部队冲入街中，向前搜索，作试探性射击，迨不见还击后，便用枪托猛击各户之门，高喊"开门！"不应，则又大呼"放火！"坊众均上屋顶走避，但却没有纵火情事发生。

事后听说，当战事发生时，许多理发店被搜出纵火之物，不少理发工人给商团捕杀了。但我处附近有理发店两家，而其地又设有商团分部，战事爆发前，店内职工悉已离店，没给商团抓去，也没有纵火之事发生过。

以后，滇军即派人挨户勒缴团械，有些已参加商团而尚未领得枪械的团户，则须缴纳代金200元（确实数目记忆模糊，但约为200元之谱）。

商团被解决后，笔者即趁夜船往港。船出虎门，便复见许多溃退下来的商团军，他们大骂滇军长官不守信义，谓曾保证向政府调停，不致有战事发生，即使发生，滇军宁坚守中立，不作左右袒。但战幕甫揭开，滇军即派一连部队，吹起军号，从西濠口一直跑到长庚路西门，而事后向商户勒缴团械的，又是那批家伙。

《1924年广州商团事变见闻》

❖ **田桓：**收回"关余"，就要用强硬的手段

1923年，陈炯明被逐出广东，（孙中山）先生自上海赴广州，第三次建立革命政府，任海陆军大元帅。但他一上任，立即碰到了"关余"事件。

什么叫"关余"呢？ 1901年，清政府与英、美、俄、德、日等列强订立了《辛丑条约》，规定中国海关和50里内常关的收入，均须缴存于条约所指定的外国银行，作为赔款和外债的担保，并由外籍总税务司统一掌管。这些关税收入扣除偿付外债、赔款及海关经费所剩下的余款，叫作"关余"，归中国政府收用。

辛亥革命后，列强乘机攫取了中国海关收支的全部权力，规定关余非经驻北京的外国公使团同意，中国政府无权动用。中山先生为了解决军饷问题，不听洋大人的那一套，果断地采取了革命措施，于11月间通知北京外国公使团，声明自即日起，必须把两广的关余全部拨给广东革命政府。同时，命令广东海关将关余如数缴出。

在此情况下，北京外国公使团向北京政府提出抗议，要求归还广东的关余。北京政府说："广东是我们权力不能及的地方，他们的口号是废除不平等条约、打倒帝国主义和打倒军阀。你们同我们讲是没有用的，可以通过外交途径与他们交涉。"于是外国使团找先生讲话，说："关余不经过外国使团的同意，中国政府不能动用，尤其你们广东是一个省，更无权挪用，这早在《辛丑条约》中规定了的。"先生说："我不知道什么条约不条约，你们这样做，就是干涉中国的内政。我们国家的事，不容许别人来管。"使团人员很严厉地说："你们不履行条约，是野蛮行为。"先生也恼火了，对他们说："对你们就是要'野蛮'。"他们说："你们要野蛮，我们就要把兵舰开进白鹅潭，对付你们的野蛮。"先生严正地说："好！你们敢开进来，我们就敢开大炮，把你们轰走。"

12月间，美国果然派了两艘兵舰到白鹅潭。广州两万市民在西瓜园广场集会，并示威游行，高呼"打倒帝国主义"等口号。在中山先生和广大群众的抗争下，北京外国使团终于被迫做出了将广东海关关余拨给广东革命政府的决定。据估计，两广的关税收入每年约有1000万元。

《我在孙中山先生身边的见闻》

❖ 文铁夫：坐"霸王车"，惹不起

在旧社会，市内公共汽车由当时的政府招商承办，1922年间，有加拿大华侨蒋寿石，他原是国民党加拿大支部的组织者，在孙中山先生民主革命时期有过一定贡献。蒋回国后，眼见市内交通如此落后，和国外相比，觉有天渊之别，遂集合侨胞资金，筹办市内公共汽车。因为资金组成以加拿大华侨占多数，行走路程也比较长，取名为"加拿大长途汽车"，所以当时一般市民称之为"加拿大车""长途车"，甚至称为"搭加拿大"。这一个特有名词，骤然听来，真有点莫名其妙，今天年轻一代就更不得而知了。

▷ 民国广州的公共汽车

当时乘搭公共汽车，不论路程远近，票价一律为一角；沿途没有固定段站，搭客可以随意上落。如果沿途上落客次太多，不但车速迟缓，几如步行，而且和手拉车在业务上也有矛盾。手拉车方面曾为此提出异议，认为既是长途车就应行走长途。经过诉讼，这个争端没有得到解决。不过，由于公共汽车远近票价一样，不少短程乘客仍然趋向手拉车。

在旧社会，恶势力横行无忌，坐"霸王车"（乘车不购票）的很普遍：那些侦缉、驳脚侦缉、武馆、黑社会之流，经常乘车不买票，如果乘务员要他们买票或查票，就认为有失体面，动辄恶言相向，甚至当场殴打司机和乘务员，公司对此亦无可奈何。曾有一些便衣侦缉之类以及身怀枪械的恶徒，当乘务员问他有无票（读"飞"音）时，他便在衣袋内取出一粒子弹，说声老子有"飞"（广州话称子弹为"飞"）以为威胁。此种情况司空见惯，政府只知收税，对此不加处理，商人怕事，不敢与较。又当时汽车公司虽然还没有月票，但为着讨好某些人，不得不自动送上免费乘车优待证给有关部门和一些律师、记者等，因此乘车不买票的人很多，影响了公司的业务收入。

《抗战前广州市公共客车史话》

❖ 梁伯祥：黄埔军校的开学典礼

1924年6月16日，黄埔军校正式举行开学典礼。早上6时，孙中山和夫人宋庆龄乘江固号舰从大本营出发，江汉号随后护卫。7时40分，孙中山来到军校码头，师生们在码头列队迎候，蒋介石指挥大家一齐向孙中山和来宾敬礼。孙中山上岸后，在蒋介石和廖仲恺陪同下进入校本部，浏览了军校职员等各种图表和教学计划。接着是教授部主任王柏龄和教练部主任李济深分别带领全体教官、队长和特别官佐来晋见。8时50分，孙中山巡视了课堂和宿舍，返回校长室稍作休息，便前往礼堂向全体师生发表演说。他讲了一个多小时，用通俗易懂的语言，阐明开办军官学校，要以军校的学生为骨干，创造革命军，来挽救中国的危亡。这支革命军不怕死，不要身家性命。舍身成仁，牺牲一切，专心去救国救民。还要求大家从今天起共同把责任担负起来。

11时30分，军校师生集中在操场，举行开学式。由廖仲恺主持，大家先向党旗三鞠躬，再向校旗三鞠躬，后向孙总理三鞠躬。接着是总参议胡汉民宣读总理颁发的书面训词："三民主义，吾党所宗。以建民国，以进大同。咨尔多士，为民前锋。夙夜匪懈，主义是从。矢勤矢勇，必信必忠。一心一德，贯彻始终。"胡汉民的口音，北方的学生听不懂，蒋介石只好叫人把训词抄出来，使学生明白。孙中山的训词，军校规定每个学生都要背诵，并作为考试必考的一个题目。

▷ 1924年6月16日孙中山率国民党党政军要员出席黄埔军校开学典礼

　　下午1时礼毕，接着是会宴。宴后休息一会已到下午3时，孙中山亲临操场阅兵。阅兵式的主席台是用沙土临时堆起来的，台上摆着铺白布的长条桌子，正中挂孙中山制定的"亲爱精诚"校训，两侧挂着"养天地正气；法古今完人"的对联。孙中山和宋庆龄、蒋介石、廖仲恺走上主席台，胡汉民、汪精卫、张继、程潜、徐谦、伍朝枢、许崇智、谭延闿、杨希闵、刘震寰、孙科等党政领导人和苏联顾问都来了。当时，孙中山头戴通帽，身穿白色衣服。这套衣服似军服又不是军服，引起了大家的注意。原来军校的军服，开学时是仿照苏联红军军服样式缝制的，孙中山看见，也仿制了一套，穿着来参加阅兵式。孙中山喜欢这套衣服，群众也如法仿制，还为它起了个名叫"中山装"。一切准备好了，阅兵式开始，已训练一个多月的军校学生，穿着军装，踏着整齐的步伐，精神抖擞，经过主席台，接受孙中山检阅。检阅完毕，孙中山在军校师生欢送声中登上军舰返回广州大本营。

《创办黄埔军校》

❖ 凌仲冕：昙花一现的"民选市长"

民国十二三年（1923—1924）间，孙中山先生扶病北上，在沪医理期间，胡汉民是代帅而兼广东省长，是当时国民党政权的首领，因为广州市市长一职，逐鹿人多，难以解决，太子派与元老派之争，元老派内部之争，焦点在于此，于是定出民选市长的办法来。使争夺市长的人，自己去争取。先成立广州市民选市长事务委员会，置委员三人，当委员的是赵士觐，姚礼修（还有一个记不起了）。

下设三个科，每一个委员都兼科长，此外还置总干事一人，干事若干人。赵士觐所兼的是选举科科长，委员会设于大佛寺内，准备选举的工作时间，约个多月便举行。投票地方是在西瓜园，当时一般市民是没有什么组织的，街道居民参加投票的极少极少。此外，就是工商界和学界。运动选民的手段，就是各个争夺市长者的爪牙，四出拉拢，尚不至于以金钱贿买。当时正是工运勃兴的时候，谁得工会的支持，谁就有较多获选的希望。学界的力量是居其次。当时争夺市长的有林云陔、胡毅（胡毅生）和吴在民，还有其他数人，已记不清楚了。当时的广东总工会，掌握所属茶居工会与机器总会，和所属的其他工会，是支持林云陔的。加之有一部分学界和商界，以为可操胜算。但胡毅却另出奇兵，因广州工代会不参加选举的竞争，所属工会参加与否及愿选何人，可以自行决定，胡毅的手下，便向这方面进行，结果是获得这部分工会的支持。学界和商界也有一部分支持他。吴在民单以学界为主力，但被林胡抢去一些。也有选何剑吾的，所以票数的掌握，就远不及林、胡了。林、胡的得失，就系于广东总工会和广州市工代会所领导工会人数是谁多谁少了。投票似是一天投光的，开票因为唱票和记数的关系，是两天才完结。晚上，是由省长专署派员到西瓜园投票场，指挥公安局派来的员警监视未开的票箱，第一天的票数是以林云陔为首，及第二天继续开票，结果是胡毅票数最多，当选为广州市市长，这就是广州市民选市长的昙花一现。

公布后，广东总工会认为是选举委员会作弊，不服，使茶居工会会长陈某出头联同一些工会向广州法院起诉，选举诉讼是一审终结的，起诉方面，律师何人，记不出了。被告的选举事务委员会是由律师彭守仁出庭辩护的，结果是对方败诉，裁定胡毅的当选合法，当胡正在满怀喜悦时，汪精卫随孙先生在沪，突来电请胡当选勿居，胡汉民亦接汪电便将此事搁下去，以后也再没有下文了。这个所谓民选市长，刚才坠地，连呱呱之声，也未喊出，就夭折了。个中情况究竟怎样？我无从得知。我当时是当总干事，现在回忆所得，只限于此。

《广州市"民选市长"昙花一现》

❖ 梁荣：屡禁不止的鸦片

民国十三年（1924），孙中山先生在广州时代，颁布《拒毒宣言》，誓与鸦片烟不两立，并订定禁烟国策。民国十八年，国民政府召开"禁烟会议"，制定禁烟令；从十八年起至廿八年，在这10年内，由渐禁而至禁绝办法，至民国二十九年12月31日宣告禁烟计划完成。实质上鸦片是官办专卖，抽鸦片的人，不过由公开转入秘密而已，直至中日战争后，吸食鸦片烟公开化，又死灰复燃，更借敌人之力，而蔓生滋长。

旧社会时代，名曰禁烟，实质是公开售烟，看其性质为"专卖"而已，所谓戒烟药膏，乃鸦片烟膏之别名。所谓"戒烟室""谈话室"，是专为吸食鸦片烟者而设的公共场所，其离奇怪诞，已腾笑中外人士之口。1938年，蒋介石的中央政府已经迁到重庆，蒋介石以自兼全国禁烟总办的名义，说什么六年禁烟计划已经期满，对种运吸售烟土的人，都要处以死刑。这是表面上的堂皇欺骗术，实际是放任在"寓禁于征"的公营烟土业务，其实反动派的大官小吏，不少是终日一榻横陈，连批阅公文也在烟床上处理的，官吏本身吸烟，固然是对所谓禁烟法令的一种讽刺。民国三十六年5月，粤海关关员在白云机场昆（明）港（经香港）班机内，查获无人认领之烟土6包，共16市斤。类似这样的新闻，发现过多次，不胜枚举。

《从广东的"戒烟室"谈起》

❖ 张适南：沙基惨案与六二三路的由来

1925年5月，日本帝国主义在上海枪杀共产党员、上海纱厂工人顾正红，引起上海全体工人罢工。接着，上海市民为反抗日本帝国主义枪杀顾正红，举行示威游行，示威群众在南京路又遭到英帝国主义的枪杀，引起上海市民罢工、罢市、罢课，这就是有名的上海南京路惨案。这两个惨案的消息传到广州后，广东人民就愤不可遏的要加强反对英、日帝国主义在中国的暴行。这时，正是广东政府配合着革命的群众消灭滇桂军杨希闵、刘震寰才一个多月的时候，广州市民反对帝国主义勇气更加增长，因此，在革命政府支持和领导之下，为向全国及国际表示这一愤慨，向英、日帝国主义抗议这一野兽暴行，号召广东军民联合起来。事前广州全体军民举行联席会议，决定于6月23日在广州市组织有约10万人的示威游行大会。

游行队伍是在广州中山大学操场及操场以外的马路上集合的。队伍因当时的各工会、各学校、各机关、团体以及当日的黄埔学生军、驻广州市的部队组成的，出发游行时间大概在下午2时，路线是由中山大学向西转惠爱中路，到永汉北路入口直走永汉南路，到天字码头转长堤向西，经西濠口沙基沿西关向北走德宣路，到观音山脚旧总统府前面散会，预定游行路线是如此，除了特殊情况外，每次游行路线大都如此。这时广州气候已很炎热，我在下午3时左右，特意到永汉路去，看见游行的队伍很有秩序，也很激昂，每人执着红绿纸小旗，各个游行单位的人都在队伍两旁散发传单，沿途贴着引人注目的标语，游行队伍的次序，是军警单位在前，其次是学校，再次是工会及广州的各社团，人数约有八九万。沿途高呼口号，此起彼落，前呼后应，没有停止。这种游行，在广州是很经常，从没有发生过意外，因此也就没有想到会发生法帝国主义继英日帝国主义之后，枪杀广州市民这一暴行。游行队伍浩浩荡荡沿着珠江长堤由东直走，下午5时二三十分经过西濠口转北弯沙基准备向北直走。沙基西面河堤是法帝国主义租借地的东岸，与沙基一河之隔，在平素这个地方，法帝国主义有武装兵站岗来往巡逻。在广州政府平定滇桂军杨希闵、刘震寰部队前后，增加了岗哨，堤边堆起了沙包，防止广东军队或者溃军进入沙面。杨刘消灭后，我经过沙基几次，见沙包并未除去，广东市民不以为怪。这天法帝国主义知道广州市民游行示威，增加了岗哨，岗哨并换短枪为步枪，又增加了机关枪（我记得这是惨案发生后，从广州报纸上知道的）。游行队伍经过沙基时，法帝国主义特设的岗哨禁止队伍通过。游行队伍在自己的国土游行，当然不理。这时，最前列武装队伍还没有完全过完的时候，岗哨就开枪射击，前面的队伍，听到后面发生枪声，不知为了什么，还继续前进。后面快要走完的队伍，一齐卧下准备还击，但为领队官长制止。这时岗哨径向手无寸铁的群众开枪，游行队伍秩序大乱，纷纷逃走。事后检查，听说死了十三四人（因时间已久，数字记得不大清楚了），伤了二三十人，死伤大都是工会及市民团体，也有军人带伤的，打死的还有妇女。敌人这种暴行是有计划的。惨案发生后，这一不幸事件立刻传遍广州市每一角落，广州市民非常哀痛，想不到这种野兽行为，就是号称文明的法帝国主义所为。广州市军民怒火与哀恸交织，无法抑制。当晚广州政府就召开紧急会议，研究对策。除向法帝国主义提出最严重的抗议，要求惩凶赔偿认罪外，并保证不再发生同样事件。广州市各工会各社团联名组织，号召对沙面总

▷ 1925 年 6 月 23 日，广州市的游行队伍

罢工，并追溯这一惨案的发生与香港英帝国主义有关，对香港举行总罢工，把香港变为臭港（因为粪业工人罢工无人打扫公私厕所），市民还提议收回法帝国主义所租借的沙面运动。从这天以后，广州市政府就把沙基这条马路改名为六二三路，作为对惨案的纪念。

《关于沙基惨案的见闻》

❖ 佚名：嫖妓坏风气

广州自鸦片战争以后，辟为通商口岸，沙面一地，划为英法租界，华洋杂处。由于帝国主义经济侵略，表面上商业仍较为繁盛，入口之往来既多，娼妓之风，亦日益炽热。但远在乾隆癸未（1792年），沙面前有妓艇（即解放前所称鬼棚尾，是在沙面之西端），而靖海门（即现在靖海路）以迄幽兰门（后称油栏门即现在之海珠南路）一带，仍是海滨，则有扬（州）帮之妓艇，美其名曰花艇（摘录自沈三白《浮生六记》）。又广州史志资料说及现在工人文化宫对面之文明门旧址，现筑有暗渠之玉带河，在清代是一条运粮及护城的小河，这里也是花艇丛聚之所。其后陆地逐渐展拓，故说者谓成了后来盛极一时的东堤花艇。也有说道，以前回栏桥也称为谷埠，也不减秦淮风月的，其后因地面之展拓，而迁到现在新堤。当时未有填新堤，即旧长堤之畔。故旧羊城八景之一的"珠江夜月"，也被污称为"珠江风月"。与花艇相适应的，则有酒艇，称为画舫，广州名之曰紫洞艇。内部宽阔高敞，酸枝家具，陈列整齐。酒筵可容一二桌，呼妓侑酒，博弈抽鸦片，相聚于艇中。

其后有闲阶级，以水上作冶游，时阻于烈风暴雨，且东堤河面，某年正月初，因不戒于火，曾肇焚如。以花艇皆对头分排，中留水巷，横木绑定，以防海风，两船之间，钉以木桩，套以藤圈，随潮涨落，势若连环船，风乘火势，毁花艇甚伙。因而这个角落，花事渐替，乃在陆上经营，市西

▷　1925年广州游行队伍中的"废娼"标语

以陈塘为著。最初经营花筵的酒楼，有大观、万花、群乐、第一楼、宴乐、宴红等酒楼，悉皆雕梁画栋。后在1923年间，因万花楼发生火警，其后复填了陈塘之小涌，名为新填地，又重张旗鼓。酒楼则有宴春台、留舫、永春、京华等。妓院则布于现在之珠玑路（南端），这些妓院称为大寨。其在塘鱼栏一带则为下等的。其在带河路之显耀里则称二四寨。又在鸣凤巷（即现在近圣里、禺山市场之东）及马后门（即现在之福恩里）也有较次等的妓院。不过在1914年左右，该两地点的妓院已没有了。最盛时期要在1905年间。在1936年，政府实行禁娼，这种销金窝虽然没有明目张胆地存在，然而暗里卖淫之私娼，在广州市据不完全统计也逾十万。据说在日本帝国主义侵华时，广州沦陷，这种"老举寨"又复兴起，分布于宝华正中约、十五甫正街等处，银龙、广州、陶陶居等酒楼茶肆，亦可召妓侑酒。至抗战胜利后之翌年，始行禁止。总之，在旧社会里无处不是堕人的陷阱！

《旧广州的嫖妓风气》

❖ 欧新：广州起义见闻

广州起义前，我在市内四牌楼（今解放中）李朋记鞋店当学徒，随冯赞师傅学艺。当时冯是否共产党员，我不清楚。但他确曾极关心我的生活与学习，并对我童年时代（13岁）便被迫离乡别井，只身来穗谋生深表同情。当悉我父因1924年参加广宁县农民运动失败后被迫外逃，抛妻弃子远走他乡而颠沛流离则深表敬意。他经常教导我要分清工人与老板的关系，被剥削与剥削的关系。此外，凡欺负我的人，均遭冯之痛斥。有一次，老板李朋记打了我一巴掌，冯赞即提出强硬抗议，声言不准他再打学徒。正因为这样，我才把冯师傅视同父母，言听计从。

就在1927年12月10号晚上，冯师傅把我这个年方17岁的学徒叫到跟前，并第一次直接向我介绍共产党和革命的道理："穷人要跟共产党走，共产党就是要消灭人剥削人的。……"我静听着他说话并回味平日所受的教导，加上追忆童年时代所知道的父亲参加农民暴动失败后的遭遇，阶级复仇之恨油然而生，于是自然地介入了冯师傅率领的行列，参加工人赤卫队，投身革命了。

我记得当时冯赞被大家称为队长、但是大队、中队抑或小队就不知道了。

当晚，我们在学宫街皮鞋工会集合等候命令。深夜3时，我队30多人即接通知开入桂香街，配合以教导团为主的工农革命军，攻打维新路的敌人主要据点——市公安局。当时，我们全队只有几支枪，只能作警戒，未介入主攻行列。在我们发现革命军架设在汉记鞋店（今新星戏院对面的广播器材公司）三楼的那挺重机枪射击方向未中要害，无法压住敌人火力后，即火速派人拐进小巷前往该店三楼向射击手指示方位，这么一来敌人的火力网被封锁住了，地面部队顺利地攻击前进。天将破晓，我军占领了公安局。

我们负责把从公安局救出来的革命者的脚镣和手扣砸开。接着冯赞队长偕我到工农政府总指挥部（在原公安局）领取工人赤卫队证章及光洋。回队后把它发放，记得当时每人领到红袖章一个及光洋一元。

时起义方兴未艾，敌人进行捣乱，秩序失调。永汉南路的高第街一带被外县乘机混进市内作案的土匪如袁虾九之类纵火抢劫，我队奉命驰往灭火及镇压敌匪，以保护市民生命财产。在秩序尚未恢复之际，又接命令速往大新公司（今南方大厦）救火。这次，由冯赞亲自率队员十余人疾往。我和余下队员则留下继续维持秩序。这次分手后，我就没有见过冯师傅了。

广州起义三天就失败了。当时，国民党反动派张发奎部从东莞、三水、石围塘等地向市内反扑，而盘踞河南的李福林部复与之配合，白鹅潭之英帝国等国家军舰更为之张目，终于因众寡悬殊，我军被迫向东江撤退。

革命失败后，敌人不分青红皂白，见到街上行人即开枪射杀，珠江为之丹赤，白鹅潭浮尸难数，大街小巷均可见到被杀的所谓"红带友"。居民们只要有人告发你是"红带友"，便惨遭杀害。例如我们李朋记鞋店隔邻的步步陞鞋厂有两位工友就遭突然逮捕，旋于流花桥附近遇害。据说，就是因为该店的老板告发他们是"红带友"所致。

革命失败后，我独自跑回四牌楼李朋记鞋店，时店门紧闭，幸而经叩门后大家让我回到店内，但给老板训斥了一顿："你们这么容易打倒资（本）家！开玩笑！"

我留在李朋记当炊事员。为了看个究竟，即背上菜篮到市集买菜并乘机溜到天字码头附近。突然，见一群反动军队荷枪实弹地押着八个20岁左右的女青年自北南来。这些女青年高声向路旁观众解释说："我们是执信女子中学的学生，我们是好人（因为当时社会上对学生尤其是女学生都很尊重的）。"听了后，路人都以同情而又怜惜的口吻交头接耳地说，"你们——指女学生——反对他们干什么？！他们会把你们杀死的。"又说"这些女子真勇敢，她们真不懂得死字是怎样写的。""唉！你们又何必反对他们呢！你不反对他们不是就可以留番（下）条命吗！"

大约快行近天字码头的时候，这群行将就义的女战士便振臂高呼："共产党万岁！"并高唱着国际歌，这一回更激怒了那群刽子手了。他们拳打脚踢地痛打这群女战士。当女学生群起反抗与挣扎的时候，刽子手兽性大作，索性把女学生的衣裤全部扯烂，致使全身裸露。敌军侮辱她们一番后即将他们杀害在码头附近。

《我参加广州起义经过及点滴见闻》

❖ 杨颢：沙面租界的收回

1927年初，随着汉口、九江英租界的收回，武汉国民政府指示国民政府外交部长陈友仁，迅速交涉收回武汉国民政府治下的广州沙面英法租界，但是因当时国民政府主要打击对象是英国，担心各国联合干涉，特别是"四一二"反革命事变后，国内外形势的恶化，使有关当局未能迅速收回沙面租界。

1941年12月28日，太平洋战争爆发，日本对英美正式宣战。驻广州的日军于是日晨占领沙面英租界，并成立民政署接管英租界工部局。由于法国维希政府未与日本交战，法租界未被占领。1942年3月25日，日本军方将其占领的沙面英租界行政权交给汪伪政府。汪伪政府将英租界改为"特别行政区"，成立"沙面特别区署"管理沙面。特别区署设区长1人，下面设警务、总务两个课，秘书2人，参事、副参事各1人，直辖1个区立医院。名义是接管了原沙面英租界工部局所管辖的业务，但事实上沙面英租界仍控制在日军的手中。1943年4月5日，沙面"特别区"撤销，划入伪广州市行政区范围。同年6月5日，法国维希政府驻广州领事在日本驻广州总领事石川的监督下，将沙面法租界"交还"伪广东省长陈耀祖。汪伪广东政府全部收回沙面英、法租界后，为讨好日本人，将沙面大小8条街道改名，分别命名为复兴路、珠江路、肇和路、同仁路、敦睦路、中兴路、自力路、博爱路。如沙面东西向的中心通道改名为复兴路，寓"中日提携、复兴建国"之意。沙面英法租界的分界街道命名为同仁路，以表示同日本"同仁"共事。沿沙基涌边的街道，原初定用日皇年号昭和命名，后感太露骨了，始改为肇和路，以表示同日本和好之意。

1945年11月24日，国民政府批准了外交部所拟《接收租界及北平使馆界办法》，其中提到本办法适用于广州沙面英法租界。广州英租界之收回，根据1943年1月11日中英新约第四条（三）项办理。广州法租界之收回，根据法国维希政府于1943年2月23日放弃其在中国之不平等特权之声明，及我国于1943年5月19日取消所有法国不平等条约所取得一切特权之声明办理。

抗战胜利后，沙面租界开始清理工作。英法等外人在沙面拥有的皇契、法契，经国民政府议定，将皇契、法契换发国民政府的土地所有权状，使外国人在中国拥有土地所有权。清理工作一直到1946年才完成。1946年10月，收回沙面租界为广州市辖区后，国民党当局在沙面设立特别区、警察局进行管治。沙面租界终于从英法手中回到中国政府手中。

《沙面租界概述》

❖ **胡提春、陈永阶：** 救国的方法就是有钱出钱有力出力

广州市献金运动从1938年8月13日开始至19日结束，历时一周。全市人民踊跃参加献金运动，出现了许多热烈动人的场面，充分反映了各阶层人民的爱国热情。

全市在六二三路西桥、西濠口、文昌路、中央公园乐亭、大南路（永汉警察分局门前）、河南（海幢警察分局门前）搭起了六座献金台。尽管是年的6、7、8月间广州市接连遭到日机的轰炸，但参加献金大会的群众还是镇定自若，每个献金台前都挤得水泄不通。8月13日早晨5时，广州中央公

园的献金台前已经人山人海，广东省军政界领导人带头参加献金。余汉谋代表第四路军总部献金28800元，吴铁城代表广东省政府献金7万元，曾养甫代表广州市政府献金3万元，接着，各机关团体代表相继献金。其他各献金台的群众也都纷纷解囊捐献。在8月13日这一天，全市献金已达50万元。

这次献金运动，反映了各阶层人民抗战救国的热情。广大劳动人民积极投入这一运动，献出了赤诚爱国之心。8月13日晚全市10万人举行的献金游行，其壮观的场面很是感人。当天晚上6时40分，游行队伍从中山纪念堂出发，途经吉祥路、越华路、广仁路、财厅前、永汉路到天字码头，然后沿长堤到丰宁路解散，历时两个小时。著名的政治活动家郭沫若走在游行队伍的前列，并带领群众高呼："到献金台去！""保卫大武汉！""保卫大广东！""打倒日本帝国主义！"等口号。15日，八路军驻穗办事处和《新华日报》广州分馆联合举行的献金会尤为热烈。几千名群众参加了这次集会，会上，廖承志作了讲演，宣传中国共产党团结抗日的主张和八路军、新四军在前线所取得的辉煌战绩，号召共产党员带头献金。八路军驻穗办事处的六位工作人员当即献金1000元，《新华日报》分馆工作人员也献金200元。在共产党员的带动下，群众当场捐出现金四五千元和许多实物。在机关团体中，献金超过万元的单位有五六个，广东省立银行全体员工献金达4.3万余元。在个人方面，献金达1000元以上者也有数人。擦皮鞋儿童吴威定，献金上百次，每次几毫或一元，他四天之内共献金70元；老工人邓满，年逾60，将其生平积存的50元全数献出；年仅12岁的小童陈曼章，每天自备鲜花、水果上街叫卖，将其所得全部投入献金箱；老妇何黎氏，将其30多年前结婚纪念的金元一枚献出。环游世界之步行家张尚仁，历时9年，步行走遍了全世界，获得各国人士赠送的金银纪念章10枚，他全数献出，并说："我将纪念章献出，也就是表示献出了我底一切，献出了中国青年的精神，希望大家能将一切无论财力精力都献与祖国。"事后，他还为《救亡日报》题词："救国的方法就是有钱出钱有力出力。"榨油业工友举行了两次献金会，毫无保留地献出了所有。太古仓码头工人将仅有的一点积蓄都献出了。有一位手车夫，将其四毫饭钱献出后说："我今天准备不吃饭了。"

▷ 擦鞋男孩将擦鞋所得用作抗日献金

　　整个献金运动，虽因敌机连日轰炸，富商纷纷逃走，而没有完成原定献金200万元的任务，但由于国共两党团结合作，仍然取得了100多万元的成绩。

　　值得一提的是，在中国人民爱国热情的影响下，当时在广州的许多外国侨民和友好人士也纷纷解囊。韩国（即朝鲜）民族革命党李斗山、韩国民党首领大卫、韩国光复会杨小碧等三位友人捐献国币110元。美国人马坤将军慨然献出了一个金烟盒。美国驻广州领事馆职员及英、美、法、苏、印度等国侨民到六二三路献金台献台者达数十人之多。印籍医士可汗，在捐献国币5元后说："我只能贡献一点儿力量，来帮助我们自卫的兄弟。为了国家民族，我们的中国兄弟把生命财产牺牲了，他们好些是非战斗员。中国领袖领导之抗战，是使人同情与感奋的，我希望帮助我们中国的兄弟。"

　　　　　　　　《国共合作团结抗日的义举——广州"八一三"抗日救亡献金运动》

❖ 黄绍濂：广州城空战，首战告捷！

我是陈济棠主粤时期广东空军七期甲班学员，在1936年毕业后授予飞行员职务编入广东空军第七队。1937年华北局势紧张，日本侵略者正阴谋并吞华北，中华民族的生死存亡问题已迫在眉睫，到处掀起抗战救亡的巨浪。那时广东空军北上，到杭州笕桥编入中央空军，在中央航校集训，全部广东飞行员480余人编为五个大队，我编入第二十九队。西安事变后全部投入到抗日战争中去。

▷ 中国空军二十九中队停放在天河机场的霍克－Ⅲ型驱逐机

当时，第二十九队基本上是原广东空军七队的人员，共三个分队，是战斗机队，队长是何泾渭。在他率领下我们回到广州接收原陈济棠从美国订购的霍克－Ⅲ式战斗机，这是一种双翼起落架用手摇收放的战斗机，有一门小炮，一挺机枪。在机身底下可加挂一副箱，也可外挂一枚500磅的炸弹，可以作俯冲轰炸机用。我们开始接收了9架，每分队3架，驻在广州天河机场。接机后便开始训练，除驾驶飞机外还作地靶射击和夜航训练。但根本没有训练打空靶的空战格斗。到七七事变时，在广州就只有这9架飞机了，我们平均是两个飞行员一架飞机。

1937年8月到9月，广州时常发出空袭警报。当警报发出后，我们都进入战斗准备，有时还将发动机发动起来。当时飞机发动是靠机械人员手摇后起动的，十分麻烦。由于多次警报又不见敌机来，总是啼笑皆非，但我们还是认真地作好应战准备的。

1937年8月31日清晨，已经发过好几次警报后，又发警报了，我准备起飞，我机机械士已经将飞机摇起动了。正在这时，机场上空机声隆隆，我抬头一看，6架双引擎的日本轰炸机已经来到。我急忙跳进机舱，连保险带还未扣上，便开始和其他飞机一齐起飞。起飞时炸弹已落到机场上，我的一名机械兵被炸牺牲了。我推满油门向东飞去。这时我们9架飞机各自为战，自己去抓战斗对象。当时日机也很死板，他们由东（台湾起飞来）进入广州，炸天河和白云机场后，向南经河南折回向东。我那时已发现日机，便推大油门接近它，日机即向我开火，曳光枪弹射在我机周围，清晰可见。由于日机是三机编队的，因此火力相当密。我继续上爬，在新洲附近，才占高度优势，就由上向下攻击日机，因没有空靶射击经验，只对机身开火，又不理解修正提前量，没有奏效。这时邓从凯上来了，和我两人轮番攻击，也没有效果。看看已过虎门，一次，邓冲下去后，与日机后方拉平，咬住日机不放，并开动机枪猛烈射击，一架日机轰然一响，一团火光掉了下去，邓突然返航。我以后才知他飞机被击伤。我一想，原来拉平攻击有效，就与日机剩下编队左机拉平进行攻击。这时我越打越眼红了，飞机冲得很近，准确地击中日机，油箱油漏出来像一条白龙，但没有着火。我正再次攻击，我机突然一响，我副油箱、主油箱也被击中，油冒出来，也拖着一条"白龙"。我估计日机是回不去了，我便回航，推头俯冲，加大速度到机场边，飞机油尽停车，滑翔降落。这时机场建筑物全被炸毁，机场坑坑洼洼，只好搭竹棚住了。那天是日本木更津航空队来袭的，结果日机损失两架，一架坠落在珠江口我省境内，这是广州市第一次空战，我机没有损失。喜讯传开，广州市人民十分兴奋，给我们全队慰劳，每击落敌机一架的有1000元慰问金；又用汽车运来大量罐头、汽水及其他慰问品，表达广大人民对抗日战争的热情，使我深受感动。

《我参加的对日空战》

❖ 梁俨然：广州沦陷与大火焚城

七七事变，抗战军兴。1937年8月18日，日机第一次侦察广州，8月31日早，初袭广州，张开侵略魔爪。1938年10月1日，日舰集结大亚湾，12日登陆进犯，国军师长莫希德失守，日军分道入侵，一经惠州、博罗、增城、一沿广九铁路推进。17日广州市警察分别到居民家敲门通知疏散，18日，日机反复轰炸，21日早，广东省长吴铁城走连县，广州市长曾养甫走广宁，军队司令余汉谋走翁源（时有莫希不德、吴铁失城、曾养离甫（谱）、余汉无谋之说）。21日晚上，西堤方面，突然浓烟乍起，发生大火，而居民已大量疏散，广州成为死市。消息传来，香港《先导报》主编任护花，有亲戚任职在沙面汇丰银行，将所见所闻，电告香港。笔者有亲戚在盐步，遥望广州，为黑烟笼罩，继而滔天烈焰，失控狂烧。

22日下午，日军入市，对火场并不理会，任其燃烧，晚上红光烛天，一片火海，火势蔓到六二三路口。沙面东桥法租界，集结安南兵差，西桥英租界，集结印度兵差，准备水车水喉，遥控发射，阻隔大火。火势趋向西堤二马路，烧毁西堤戏院，燃向大新公司（今南方大厦）全楼着火，直烧至嘉南堂西楼背后，火势趋向西北，猫狗市场的源昌街，蛇店的同文路，报关业的靖远路，药材业的豆栏街仁安街等处，（今文化公园内所有地方）大火猖狂。

由于火势猛烈，无人遏止，一直烧向长乐路，转而烧到十七甫和十八甫。西向的火焰亦烧到十八甫北至文昌路口，分头燃烧，西面烧至下九路南，初来西地口，南面则烧至纶章绸缎店后，火势才逐渐减弱。

▷ 1938年10月21日，日军占领广州后在广东省政府门前示威

这场浩劫，广州市烧毁了较大的建筑物和有名的商店如西堤戏院，大新公司，庆男茶楼，泰安、仁寿、普威等药房，李占记钟表店，一新影院，真光百货公司（今广宇大厦），安乐园餐室，华美电器行，民镜、黎墉、兆南昌三照相馆，龙泉、北苑、在山、第一泉、半瓯等茶室，大观桥富隆大茶楼，连芳、罗奇生、容安斋等鞋店，十八甫北的合记酒家、华园酒家、玉波楼等茶室，随园、知利民、马玉山等饼店，文昌路口的西如茶楼、西南酒家（即今广州酒家），下九路的新国民影院、中山戏院等，付之一炬，尽成焦土。

经此次火灾后，往日十七甫十八甫一带的商业市场，从此一蹶不振。胜利后，商业市场则移到第十甫路了。

《广州沦陷大火记略》

❖ 练秉彝、陈家蔼：投降不服气的侵略者

▷ 日本投降后在广州负责街道清洁的日军俘虏

　　张发奎抵广州后，决定9月16日在中山纪念堂举行受降典礼，日军华南派遣军总司令田中久一先将所统属各部队10万人由粤境各地退回广州，集中于东山、河南两地区候命。受降前夕的黄昏时候，忽然警报大作，鸣了30分钟之久。按伪警说这是日军出动的警号，于是全市骚动，闭户关门，互相奔避。吓得张发奎魂不附体，李国俊手忙脚乱，电询东南西北各分局均不知底蕴，也不知警报发自何方。警报停放后，历久不见有什么事情发生，大家惊魂始定。事后闻说日军未投降之前，东山、

河南各地均设有警报台，敌军集中候命后，原有管理警报台的人员已集中去了，留下警报台无人看守，因而被歹徒进内偷盗，按放警报，故酿成一场虚惊。

受降典礼举行时，田中久一呈递降书。由于他所统率的日军历年以来，在粤杀人无数，血债累累，所以粤人咸欲食其肉寝其皮。典礼举行毕，张发奎迫于民意将田中久一扣留。田被关闭后，国民党中将涂思宗与其有师生之谊，往狱中探望之。田中仍盛气凌人，喝涂说："你以师生名义来见我，抑或是当我是战俘来见我。"涂答之曰："当然是以师生情谊来探你的。"田中还愤极继续说："战胜而投降，真正不服气。"又强调说："且看十年之后谁执亚洲牛耳吧！"

粤境日军俘虏多至10万，广州行营专设俘虏管理处以管理之，委廖鸣欧为处长。廖每天派俘虏千名交由广州警察局分派到各区分局搞卫生，再由分局派到市面分段扫街。站岗警察监督其打扫和清洁。有一次我路经文德路六和新街，见一日俘用竹扫把在墙上大写"军人精神"四字。我问其意如何，他答："军人应该战死沙场，宁死不辱。"我再问他："是否不愿意扫？"他笑不作答。据各分局报告，有些浅街窄巷，经日俘打扫之后，亦发现有同样的标语。由此足见日本军人平日饱受法西斯教育，以侵略战争为光荣而不安于和平共处，甚至至死不悟者。

《抗战胜利时国民党接收广州的回忆》

❖ **练秉彝：解放前的乱象，争权、谣言、搞破坏**

广州解放前夕，中央政府由南京退到广州。解放军压境，广东省府主席薛岳，尚委其秘书长李扬敬，夺取广州市市长职位，原任市长欧阳驹，恃有孙科、吴铁城撑腰，抗不交卸，闹得满城风雨。欧阳驹复拉拢新从北方败溃退来广州的匪军汉二十三兵团副司令吉章简为伪警察总局长，大事收编土匪、特务、流氓地痞为自卫队扩张势力以抗薛。迨粤北告急，欧阳驹见大势已去，始于10月5日离职逃港，李扬敬走马上任，李扬敬就市长之日，召集所属各单位首长讲话，污蔑新中国庄严灿烂的五星红旗，是"共产党要将中国分裂为五个国家"。同时反动宣传机关，捏造事实说："武汉市区，已出现女子裸体巡行。"解放区小学课本，已印有"不爱爸爸不爱妈妈只爱国家"等字句。证诸今天新社会新道德的淳朴优良，家庭幸福的美满，共产党员品格的高尚，可知当日反动宣传的荒谬、下流、无耻。

广州解放前约一个月，广州卫戍司令部成立，原有伪警备司令部组织机构。暨归伪卫戍司令部接管。所谓"水陆检查所""反共救国军""街坊自卫队"等等，巧立名目，无一不是收编"三山五岳"，作搜刮残害人民生命财产准备逃亡的工具。10月13日蒋军大部撤退，市面陷于混战状态。14日晨，警察总局长吉章简，偕高级警官人员离局，市内土匪、特务、地痞、流氓乘机捣乱，四出骚扰。下午5时50分，灭绝人道的伪广州卫戍司令李及蓝，下令爆炸海珠桥，轰然一声，全市震动。马路桥旁血肉横飞，尸骸枕席，伤心惨目，言之痛恨。同时东山、河南、各地仓库爆炸之声四起，声震遐迩。解放军到达从化太平场，闻爆炸之声，星夜兼程急进。

是晚9时许，（1949年10月14日）解放大军浩浩荡荡由先烈路、三元里、中华北路（解放北）、东山各处进入市区。一面追击匪军二十三兵团刘安琪部、第五十师殿后部队，一面督责伪警消防队扑灭蒋军败退时在黄沙码头、猪栏街一带纵火的火势。同时到维新路（今广州起义路）警察总局，收缴伪警队武装，并由伪警员引带收缴各分局街坊伪自卫队警武器，至夜后3时，已将全市反动武装基本肃清了。

由于解放军纪律严明，市民爱戴，翌日（15日）市面秩序很快恢复。军民融洽，犹如家人。广州重见天日，市民欣欣鼓舞，到处箪食壶浆以迎。

《广州解放情形》

第五辑

一盅两件·广州人独有的生活情趣

❖ 梁荣：广东的茶楼，与众不同

茶的故乡为中国。喝茶能使疲乏的人恢复精神，不兴奋的人恢复兴奋。在茶楼喝茶的派头，有广东人与外省人的分别。所谓"外江荟余"在上海和北方很普遍，只是一壶清茶，任你喝到什么时候都不管，你在那里谈天谈地可也，玩雀打瞌睡也无不可，这壶茶尽可消磨你整日的光阴。要吃东西，你可以另外去要，或在小食贩买些炒蚕豆和花生糖、酱油瓜子之类来伴食。这种喝茶法，非绝对的有闲阶级的人，是没有法子享受的。忙人不必说，即使人闲心不闲的人，也办不到的。

广州的茶楼则有不同，人们到茶楼喝茶，工友泡了茶之后，五光十色的点心饱饺，纷陈并列，你一面饮茶，一面吃东西。就是和朋友一起喝茶，也是不必拘谨的。广州人很多有一盅两件的习惯。茶有三餐，分别在早、午、夜三次去喝，其消磨光阴有成定例，与外省人到茶馆倒没有多大殊异。但其豪华之处，一食动辄十元八块的人，却非外省人所可比拟。

《饮茶粤海》

❖ 冯明泉：从茶居到茶楼

广州人嗜好饮茶，人们早上相逢，都以"饮咗茶未？"（喝茶没有）作为问候早安的代名词。饮茶乐趣，确是人们工余之暇，上班之前，会亲友、话家常、相互聊天的好去处，所以不论农、工、商、贾、自由职业、厂店员工、肩挑负贩等，不少是茶楼或粉面茶点业的座上客。消费各按自己的经济能力，随意饮酌。

一般人喜欢上茶楼，因为茶楼地方通爽，空气清新，座位舒适，水滚（沸）茶靓（好），食品精美，一盅（茶）两件（点心），所费无多，可谓称心如意。

辛亥革命后，穗、港茶楼已不是单纯供人们消费的场所，而且成为各行各业买卖"斟盘"，互通信息的地方。一般茶楼的楼下是卖饼食的，楼上才是雅座。过去，越是高层，茶价越高，所以广州人流传着这样的俗谚"有钱楼上楼，无钱地下痞"（地档茶居）。清咸（丰）同（治）之时，广州茶楼不称楼，而称茶居，例如第二甫的第珍居，第三甫的永安居，第五甫的五柳居等，均是砖木结构，规模不大的茶楼（上列均属后期店号），所以广州人至今仍在口头上称茶楼为茶居。

最早称为茶楼的只有四五家，现记得的是：怡香楼（在油栏门）、巧元楼（在卖麻街）和品南楼（在南关）等。

光绪中叶以后（约1890年左右）茶居已陆续发展为茶楼。民国以后很少见有茶居招牌了。（除个别如陶陶居因另有原因外）

《漫谈广州茶楼业》

❖ 李云谷：好水泡好茶，白云山上清泉水

广东人素好饮茶，俗有"水滚茶靓"一语，水必求沸，古有"蚧眼，鱼眼"之分别，泡茶自以名种为佳，以前未有自来水，山上饮料，纯靠井泉供应。旅游白云山者，知有蒲涧濂泉、九龙泉、虎跑泉、卓锡泉等，后两泉传闻较古，但见邑志，今已不知其处。唯有九龙泉、蒲涧濂泉，不绝如流，游人亦以尝试山泉为尚。九龙泉在白云山巅，石窟幽邃，寒溅如银，其味甘滑。相传岁旱时，老衲见童子九人相戏泉口，近而察之，则无人迹，惟泉水喷出，惊以为神，因号为九龙泉。清人樊昆吾有九龙井诗云："虎跑

千春浪得名，九龙神幻下瑶京。灵源自被天皇宠，三十六番雨穗城。"意不外说龙为水神，天旱祷之，能兴云下雨而已，属于神话。后建有龙神庙，今已无有。

次如蒲涧濂泉，亦为白云名泉之一，宋方信儒有滴水岩诗云："天半飞涛六月寒，苍崖壁立互回环。从天好事能题品，列作南中第一山。"按现在之蒲涧泉，因山上水利建设，泉源多有改道，注入水库，非如东坡诗所谓"百尺飞涛泻漏天"旧观矣。清人杭世骏亦有蒲涧诗云："涧水远从天际落，菖蒲十二节丛生。神仙服食方何在？游客题诗句孰清？猿挂瘦藤将子饮，鹤巢高树踏花行。昨宵一雨添溪涨，写出伯牙弦上声。"白云游客，就山上茶馆品茗小饮，店方为招徕顾客计，每以山水名茶、白云猪手为号召，因在制馔之前，先将猪手拿列泉水下冲刷一个时间，然后泡制，皮肉特别爽滑可口，传为佳肴。当时的市西某酒家，亦曾以白云九龙泉泡茶为号召，遣人肩两木桶往取泉水，于桶上大书九龙泉水泡茶等字样，招摇过市。此事老一辈茶客尚能言之。

《白云山文献掌故考》

❖ 冯明泉、阿汉：陶陶居上乐陶陶

陶陶居始建和改建于民国初期开拆马路的前后，具体时间和过程有两种说法：一说始建于1922年，当时是砖木结构，原是一官邸前座的大屋，面积很大。生意发展后，又将后座花园也买下来，这座官邸大院从此全部是陶陶居所有。经过兴修改建，成为拥有三层的大茶楼。第十甫开马路后，再改为钢筋混凝土框架建筑，成为茶楼行业的佼佼者。另一说是当时第十甫开拆马路，陶陶居业主沿着开马路的轨迹，跟踪而来购得这座叫"霜华书院"的官邸作茶楼铺位，约于1923年一面招股，一面将购得的地皮筹划兴建，采用钢筋混凝土框架结构建筑。两种说法均有可能，存疑待证。

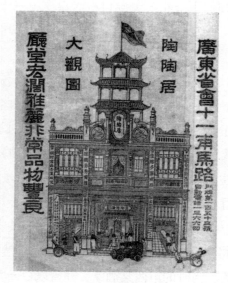

▷ 1933年陶陶居的广告

▷ 20世纪30年代广州第十甫陶陶居茶楼侧影

建成之后，名噪一时。它的风格既具有一般茶楼装修设计实用性特点：楼底高、窗户多，生产工场在楼层中间，楼下后座为货仓，前门为营业大厅；又具有民族特色：亭台楼阁，雕梁画栋，门前双柱，直抵三楼，显得轩昂雄伟。铺面饰以壁画，更加富丽。正面楼檐，雕刻精细，花草、人物、鸟兽模型，造工精巧，饰以金箔，辉煌典雅。顶层建有红墙绿瓦的"可观亭"。楼梯全部用铜片镶好，配以花架，所有墙边都镶上瓷片，以保持清洁；室内玻璃窗均刻有诗画，以供顾客欣赏。

店内布局：楼下营业大厅设柜台售卖饼饵；后座设置厢座（俗称卡位）以供品茗，名曰"勾曲仙居"，卡位分正、西、东厢，中则为大观园型花园，假山怪石，龟池古塔，还有小猴子，相当幽雅别致。二楼前座是通堂散座；后座称作"和凝别馆"，内又分为"霜华小苑""濂溪精舍"，所有厅房陈设，均用酸枝家私，壁挂名人字画，全部古色古香。三楼北厅，全是高靠背厢椅的厅座，即使成人站立，也窥视不到邻座，颇似"八阵图"；三楼南部，也是酸枝台椅摆设，空气清新，景色宜人。这样一家茶楼的装饰、布局，在当时的广州，是非常突出的，不特广州人赞赏，而外国人到广州，也会慕名去观赏品尝。著名的英国画家保罗·荷迦斯在广州时，曾多次到陶陶居，并给该店写了速写画。

《陶陶居上乐陶陶》

❖ 冯明泉：陶陶居宣传有术

陶陶居开业以后，历盛不衰，名声远播。究其原因，除有其经营特色外，而与司理人陈伯绮宣传有术分不开的。陈性爱风雅，结交许多文人雅士，新张伊始，运用宣传手法，以"陶陶"两字鹤顶格征联，头名奖白银20元，依次设有不同数目奖金，凡入围的都有奖。故引起不少骚人墨客的雅兴，一时珠玉纷投，传为佳话，陶陶居之名，不胫而走，收到了广泛宣传的效果。

首选的一联是："陶潜善饮，易牙善烹，饮烹有度；陶侃惜分，夏禹惜寸，分寸无遗。"次选是："陶秀实茶烹雪液，爱今番茗椀心清，美酒消寒，不羡党家豪馔；陶通明松听风声，到此地瓶笙耳熟，层楼招饮，何殊勾曲仙居。"

当时豪绅江孔殷、黄慈博等均为陈伯绮的座上客，他们时"雅集"于陶陶居的"霜华小苑"谈诗论文。每届中秋，必拟一篇陶陶居月饼广告，文章必由四六骈体文写成，而且多引经据典，特别是文内必故意使用三五个很少人识得古字，印成街招，广泛发送。据说这样可以收到人们相互"执经问难"加深印象的效果。

他们还看中广州人讲究饮茶的特点，除注重茶叶的质量外，还讲究泡茶用水。水，不特要"滚"（开），而且还认为自来水不及清井水，清井水不如矿泉水，于是又想出一个别开生面的手法，每天用人力"大板车"到三元里接载白云山九龙泉水（当时三元里仍是荒郊），拉入市区后，改用数十人，用红色扁担，红色木桶，每桶均漆上"陶陶居""九龙泉水"字样，列队肩挑，招摇过闹市。另一面宣传"陶陶烹茶，瓦鼎陶炉，文火红炭，别饶风味"，一时成为新闻，人们互相传播，至今不少老人还作为"讲古"继续传播着，收效之大，可见一斑。而且以泉水为由，茶价每位由半角改为一角，最贵的雅座，高达二角五分，仍然座上客常满。不住西关的人士，也远道而来，相约一试。大文豪鲁迅先生，1927年3月也在他的日记中写道："18日，雨。午后，同季市（许寿裳）、广平往陶陶居品茗。"

《著名茶楼陶陶居》

❖ 雷婉梨：惠如楼与"淋大柜"的故事

著名百年老号惠如楼，地处广州市中山五路，是广州市历史最悠久的茶楼之一，除了成珠楼之外，它是最古老的了。

惠如楼始建于1875年（即清光绪元年），距今100多年。为证实开业年份，惠如的招牌有段掌故可以证明。这个悬挂在门前近7米高的招牌，颇与众不同，不用红色作底而用黑底金字。相传在开业不久，遇到同治皇帝驾崩，全国服丧，禁用喜庆之色，但招牌又不能不挂，因此只好临时以黑漆把红色盖上。按照迷信说法，这似乎是不大吉利的。但事实上惠如楼的营业并未受此影响，反而蒸蒸日上。此招牌一直沿用至1987年装修前。

传说惠如楼的创始人叫陈惠如。楼址原是潘家会馆，当初夫妇在该处附近经营小食肆，由于待客热情，价廉物美，因而生意亦过得去。某日凌晨，伙计起床蒸糕，突然发现一小偷，伏在碗橱内，不敢出来。当时有人想用滚水向柜内淋窃贼，而陈惠如平素心地善良，得知后即予制止，并叫小偷出来，好言训勉。小偷双膝跪下，泪流满面，诉说："因家乡受灾，只身来到省城投亲不遇，一时饥饿难忍，故潜进店中想偷些东西食，以解饥饿。"说罢连连磕头哀求宽恕。陈闻知甚表同情，还叫伙计拿食物给他吃，又叫妻子赠银洋5块，嘱他用作本钱，以谋生计。小偷感激下泪，表示悔改；并问及陈的姓名，再次拜谢而去。陈对此事，日久亦淡忘了。转瞬三年过去，这天正逢除夕，忽然"巡城马"给陈惠如带来一封银信，是从南洋寄来的，数目200元银洋。陈自念并无南洋亲友，对于突来之款，百思不解。奇怪的是第二年的除夕，又有200元银洋从南洋寄来。到了第三年又来，陈惠如坚决将款退回，并请求寄款人将真实姓名、地址告知，否则不予收受。不久便收到南洋复信，并附原款。信中说："我在沦落时，深蒙长者救助。后到南洋谋生，幸所谋顺利，颇有所获。故在岁晚，将红利敬奉长者，祝愿生意兴隆，宏图大展。"末署"林大贵"三字。陈将信读罢，才忆起旧事，并推测林大贵即"淋大柜"的谐音，不禁感慨万端。自此，陈惠如多财善贾，后来便在潘家会馆的楼顶上搭棚建茶居，这就是最初的惠如楼。直至后任老板谭澄波接手惠如楼才将潘家会馆全部买下，当时的规模已有四层楼60个员工。后来谭澄波采取蚕食政策，先后把附近30多户居民的住宅买下来，准备扩建惠如楼。但由于军阀混战和日寇侵华，扩建未成。

《百年老号惠如楼》

❖ 冯明泉：莲蓉月饼流行，少不了媒人的功劳

清末民初，广州茶楼饼饵行业经营龙凤礼饼最负盛名的，不是莲香，而是富隆茶楼（在今十八甫南）。而莲香筹组初期，就已决定自己的经营方向，店名由连香改为莲香（莲子蓉香之意），并以莲子蓉制品为特色，开展两大项目经营：名茶美点，礼饼月饼。如何才能与富隆茶楼争短长，开拓礼饼业务，对莲香司理区汉波和正柜颜乐天是个重大考验。他俩反复研究，从礼饼、月饼的销售对象考虑，主要对象是婚姻嫁娶。当时社会，几乎所有婚嫁，都是凭父母之命决定，媒妁之言撮合的，不特要"门当户对"，还要"按质论价"，越是豪富人家，身价越为优厚。"价"除礼金首饰外，礼饼、海味等是必要的，而且还要具体地订明每款若干。即就礼饼而言，起码是百余斤，大户人家五六百斤是常有的事。定下一宗"买卖"，多数要经过讨价还价，由媒人往返说项，其"角色"相当重要。西关是广州首富之区，居民稠密，媒人队伍相当庞大。区、颜于是决策：四出联系媒人，许以相当酬劳，请媒人在做成每宗婚姻介绍，商定礼饼数量时，必声言礼饼要莲香楼的。此举相当成功，每逢良辰吉日，大街小巷，不断出现莲香楼的送饼队伍。他们使用两头红中间绿的担挑，大红的饼盒食箱，一字儿招摇过市，既是实用，又收到扩大宣传的效果。

由于礼饼（特别莲蓉馅饼）已经取得信誉，月饼也以莲蓉为号召，使那些时兴新婚头年的中秋节送礼特别隆重的富裕之家，争相光顾莲香楼的中秋月饼。就这样三几年间，莲香楼的礼饼、月饼业务，逐渐超过了富隆茶楼，成为茶楼饼饵业中，销售饼饵最多的店号。

《莲香楼与莲蓉月饼》

▷ 省港莲香老饼家

▷ 广州茶客

❖ 梁俨然：翩翩茶室与四大棋王

广州市西关宝华正中有翩翩茶室，原是晚清富商周东生之产业，其家园林宅第旅馆舞台均备。后周家破落，舞台改为宝华戏院。20世纪20年代末期，该地失火，又改建为翩翩茶室，只系草棚瓦盖，篷寮院落，颇有园林色彩。到此品茗者，多为中老年人，每于园中树下窗前，飞车走马，驱兵逐炮，日久成为棋迷集中地。常有棋手冯敬如（诨号烟屎泽）、黄松轩（诨号棋王七）、李庆全（诨号广西佬）、卢辉（诨号搭棚辉）先后在此下棋，常操胜券，人称为四大天王。冯以单提马，李以沉底炮见称；故好棋者到此品茗对弈，四大天王名传远近。有名周德裕棋手，号称七省棋王，曾在此与四王较一高下，被黄松轩所败，因而黄又被尊为八省棋王，而黄与冯等互战，却常不相上下，如此车轮之战，招引无数棋迷。翩翩茶室因此又被称为"棋窦"，凡爱好象棋的，都到翩翩茶室品茗以观高下，翩翩茶室缘此而入棋坛史料了。战后，四大棋王冯黄李相继故去，唯卢辉至解放后，犹宝刀未老，逐鹿棋坛，或充讲解员。

《翩翩茶室与四大棋王》

❖ 姚章、刘学曾：趣香饼家受欢迎

20世纪30年代，广州形成了几个主要商业区，即西濠口及长堤一带、惠爱路（今中山五、六路）一带、下九路第十甫路一带。趣香饼家便设在第十甫闹市区。趣香饼家原是一间名为"佛有缘"的商店，以经营斋料为主，并兼售凉果杂货，广州颇有名气的素食菜馆"菜根香"用料也多向该店购进。1938年，敬义信饼家的掌柜拟自立门户从事饼饵业，看中了第十甫这一从商黄金地带，租下了"佛有缘"。为取意又脆又香，便易名为"趣香饼家"，经营中西饼食。当时，广州市素有行业聚居的习惯，各区居民消费习惯也各有不同，故糕点行业的生产及销售也各有特点：东区是院校分布点，以生产面包为主；南区多为水上居民，"红包""大发"等中式糕点较为适销；北区杂货点档较多，多事"行货"生产；西区为商家、伶人聚居之地，面包西饼销路颇畅。开业之初，趣香连股东在内，只有6人，资本仅1000元，以销售适宜饼家生产的饼干为主，生意略有盈余。1943年，趣香饼家自设工场，生产蛋糕、礼饼、蚝油面筋、扎蹄、酥炸合桃、南枣合桃糖、牛肉干等适合西关一带居民消费习惯的食品，很受当地顾客的欢迎。

1943年，某大官寿辰，大摆筵席，席中摆出了在趣香定做的一个高3尺、宽2尺的塔状生日蛋糕。客人们都被这个做工精细、选料一流的生日蛋糕所吸引，对其艺术品般的工艺赞叹不已。以后，一些达官贵人、太太小姐相继效仿，纷纷预约定做，趣香饼家便自此扬名。粤剧名伶新马师曾、陈锦棠、何非凡等人，都是趣香的常客。每当他们开台，趣香定送上花排、花篮祝贺、从而提高自身企业的知名度。抗战胜利以后，趣香饼家隔壁的"豪华"理发厅开张，政府官员们都喜欢到那里理发，并顺路买一盒趣香点心离去。

广州第十甫一带，经营糕点食品的商店为数不少，相互竞争激烈，要拓展业务，必须讲究经营之道。"趣香"靠的是选料上乘与做工精细，保证质量。在经营上他们注重热诚待客，送往迎来，全由老板负责。洽谈业务，定用茶点招待。购货不论多少，哪怕只是买一包饼，只要顾客需要，必做到送货上门。凡有定购喜庆礼饼的，便附送上喜幛以示祝贺。逢年过节了，"趣香"老板还专门发信征订，请客上门。"趣香"的产品，无论是中西饼食还是凉果口果，多为盒装，装潢美观大方。为了扩大影响，还很注重广告宣传。1948年中秋节，趣香饼家用霓虹管布置了一辆新车，写上宣传广告，利用扩声机，做环市宣传，使当年趣香月饼家喻户晓，销量大增。

《珠江寻趣饼飘香——趣香饼家》

❖ 梁松生、邓金祥：音乐茶楼，粤曲新形式

在20世纪30年代前后，省、港、澳地区不少茶楼都有兼营"唱女伶"以招徕茶客。香港较出名的是中环先施天台茶座、莲香茶楼，上环添男茶楼和九龙云来茶楼；广州较出名的是庆男楼（今文化公园内，已毁于战火）、建南楼（河南大基头）、添男楼（桨栏路）、瑞如楼（东堤）、惠如楼（今中山路，因修地铁已搬迁），不下10多家。抗战胜利后，更多粤曲及音乐演唱，较具规模的八重天、华南、银龙、云香、大华、侨星等茶楼酒家也曾演唱粤曲。新中国成立后，仍有曲艺场开设，如红荔、一乐、国泰、流花等。这说明广东人对粤曲与音乐是十分喜爱的，只不过前后情况有所不同。

过去茶楼和演唱者的分成是四六开，即茶楼占40%，演唱者占60%，较有名气的是三七开，即茶楼仅占30%。月儿、徐柳仙最红时为二八开，即茶楼占20%，其原因是茶楼虽占小份，但茶点利润收入比平时多之故。

以前歌坛每晚只是唱二至四支曲，时间由晚上8至10时左右，后来每晚唱5至6支之多，并有音乐穿插其中，时间延长了；日场则由下午1时半至4时左右。新中国成立前歌坛增加了木琴、琵琶、梵铃、樽乐等乐器独奏，进一步又有西乐、中西乐大合奏等，标奇立异，式样诸多。虽然是较前期多式多样，但已失却本来面目，不是专门欣赏粤曲唱腔了，这是旧社会激烈竞争、商业化影响之故。抗战期间，受了舞场音乐影响，又出现了"幻境新歌""精神音乐"，各自出奇制胜，宣传上也大吹大擂，以音乐大合奏，"四大天王""五大天王"大合奏等作号召（梵铃尹自重，吉他何大傻，

二胡吕文成、色士风李佳，箫管钱大叔、司鼓程岳威），增加了不少新的内容，使人耳目一新，但亦为专心致志爱听粤曲者所不取。因这一类音乐节目，演奏时急促紧张，动作也带疯狂，只适合有闲者求刺激与人们好胜、新奇等心理。

近几十年来改变也较大，初时曾称之为"歌坛"，又曾称作"音乐茶座"，新中国成立后改称"曲艺场""音乐厅"，内容也较前健康，不复过去为迎合一些小市民口味，不惜以低级下流作号召。自然，过去也不乏健康和有意义的曲子，如小明星的《人海孤鸿》、静霞的《战地忆英雌》等，也能起到奋发救亡作用。

《广东音乐曲艺漫谈》

第六辑

大买卖小生意·
千年商都的民国记忆

❖ 徐珂：粤人财力之雄

先施公司之月饼，有一枚须银币四百元者，冠生园亦有之，则百元，惟角黍有一枚须银币五元者。先施冠生之资本，粤人为多，购月饼、角黍者，亦大率为粤人，否则且骇怪且咨嗟。珂谓此固足以见粤人财力之雄，丰于自奉。然就在粤之粤人，未为他方所同化者觇之，其待人亦厚。生则资以财，死则葬以地，慷慨性成，非尽由势力而然。且有激于人言，倾其私囊者。故凡掀动天地之事，若戊戌维新，若辛亥革命，莫不借粤人之力以成。吾浙甬人，且瞠乎其后，而况其他。

《康居笔记汇函》

❖ 何炳材：粤海关，洋人把持的"独立王国"

粤海关，指旧广州海关，是我国最早建立的海关之一。在19世纪中叶鸦片战争中，西方帝国主义者用大炮轰开了古老中国的大门，随着《南京条约》《望厦条约》等不平等条约的被迫签订，香港被迫割让，上海、广州、厦门、福州、宁波等口岸城市被迫对外开放，古老封建的中国从此沦为半封建半殖民地国家。此后，外国的商品（主要是鸦片）不断涌入中国，走私者十分猖獗。英国人为了更方便其渔利中国，扩大其在中国之特权，借口协助中国政府制止走私现象和征收税厘，在洋务大臣李鸿章等人的允许下，夺取了建立中国海关之大权。1858年（清咸丰八年）间，李泰国（H. N. Lay）、赫德（R. Hart）等一批懂中文的英国人来华，第二年他们在上海建立了中国海关总署（亦称海关总税务司公署），李泰国自任总税务司。同年，他们又在广州建立了粤海关（新中国成立后改名为广州海关），派英国人告罗福（G. B. Glover）为首任税务司。随后，他们又在上海、厦门、福州、宁波、天津等地先后建立了江海关、厦门关、闽海关、宁波关、津海关。

　　旧中国海关，名为中国之海关，实际上是洋人之海关，故民间称之为"洋关"。海关总署及各口岸海关之中、高级职位基本由洋人占据，总税务司之职一直掌握在英国人之手，直至20世纪40年代则分别由日本人和美国人各取代了一段时间。在同样职位上的华人职员与洋人职员，其工资及各种待遇也有着天地之别。旧海关在很大程度上为维护资本主义列强之商品向中国倾销服务，其所得税收绝大部分用于偿还帝国主义者之赔款（如《南京条约》中的庚子赔款）和海关本身之经费开支，剩下极少数所谓"关余"才缴交给中国政府。洋人不但把持海关的人事权、财务权等，就连海关的行文、报关单、货单等，也仅限于英文，直到抗战期间（1938年）才改用中英两种文字行文。旧中国之海关是帝国主义者在中国的独立王国，是帝国主义者掠夺中国人民的有力工具。总税务司就是这个王国的"国王"，其独揽海关内外一切大权，掌握着各口岸海关的人事、财务、税务、查私等主要权力，各税务司必须对其负责。清朝政府和国民党政府虽然均设有海关监督，但有名无实，海关仅将每月税收数目及节日放假等对外公布事项通知海关监督而已，其余大小事务海关监督均无权过问，无法监督交涉。甚至连中国军警也无法进入海关大楼执行公务。自中国海关的建立起至新中国的诞生止，英、美、日等帝国主义者把持中国海关达90年之久。粤海关以英人统治时间最长，其中1941年12月至1945年8月曾沦入日本人手中。

　　粤海关的最高领导人是税务司，其属下有总秘书、税务副税务司、查私副税务司各一名。全关分为两大部门，税务副税务司主管内班（即税务部门）工作，其下设有秘书室、税收室、会计室、财务室、档案室、文书室等，各室均有帮办一人和办事员若干人，主要负责报关单审批、计税、收税、外围关卡布置管理、人事、来往文件、行政管理等内部税务工作；查私副税务司主管外班（即查私部门）工作，其下设有总监察长室、港务室、缉私艇队、查私巡逻队、估验室、化验室、秘书室等，秘书室由一位帮办负责，其他各室则分别由总监察长、监察长、港长、估验员等负责。总监察长领导监察员、稽查员、关警、化验员等检查进出口商船之行李、货物等，并在外围设关卡和巡逻检查。港长领导指泊员、引水员、测量员、航标员等技术人员负责商船之进出港口和泊位等管理工作。浮标厂、信号台、缉私艇等均归港长领导，但缉私艇出海执行任务时，由总监察长派出监察员或资深稽查员随艇指挥查缉工作。粤海关的缉私艇队之实力因各个时期的需要而增减。抗战胜利后，拥有"江苏仔""伶仃仔""虎门仔""珠江仔"和美国制造的C型快艇、屐仔型汽艇等15艘缉私艇。"江苏仔"等4艘兼任航标、测量等工作。

《粤海关概述》

❖ 梁俨然：数不尽的西关老字号

西关老字号，各行各业，约有百余号，由于经过时代变迁、抗战、迁徙、淘汰、灾害等，逐步消失，改行歇业，存者不多。如衣服穿着的：亨利、金城、信孚、文华等服装店。针织业：周中亚、周艺兴。鞋业：容安斋、罗奇生、联芳、时和等。饮食业：富隆、西如、多如、添男、庆男、三元、正心、太如、天元、文园、谟觞、颐苑、玉波楼、茶香室、半瓯等。仅存的：广州（西南）、陶陶居、莲香等。茶叶：英记、天香、生茂泰。酒业：人和悦、陈太吉、三合、永利威等。饼食：马玉山、知利民、安乐园、显记、随园、品芳斋（华山）、宜雅斋、广茂香、敬义信等。西药房成药店：仁寿、普威、泰安、保滋堂、位元堂、黄中璜、苏瑞生、黄贞奄、黄祥华、永泰、必得胜、普济、郑安之、光和等。化妆品：广生行、胡瑞峰、

▷ 20 世纪 30 年代位于太平南路和十三行路的大元茶楼

▷ 民国时期广州街道旁的药房

百家利、三凤等。文具笔墨：詹成圭、六雅轩。钟表：李占记。食品：奇有、佳栈、八珍、大元、晏行、悦来、万栈及皇上皇等。甜品名店：梁辉记、天津楼、润心楼、明月居、杏花楼。名粥店：伍湛记、味兰、吴连记、二嫂店、艇仔粥等。面食：池记、陈昭记、徐深记、曾志记等。

《西关老字号》

❖ 邓广彪：贩中药的行商，一段危险的行程

据说很早以前就有水客叫"担药箩"，来往于香港南洋之间，大抵属"巡城马"一类，接受委托，随身带货，即一些地方称之为"跑单帮"。但此等毕竟有一定限度，不可能携带粗贱药材，只能起到补充作用，而且路途遥远，难以长期持续下去。

广州的中药行商，以抗战期间最为鼎盛。究其原因，乃由处于战乱时期，各行业失去正常供求秩序，而药物又为人民群众所必需，遂形成畸形发展的现象。行商适应环境，应运而生，起到调剂余缺作用，而省、港两地经营药业的人，为了生活与图利，不惜冒险通过封锁线做买卖，集散地为广州、梧州、柳州、桂林、清远、韶关、湘潭、贵阳、重庆、昆明等地。直至抗战胜利之后，交通逐渐恢复，行商乃少，或者转作坐商继续经营中药业。

当时行商的特点，可以用利润厚、风险大、时间长、周转慢、费用多来概括。因为处于兵荒马乱时期，出门必冒风险，比如偷越封锁线、土匪掠劫等，往往人货两空。又如长途贩运，三五个月才跑一次来回，沿途食宿以及派使用（恶势力勒索钱财）等名目繁多。正由于周转慢，因而利润相当厚，如货物能平安到达目的地常有对开以上利润，否则无法经营。扣去费用后，1939—1940年间有50%，而1942年后利润仅20%左右。

当时行商估计有三四百人，主要有三条路线，一是穗港线，由市桥—

石岐—澳门—香港，主要带西土货出，带进口南药或南北药回，但这条路线走的人不多；第二条是称作走沙坪，由南海九江或新会江尾通过日寇封锁线进入鹤山沙坪，运往广西、云南、贵州、四川等地。这条路线不一定个个走全程，视各自客路，以1940—1943年最盛，带去进口南药或当地所需品种，回程带南北药或广州需要的品种；第三条是北江线，经三水、芦苞或花县、清远，再走韶关、湘潭等地。另外还有一线是香港至广州湾（湛江），走这条线的资金较多，为时也较长，为了相互照应，往往是联群结队，以策安全，三三两两集资几百，多者几千，或手提，或肩挑，一般是经营便于携带的品种如田七、麝香、牛黄、黄连、砂仁、豆蔻等。粗货亦有，多为内地带返广州，视乎市情需要，总之有利可图就干。每当运输不正常，或战争年代，行商就较为活跃。

上述几条路线，以走沙坪人数最多。沿途有恶势力控制，费用之多，令人难以置信。有时甚至语音相闻那么近，即又有关卡收"行水"（买路钱），并且美其名为"修路费""保护费"，以一小竹箩递出收钱。而过往行人讥之为"派溪钱"（死人出殡沿途撒纸钱），这是日伪统治时一种特有现象，今天想起犹有余愤。

在沙坪对岸九江，须乘搭当地恶势力所控制的木船，乘着没有日军巡逻的机会，迅即渡江，大家心情异常紧张，因一遇意外，即人货两空，哪有不紧张之理。而渡江时和对岸有联络暗号，如日间举蓑衣，晚上点灯。一有招呼，或者如犬伏地，听听有无轮船机动声音，辨别有无日军巡逻。而到昆明一段，行贿已成公开秘密，否则翻箱倒匣地搜查。

除了上述行商外，另有深入到云贵等产区的行商，即以集散地之货栈为驻点，由行栈代办食宿，由经纪人介绍成交，只需付佣便可代办；另一种是参加集市贸易，即所谓庙会，如云南大理苍山脚三塔寺前广场，逢旧历三月初五至廿五，有药材及土特产甚多，行商们通过庙会集市成交；又一种叫"坐茶馆"，在昆明南华寺江川会馆清茶铺，一日三市，经纪也十分活跃，介绍成交土特产与药材。更有一种深入到怒江、西双版纳等地，利用当地人喜用的丸散、沉香，乃至陶器、瓦具、衣物、针线饰品等，由马帮运入以物易物。此类暴利惊人，但非人人可做，亦不熟不做，有组织、有勾结才敢深入山区。据称一口针换一只鸡，一粒陈李济"苏合丸"换一银圆，一个沉香卖一元钱，一空瓦煲换一煲黄连等。但所有这些，仅是行商中传闻。一并摆出，供有关方面参考。

《漫谈广州中药业》

❖ 罗翼群：炒房风气的兴起

当广东被陈济棠统治时，适连年农业收成较好，直接刺激了出口物资及市场之活跃，同时华侨侨汇亦有增加，陈复以少许财政羡余，兴建一些工业及公共建筑，以为政绩之粉饰，社会上遂呈现一种活跃繁荣的假象。时人不明所以，每有被此种假象所迷惑者，后来粤人往往乐道不置，且有"陈济棠时代好"之谬论，拆穿内幕，不过如是。此时，在捐务方面，既为陈维周、霍芝庭辈把持，一般捐商，仅能在陈、霍等总商手中，分些残羹余饭而为承办子商。然一经如此，获利有限，商人多欲转作他图。因此，市面游资充斥，为求出路，多作炒买房地产业经营。于是置买产业之投机活动，乘时而起，其中原捐商邹殿邦、邹敏初经营亦不少，即军政人员及其他官商之夫人宠妾们，作此种投机买卖者，亦颇有人。房产地皮遂大涨其价，有些精明的投机者，更会打算，大量购买离市中心区稍远之地皮，兴建洋房、大厦，从此成为高贵的住宅区，此即今之东山一带、梅花村、河南基立村、怡乐村等处是也。

这种炒买地皮房产狂潮之出现，除游资寻求出路原因外，同时又有其远因。先是，民国十二年孙中山先生重建大元帅府之后，因连年从事征讨，军费支绌，为谋充裕军需，遂于是年成立广东省官产清理处，以美国归侨梅光培任处长。将广州市内的官产、寺产如将军衙门、盐运司衙门，番禺、南海、广府等衙门，以及许多寺庙如城隍庙、药王庙、华林寺、大佛寺、

▷ 1933 年从珠江上看到的广州长堤一带

檀度庵、药师庵等之全部或划出一部标价投变。唯当时正值变乱之后，政局尚未十分稳定，一般人对政府并不"睇好"，而持观望态度。故对于投买官产并不踊跃。除由处长梅光培吸收得一批美侨购买外，卖出不多，而军需供应，所求甚急，计无以应之，经过研究，始想得一法，即要求当时军政界人员之夫人以其余资承购一部分官产，拍卖方得开展。笔者记忆所及，计有伍汉持夫人及朱执信夫人、邓仲元夫人、廖仲恺夫人、吴铁城夫人、邹鲁夫人、古应芬夫人、罗翼群夫人及伍智梅、邓惠芳等（当时均系广东女界联合会之主持者）。此外，还有名画家高剑父、高奇峰兄弟等，为大本营军饷火急起见，均愿出其余资或变卖首饰来承购难以投出之官产，并非专意投机图利。但后来这些房地产逐渐涨价，购者竟出意料之外，利市数倍。笔者以前在广州越秀北路之住宅，即系以涨价后所得之差额及财厅还给我的借款2万元来建成的（详见拙文《记孙中山南下护法后十年间粤局之演变》，《广州文史资料》第四辑第39—41页）。后来，人们便对购置房地产业发生兴趣，并认为系一稳健而有利可图之事业，至陈济棠时期，益之以上述的原因，炒买房地产之风，遂大兴焉。

《广东官商勾结舞弊之见闻》

❖ 冯汉等：包办筵席大肴馆

广州饮食行业形式类别很多，除了酒家、茶楼、茶室、饭店、西餐、茶厅、冰室、小食品八个自然行业以外，过去还有一种叫"大肴馆"，又称为包办馆，相传已有百多年历史。早在清末期间，本市已有聚馨、冠珍、品荣升、南阳堂、玉醪春、元升、八珍、新瑞和等八家店号，是属"姑苏馆"组织的，它以接待当时的官宦政客，上门包办筵席为主要业务。随着业务发展，户数迅速增多，逐步演化为价廉物美、经济实惠的面对平民百姓的一个大众化的自然行业，在20到30年代之间十分盛行。"大肴"是堆头大、斤两足之意。市民每有婚、嫁、寿、丧，大都委大肴馆包办，在家设宴。但至40年代以后逐渐式微，为酒家所代替。

大肴馆也称酒馆（如福馨酒馆），但它的组织与酒家不同，经营方法也有区别，顾客必须预早一二日定菜，才有供应，如席数不多，最快速度亦要上午定菜，下午才能办妥。对于每席酒菜单价，同样菜式，总比酒家便宜，因它的组织简单，人员不多，生意旺时才多雇临时工，因而费用较轻。该行业都是独资经营的多，少数合伙，且这些行业的合伙人或企业负责人，一般都是熟悉业务，善于烹调技术，懂得用料性能和采购干湿货，有经营管理才能，甚至有些企业是祖宗三代传下来的。如龙津路的聚馨酒馆（后改锦馨），是由黄老三于清朝光绪年间创办，四兄弟合作经营，分工负责，生意很好，是"姑苏馆"成员之一，可承包官僚政客酒席。在门口建有水池，储备鲜口，其中养了一只大山瑞，重近百斤。后水浸入厅堂，淹没水池，它自动走到后街金花庙内龟缩，水退以后被居民发觉，不久它又自动走了回来，被市民传为佳话。聚馨由黄老三经营一直到20世纪30年代，他去世后留给儿子黄植生改组经营，把店名改为锦馨酒家，直到抗战胜利后，传给孙子黄展鹏继续经营。为了扩大营业，除经营包办大小筵席外，还改组经营，把店名改为锦馨酒家，直到抗战胜利后，传给孙子黄展鹏继续经营。为了扩大营业，除经营包办大小筵席外，还增加设备，兼营茶面酒菜，直到全行业公私合营。由于它的组织简单，设备不多，当事人又懂业务技术，只需租间店铺，就可开张营业，承接酒席订单，收取定金（过去还可赊进、赊销，即原料是赊进的，对顾客也可赊销，以后在年节结算），然后按单采购原料，定时供应，或上门"到会"，既不用设货仓，也无大损耗；每天营业所得，除购原料成本和税金外，就是利润，且不需多大资金，又易于管理，因此不少人乐于经营此业。大肴馆的业务，能持久不衰，是具有一定原因的。

《广州的大肴馆》

❖ 肖秉钧：筵席捐

广东过去在李济深、陈济棠的统治时期，定出名目繁多的苛捐杂税剥削人民，使广大群众在生活上不堪其苦。就以广州市而论，人民"食饭"（吃饭）、"疴屎"（拉屎）都要被他们重重抽税。就以吃饭方面来说，也有所谓"筵席捐"。上至酒楼茶室，下至小食饭店，也要缴纳捐税。1928年李济深统治广东时代，伪第八路军总指挥部参谋长与广州市公安局长邓世增、广东财政厅长冯祝万互相勾结，指使他们的兄弟亲戚来承办广州市的筵席捐税。当时承办广州市水陆筵席捐公司的经理刘瑞图，合浦人，是邓世增的亲戚，副经理冯卓轩为冯祝万的兄弟，互相拉拢，以广益公司名义来组织承办机构，在本市一德路租赁洋房两间，一间作为办公地点，一间作为职员宿舍。公司内也分两科办事，无非是办理文牍和收缴税捐及会计出纳等等。另设一个独立的稽查股，设主任一人，下设稽查长二人，稽查员三四十人，另设督察二人。稽查长是黎耀波、吕炳华，稽查员是各方面有关人员推荐来的。督察李垂昆、庞星林两个是公安局督察调来兼任的，使在执行职务时以壮声势。我任稽查股主任，原是搞政治的，当时因某种关系，一时离开政治，由某有关军事人员介绍到这里，每日到场画一个卯，支一份干薪，实际上是不负什么责任的。负稽查股责任的是稽查长黎耀波和吕炳华两个人。（黎是冯卓轩的朋友，吕是刘瑞图的亲戚）

社会上普遍有一句话说："食在广州"，足见广州的饮食业是名闻全国的。上乘的酒家有大三元、南园、文园、西园等所谓四大酒家，其次如谟觞、金轮、陆羽居等亦皆闻名。上等茶楼亦有莲香、惠如、涎香、陶陶居等。高等茶室则如半瓯、山泉、陆园、兰园等不计其数，这是说陆上的。至于水上的有荔枝湾、白鹅潭和珠江河面的紫洞酒舫亦不下百数十只。那时还有秦楼妓馆如陈塘、东堤等去处。有妓馆必有酒楼，那是一定的连带关系。所以在吃的方面真是鲍、参、肚、翅、山珍海味、水陆并陈，无所不备。故人民在"吃"这一方面，一年的消费数目很大，在当中值百抽几，数字也是很可观的。

▷ 20世纪30年代长堤大马路上的大三元酒家

我记得当时广益筵席公司抽捐的办法是加二征收，即100元的酒席费连税收在内就要收120元，以此类推。如果是囊囊丰盈，一万钱的酒菜，征收百分之二十的筵席也不过是九牛之一毛，对于他们又有什么损伤呢？又如达官贵人，高官大吏，他们一餐饭，要呼朋引类，笙歌酒肉，任情挥霍。但结账时又拿出咭片（名片）一张，大书"免捐"二字即掉头而去。

《承办广州市水陆筵席捐的广益公司》

❖ 林启宣：旧广州的"铺底权"

旧中国民间财产权见诸法律规定的有所有权、地上权、永佃权、抵押权、质权、典权等。但"铺底权"则未之有也，原来"铺底权"是广州特有的习惯，不仅全国其他地区无之，即广东本省之各市、镇、县、乡也没有这种习惯，所以"旧民法"也没有作出规定。那么，所谓"铺底权"究竟是怎么一回事呢？广州自早为通商口岸，民国以来商业发达，市面繁荣，商户向业权人承租店铺，为发展营业，每每耗巨资修建或装饰铺面，及届时租赁期满或志图别业，业主收回店铺，但因租户出资修建，价值巨万，业主无力补偿，于是租户另招人赔承铺底，并由承顶人接洽且与业主订立租约。在新旧租户变更之间，业主乘机需索"茶仪"或称"鞋金"，数额视铺位大小、地点旺淡而定，动辄数千元或千数百元不等。司法实践中，业权人与租户因终止租约交铺或承顶铺底纠纷涉讼，要么，业主出资补偿租户修建的一切费用，否则听凭租户招人承顶，业主不得阻挠。这种习惯，民间称为"铺底权"。自民国初年，以至解放，流行于广州社会。旧法院处理这类案件的法律根据，引用旧《民法总则》"民事，民法所未规定者依习惯"的规定。实质上是依照地方习惯，保护承租人在所承租的建筑物因修建、装潢、改进设备，增加了建筑物的经济价值，容许其有请求补偿的权利。"铺底权"不因铺屋买卖、业权易主而受影响，但旧业权人须通知租户与新买主更新租约。这种手续，叫作"会佃"。

《旧广州的"铺底权"》

❖ 张泽浦：拆城筑路"一路哭"

（1918年）杨永泰、魏邦平组织市政公所，主持拆城筑路，宣布了惠爱街、双门底、永清直街开辟马路宽度时，商人和业主大都极感彷徨。这些路线都是繁荣的街道，许多商店店东都有铺底权，所害所关，较业主为大，小生意仅有浅窄铺面营业，如划入路线，一拆便完了。所以当时大有"一路哭"现象，双门底、大南门坊众屡次集会上书，力争马路宽度。更有的主张仅拆了城墙辟为马路，不必拆大街，曾去电任职北京的广东上层人物，但无效果，终归照原定计划执行了。他们征用土地是无偿的，行人道原是从有业权的土地拆出来的，业权人要在行人道上建走廊，还要缴价向政府领用，当时，涉及利益业权者极为愤怒不平。

《广州拆城筑路之"一路哭"现象》

❖ **罗伯华、邓广彪:** 百货公司大流行

▷　位于广州西堤的大新公司大楼

　　1907年，广州全行业第一家以公司形式出现的百货店——光商公司，在十八甫开业。首创分柜售货，以及订立双薪等规例，可以说是令人耳目为之一新。至1910年，比光商公司更大规模的真光公司接着开业。至1914年，先施公司又相继在长堤开业。由于本钱更为雄厚，所经营范围与商品也就更大、更多。当是时号称环球百货，首创不二价。其经营手法亦是多式多样。比如设礼券、赠品，定期开会研究业务，重视服务态度，专人保管商品等等。及至1918年，大新公司在西堤开业。在百货零售业中，一直到新中国成立，首推这两家公司规模最大（西堤大新公司在广州沦陷时焚

毁）。其经营品种，比过去又大大跨进一步。大新公司除经营百货业外，又兼营酒店、酒家、游乐场、理发、照相、浴室、餐厅、冰室等。自此之后，整个行业均逐渐以百货为招牌作号召了。究其原因，百货名称确实比较新颖而又宽广，顺乎历史潮流，发展至更大规模，除国产商品外，其他各国商品均有。日用化妆品以及高档商品也日多。大中小商店亦如雨后春笋，纷纷开业。在欧战期间，洋货来源中断，当时国产针棉织品和日用品，也曾远销至南洋各地。至此整个百货行业已逐步形成，其源流与经历也大抵如此。

《从苏杭到百货——解放前广州的百货业》

❖ 谭美芳：大新公司，南国"九重天"

广州南方大厦，坐落在美丽的珠江河畔，地处繁华的商业区。南方大厦酒店，居于大厦的六至十一楼。从酒店极目远眺，珠江秀色、鹅潭夜月尽收眼底。

南方大厦的前身——大新公司始建于1918年，当时是由广东省香山县（现中山市）华侨投资的，建在市区最热闹的长堤西濠口，楼高9层，这在80年前是绝无仅有的。大厦首层经营百货，高层部分为当时广州四大酒店之一的亚洲酒店和附属于酒店的国天酒楼，并设娱乐场，集购物、住宿、餐饮、娱乐于一体。大厦不单设有电梯，还特意建造一小车跑道通顶层，在当时可谓气派非凡，因此，吸引着四方商客，招徕不少社会名流绅士。以"九重天"之美称名噪海内外。当年文学家鲁迅先生伉俪曾专程到亚洲酒楼进餐，并记载在日记中。

1938年10月20日，在无政府真空的状态下，遭贼人洗劫后，放火焚烧大厦，随后大厦竟荒废长达10年之久。成为荒无人烟的废墟。

解放后，在市人民政府的领导下，由投资公司出资，对焚废的大厦框架重新查勘，进行工程技术处理，加固基础，拆除小车跑道，整座大厦按原建筑格调，重新修建呈原貌，以"南方大厦"命名，于1954年10月1日开业。

《声闻四海 驰名中外——南方大厦酒店》

❖ 林高潮：爱群大酒店

爱群大酒店始建于1934年秋，于1937年7月27日开业剪彩。楼高64.05米，共15层，全楼施工工艺独特，采用笼式建筑结构，先用大小钢筋将全楼架子结好，再浇注混凝土一次成形，结构坚固结实，是广东省最早的全钢架结构高层建筑。楼形仿美国摩天大楼式样，30年代被新闻界誉为"开广州建筑之新纪元"。

......

▷ 民国时期广州的地标建筑——爱群大厦

1937年酒店开业时，以当时设备最新式、最完善、最豪华而著称。拥有客房300间，双人房设有电话、卫生间；上落楼层有电梯；夏有电风扇纳凉，冬有暖气供应；还设有中西餐厅、酒吧等休闲娱乐场所，是拥有"头顶电风扇，脚踏花阶砖"般高级享受的高级酒店，爱群大酒店因此在当时执华南旅游业的牛耳，在海内外有较大的影响，素有"南中国之冠"的美誉。

《博爱乐群宾至如归——爱群大酒店》

❖　**梁俨然：**侍女皇后，竞争新花样

▷　民国时期广州六国饭店内景

西堤二马路口，有六国饭店（抗战胜利后迁长堤）与不夜天饭店，两店商业竞争。六国饭店别出心裁，提出竞选侍女皇后，女侍莫倾城得首选，故有六国皇后之称。此后各酒家争相效尤。抗战胜利后钻石酒家亦以此为号召，选出刘惠芬为皇后，一时传遍遐迩，亦招徕术也。

《侍女皇后》

❖ 梁俨然：广州大巡行

1932年，香港地区为英皇加冕，举行盛大的庆祝仪式，集中各地舞蹈艺术彩龙醒狮等，作大巡游活动，并大肆宣传，前往观看者，大有万人空巷之势。至1933年，广州市政府为了与香港争夺市场，于双十国庆节日，一连举行三天三夜大巡行，亦集中各地飘色、特色、马色、步色等参与。所有各地的灯饰音乐、锣鼓架、歌唱队、彩车队、陆地行舟，甚至新会纱龙、平洲纱灯、佛山秋色、东莞烟花、木偶戏队、魔术杂技、竹龙、绸龙、香龙、醒狮队、辉煌灯烛、骑马扮相。彩画活动人物如八仙过海、刘海金蟾、和合二仙、麻姑晋爵、钟馗捉鬼、财神进宝、福禄寿星及三国、西游、二十四孝等应有尽有。巡行之前、马路两旁、各自摆设座椅、声势浩大。各市乡镇、来参观者络绎不绝。市场繁荣热闹、香港地区商业也为之冷淡。此次大游行，为广州市空前未有之壮观。

巡行路线，都搭建牌楼，雕木镜架花坛，构成古代人物造像，尤以第十甫陶陶居门前之牌楼最高，七层砌彩，可称盛况空前。

《广州大巡行之空前盛况》

❖ 刘康：美国电影占领广州市场

近数十年来，美国的电影公司成为全球性的垄断企业，由"八大公司"操纵和瓜分世界电影放映市场。它们的名字是：米高梅（Metro-Goldwyn-Meyer）、派拉蒙（Paramount）、联美（United Arts）、20世纪福克斯（Twenty-Century-Fox）、华纳兄弟（Wanner Brothers）、环球（First National Universal）、哥伦比亚（Columbia）和雷电华（R. K. O）。另外还有一些小公司，其资金、实力及对外影响不大，难与"八大公司"分庭抗礼。在"八大公司"中，福克斯、米高梅、派拉蒙三家势力最大，侵入中国的历史最久。当有声电影勃兴的初期，派拉蒙占了上风，后来渐渐被米高梅压倒，第二次世界大战结束后，又以福克斯最为走运。

抗战前，上海、广州、天津、汉口等大城市的电影院，曾个别与美国影片公司直接签订代理合同，由香港将拷贝径运入口交付，并逐笔拆账。抗战胜利后，美国片商为加紧控制中国电影市场，取消过去的分散代理办法，由"八大公司"在香港分别设置远东经理处，专门负责在中国及南洋方面的业务。远东经理处的负责人概由美国人充当，其下还另设香港办事处，也多数由欧美国籍的人担任主任。有时为节省开支，间有雇用中国人充当，如米高梅的港处主任是广东人陈强。穗市方面，由各公司港处派来专责代表一名，负责穗市及其附近市镇的业务联系。这些代表多数在国外读过"西书"，精通英语，洋习颇深。"八大公司"就利用他们作为耳目和手足。"八大公司"驻香港的外籍经理、主任所支薪金系以美金计算，最高的每月达一二千美元（40年代币值，以下同），华籍主任每月约支港币1000元，折合美金不及200元，驻穗代表的月薪仅港币四五百元，待遇上很悬殊；并且职位毫无保障，时有更换甚至撤差。

▷ 20世纪20年代位于长堤大马路的明珠影画院

　　穗市的大小电影院不满20家，其中以放映美国片为主的计有金声、新华、广州、中华、大华、乐斯、大德和美华等多家。美国影片所占比重一般在80%以上。其他如中国、新星、新新、永汉、温拿、长堤等院除放映国产片外，同时亦放映美国片（多数是二轮）。仅中山戏院一家（位于上九路，解放后已歇业）以放映国产片（特别是粤语片）为主。当时金声有座位1500个左右，广州、新华各有座位1400个以上。递次为，乐斯约1200，其余约600—1000座位。各院每日放映四场，如大部满场，约有观众6万人次。从抗战胜利至解放的四年间，观众共达八九千万人次；仅以美国片占七成计，亦在6000万人次以上，可见当时影响程度之深。各间首轮电影院的票价一般1元、1.5元、2元、2.5元乃至3元不等（均以40年代港币实值计）；二三轮影院以次递减为0.5元至1.8元不等。平均全市影院每日营业收入约港币10万元，四年间收入约1.3亿多港币，姑以放映美国片占七成，而七成中又5：5对分计，美国片商净从穗市一地赚取的利润就达港币4000万元以上。

《美国影片商控制广州市场史实》

❖ 韩锋：广州古玩店

我前后住在府学东街（现时的文德路）桐荫山房将近20年，该街的古玩店如横墟咖记呀，尊古斋呀，绿屋呀等等，都是很熟悉的。这些铺子的生意，和书画家一样，是跟着政潮起伏，互为消长的。如在龙济光时代，天天光临的有侦探长曹鼎钟。陈济棠时代，那位"半个书生"香翰屏也时常照顾。还有常来穿插的孔教会会长林泽丰，他是专找古铜器，商彝周鼎之类的。

我冷眼旁观，觉得顾客有顾客的手腕，贩家有贩家的伎俩，掮客有掮客的口才。就拿曹鼎钟来说吧，他每天下午3点钟左右乘藤兜来，贩家于是找一个人，假作水客，背着个麻袋，曹喜欢瓷，袋里装的全是瓷器，便说是从某处某家收来。贩家故意指出它的许多缺点，批评了一顿，结果以低价300元成交。水客走后，贩家又指出这些瓷器的许多优点，大加夸奖，令你眼花缭乱，心花怒放，卑辞厚礼，求贩家相让为止。这是贩家的伎俩！

顾客的手腕又怎样呢？以"半个书生"香翰屏为例，他喜欢你的千手观音，就不问价钱，便拿回家中摆上半年三个月，给朋友批评够了，当贩家索价1000元时，他硬给你600元，你又不敢拿走，只有委委屈屈答应。

我曾记得一件有趣的事：我有个业师叫作朱介公，在教育界薄有声誉，为人规行矩步，言笑不苟的。有一次，他想办一个什么社，由于社员多数是寒士，拿不出钱来，因此缺少开办费。于是他将一个在府学东街花五块钱买来的砚台，叫图章刻得好的社员在砚台背面刻了一首铭："东方未明，太白晱晱，鸡三鸣，更五点，此时拜疏击尺阍，事成铭汝功，不成同汝贬。"下署椒山二字，当作杨忠愍公所用砚台。拓了百数十张，稍有声誉的人都送一张，偏偏不送林泽丰。隔得一月，朱老师还开了个宝砚会，遍请教育界名人，就偏偏不请林泽丰。到开会那天，第一个到的，正是林老头子，他将宝砚摩挲了一回，赞叹了一回，无论如何，要求朱老师割爱。这样朱老师就索了他几百元，用作某某社的开办经费。

还有一些专作古玉和字画的掮客，下午便聚在中山四路那间"妙奇香"茶楼，拿出各自所收的古玉，互相夸耀，你求他相让，他也肯割爱。我有个同乡叫韩源，他一家数口，丰衣足食，就从此中得来。那些爱藏古玉的人，每年都找他不少。现在文德路的东方古玩商店，每件古玩皆标出价格，而且取价极廉。上述的情形随着时代的发展而一去不复返了。

❖ 刘泽霖：只怕没货源，不怕销唔完

广州古董行业有句"只怕无货源，不怕销唔完"的商谚。广州古董商的货源，主要有如下几个方面：1.北来商客。这类古董商客，多半来自北京、西安、洛阳、武汉一带。由于如上地方，多是古代京畿重地，文物特多。尤其八国联军入京，宫廷古物遭到掠夺，辗转落入北方古董商手里，为求销售出路，不少运来广州，或偷运出口。因此北来客帮，成为广州古董行商一大货源。我父与北京挂钩的古董行商，计有北京琉璃厂铭古斋（老板韩敬斋）和北京回族古董商人马澍元两家。上海方面则有劳合路居易里25号的大古董商程炳生一家。如上古董商每到广州，我父即在西关文园、谟觞等酒家张筵洽商经销他们的商品。2.当断古董。广州典当业以低值收押古董字画，如期满后，当主不来赎回原物，这些当断古董字画，往往廉价落入古董商手中。3.破落"二世祖"出手之物。广州豪门巨阀家藏文物，一旦破落，其子孙（二世祖）遂将古董字画逐日求售，以供挥霍。他们一般不愿白日在古董铺露面，往往携带一两件值钱古物到西来初地"横墟"求售，或央求古董掮客延揽拍卖。4."收买佬"所获古董。广州"收买佬"（买卖破烂的小贩）日中穿行于深街浅巷，以现钞或糖食、火柴交换市民残

破器皿、废纸，不时亦有无知妇孺，将祖传铜器、书画等作废品拍卖，"收买佬"再送到古董铺求售。5.小偷的赃物。此类古董由小偷向大户人家的高堂大苑或名寺古刹窃来，大都于"横墟"夜半出现。古董商收购此类物品，格外小心，以防暗探跟踪蹑至现场追赃。既成交后，将之收藏密室，不轻示人，俟过一个时候，始行在静室兜售，一般远卖他方，免留后患。6.破冢盗得之物。专业盗墓仵工，破冢而得之饰器、用品、陶俑、古钱等。古董商收购时特别留神鉴别，以免鱼目混珠。

至于古董字画的销售对象，大都属于豪门巨绅，及附庸风雅之士。古董商人对这些顾客，一般采取分别对待。我四家古董字画铺的长期主顾，如广州大地皮商黄公博（南海平地人，绰号平地黄，拥有万卷图书和大量古董），十八甫怀远驿的丝绸富商何荔甫（自建有精致的品古藏书楼），广州粤剧"乐千秋""祝千秋"名班班主辛仿苏、广州大官僚胡毅生、江孔殷、香翰屏及六榕寺主持信僧铁禅之流。这些人气焰逼人，他们门下清客极多，不少谙熟古物之辈。对待他们都要小心谨慎，以免闹出岔子，引起麻烦。因此所售古物，只能从多销取胜，赝品非万不得已不能出手充场。

还有附庸风雅的"玩家"，玩腻之后，随手抛售，另猎新品。他们对品古知识往往一知半解。还有一类官场人物，为了夤缘嘱托，奔走钻营，投主子所好，喜欢买几件古玩，作为"熟性"（行贿）之礼。对待这类顾客，可以看风使舵，高抬标价，或羼充一些赝品。

《广州古董字画苏裱业的一些内幕》

❖ 曾涛：水客，广东的"土特产"

广东华侨最多，侨汇也最多，因而水客业、侨批业在全国中也是最为发达的。可以说，水客、侨批业是广东的"土特产"。往来国内外的水客，主要业务范围有三种：一是带银钱、信件，以带钱为主；二是带客，带领华侨、侨眷出国返国，带人出国谋生，为其找寻职业等等；三是带物，替华侨、侨眷带货物，或为商店、自己带货。

水客的业务经营比较复杂。一、经营组织形态有很浓的封建性和狭隘性。水客的经营一般凭个人的信用经营业务，有父传子的，有兄传弟的。华侨在海外往往以语言和乡土关系形成聚居地。如在东南亚，潮汕籍华侨主要在泰国等地，梅县地区客家籍华侨主要在印尼、安南（今越南）等地，珠江三角洲一带则以美洲华侨为多。与此一样，水客也都在同乡、本家族的小天地里活动，很难逾越这个界限。此外，水客还有水客公会或水客业联合会等组织，目的是沟通水客之间的联系和维护自身的利益。二、水客的业务经营方式：1.收取侨汇的方式。（1）水客沿着原来或新辟的线路，到海外各地，深入到工矿企业、种植园、农场等去招揽生意；（2）水客因时间所限或因地点分散，难于走遍收汇地方，便以广告的形式，刊登水客启事，声明某月某日某人在某地收汇，华侨便自己上门来送款给水客。2.收取侨汇的时间。水客经营业务有定期的，也有不定期的。有一年数次出海的，也有一年只一次出海的，也有以季节为期的。大部分水客都是组织起来出去，约定时间回来。凡是在过端午节、中秋节、春节回来的水客叫"走大帮"，因为节前侨眷需要钱物较多，水客带来的东西也特别多。上般春节前返国的水客最多。其余时间回来的叫"走小帮"。3.派送侨汇。水客携带钱物回来后，或亲自派送，或通知侨眷来取，或交由国内水客即"吃淡水"转送。三、水客收、解侨汇的汇费：1.水客一般照汇款额向汇款人收取5%—8%的费用；有的高至10%；有些水客在解款时还向收款者再收些费用的。通常费用比侨批局为高。华侨乐于交给水客带钱，原因在于水客服务的多样化，能直接转达双方的信息。2.不收取手续费和其他费用，只从汇价差额中获取利润。即是适当调高汇价，作为手续费。采用这种方式有时会遇到汇价下跌的风险。3.解汇的手续也有几种：第一种手续比较完备，有汇款通知及正副收条。一联为通知联，一联为正收条，收款人签收后由水客直接寄回给汇款人；一联为副收条，由水客自存备查。第二种是没有凭据的，收款人只凭汇款人的来信告知有多少金额，水客解款时也只在小册子登记收汇数和解款数。这种方式漏洞很多。采用何种方式，收汇的标准公不公允与水客的文化素质和个人品质有关，因为水客中是良莠不齐的。至于兼带物品的水客，出去捎带土特产，进来携回舶来品，一般也照件数或重量收取手续费，或在市场出售牟利。带人的水客即"客头"，一般负责被携带者旅途中的一切事务，收取一定的费用，如带的人多，轮船公司还可优待水客。

《广东的水客与侨批业》

❖ 肖汎波：先施粤行和天台游乐场

1914年，先施有限公司在广州长堤大马路建立起它的一个分行——粤行。总资本额港币100万元，是由香港总行调拨来的。因此，受总行指挥和监督。为了确保监督作用，在粤行设立参事若干人，成立参事会，以代表总行监督司理管理业务。粤行的办事机构较之总行简单，设司理室，下设总账房、司库、进货、送货、货仓、装箱、批发和售货场等部门。售货场则按商品类别分设若干部售货，并设正副部长主管其事。此外，还有查核员负责巡视各个部门的情况，直接向司理反映。

先施有限公司粤行，不只经营环球百货，也兼营其他行业：如服务业的东亚大酒店、工业的汽水厂、化妆品厂、玻璃厂、铁器厂、皮鞋厂、饼干厂等，还设有先施人寿保险公司、先施水火保险公司和先施信托银行。在鼎盛的时候，设分店于惠爱中路（今天的中山五路），名为先施公司惠爱商店，是广州市或者说华南最大企业之一。

在该公司楼顶，还有先施天台游乐场；它的五层大楼和所属的酒店、工厂、商店的建筑，全部都是该公司自己投资兴建的产业。

先施有限公司粤行司理1920年为马祖金，1930年为卓叔和，1934年为马文忠，1939年为马略斌。副司理有马丁锐、罗大尧。经营方法按总行所定的以"真不二价"，实行明码实价、童叟无欺为号召。业务蒸蒸日上，每天零售营业额，一般都在五六千元。营业时间，上午9时至晚上9时，星期天则12时至晚上9时，风雨不改。除夕营业时间则延长至晚上12点。

经营的商品，中外商品都有，琳琅满目，以我国产品为主，其中很多是上海产品。国外商品以英国居多。其次是德国、法国等欧洲国家，与美国等商品兼而有之。有一个时期以推销日本货为主，自从九一八事变后，则多推销英国货了。至于广东和广州的地方产品，则分为两类：一是自己所属工厂企业的产品，如先施汽水、先施牙膏、雪花膏、香皂、肥皂、花露水等则多方设法推销，广为宣传。可称盛极一时；二是广东和广州地区的产品，主要推销质量比较上乘或名牌商品，如利工民的鹿牌线衫、周艺兴单车牌线衫，周中亚灯胆牌线衫、冯强胶鞋等。夏天还在售货场设冷饮部，销售自己生产的雪藏鲜豆浆和汽水，它确是一间综合性企业，以上所列都是零售的。由于商品上乘，顾客多是富裕人家，如官僚、地主、买办，一部分中上层人士以及外国人。除零售之外，另设立批发部专门批发所属工厂企业的产品，如化妆品、汽水等。销售范围遍及省内各县和广西、湖南一部分地区，并派有推销员（行江）长期来往各地。批发部的经营方式既有现金交易，但多是赊销，所以行江的任务既上门接订单，又兼收账。

▷　民国时期位于长堤大马路的先施公司外景

该公司的先施天台游乐场，也是鼎盛一时的一个主要经营项目，宽阔的天台花园游乐场，与当时的大新天台游乐场都在长堤大马路，东西相对，互相比美。这时广州市的大建筑高楼不多，游乐场设在天台，很能吸引游人，且该公司又设有"升降机"，是一件新鲜的玩意，游客好奇心理，多想一试，加上游乐场每晚都有几个戏种演出，一般都有电影、粤剧，还有杂技魔术，那时称为"三上吊"，十分惊险，还有舞蹈等等，节目很多，深得观众喜爱。营业时间是在晚上7时至12时。每当夜幕降临，华灯初上，观众就络绎不绝，特别是夏秋季，游乐场又是乘凉消暑的好地方，所费不多，劳动人民也可享受，光是入场券一项收入即相当可观，每天大约300元。

《广州先施公司三十多年的盛衰》

❖ 利耀峰：小火柴，大买卖

东山火柴厂创办于1919年冬，其时第一次世界大战刚刚结束，我国正处在五四运动的高潮时期，振兴国货，挽回利权，是一般人的共同愿望。在这种形势下，罗节若（教授）、陈达初（教授）和我等三个人创办了东山火柴厂。

罗节若是留学美国的地质学博士，其父经营昌隆号出口草席庄，在罗定乡村设有不少工场，在广州东山大街（今江岭东街至瓦窑街小河边）也开有一间占地800余井（约15亩）的工厂，用木机织花色铺地草席，自办出口。后来这种席在国际市场上被日本席挤占（日本席用染色印成花纹，代替中国席的用染草织成的花纹，因此成本特低，售价也相宜，占了市场），昌隆出口庄和工场就停闭了，剩下了若干间用几万元白银建筑起来的厂房。罗节若心想利用这个厂房，重办工厂，因此调查了广州地区的火柴行业，知道所有火柴厂用的都是日本机器、日本技工和日本原料，决心办一家中国机器、中国技师和中国原料的火柴厂。他找了陈达初。陈达初是留学英国学化学的，他的父亲和我的父亲是世好，他本人又与我胞兄是广雅西学堂的同学。我当时是广东省农林试验场的化学技术员（还兼任农林专门学校实验室助教和化分矿质局的化验技术员），因此认识了陈达初。农林试验场的化分矿质局有个化验员曾耀新，是留学美国学织染的，受陈达初之托，化验火柴头。陈达初说，这是罗节若要创办火柴工厂的第一步，邀我合作。我说："1角钱买10多盒火柴，搞火柴厂有什么出息？"陈告诉我："广州地区的火柴厂每年都赚10多万元白银，如果我们的火柴厂搞成功了，那时你想穷也穷不了啦！"我和罗节若、陈达初等三个人就这样从化验火柴头开始，准备创办东山火柴厂。

我用了两天两夜的时间，化验火柴头，试制了一盒每枝有两个火柴头的火柴，陈达初见了十分高兴。罗节若更高兴，当晚请我吃饭，共商进一步设厂制造的问题。我经过化验试制成功的火柴，着火力很好，和日本火柴头一样；柴枝方面也准备用中国柴枝，因此我又将农林试验场所植的8年松树砍取数公分直径的树枝，试制柴枝，效果也很好。从此罗节若便招股，罗氏兄弟认股白银3万余元，陈达初认股1万元，罗节若邀我入股，还说创办人没有股本是不行的，因此借给我500元作为股本，租赁了昌隆织席庄的老场为厂址，开设了东山火柴厂。由罗节若任经理，陈达初任副经理，利耀峰任配药师，都是兼职。

《广州火柴工业与东山火柴厂》

❖ **黎思复：** 无人问津的"打靶烟"

1914年前后，英美烟公司推销其制成品，盛极一时，名称有三炮台、派律等等。派律即译音，原义为海贼。英国向外侵略时，英政府暗中奖励其人民为海贼，骑船于海外截劫货商船只。英人以得为海贼为荣，因以之为烟之名称。以其价更低，在广州推销至广，英美烟公司积成巨富，迫由

▷ 民国广州街道，可见香烟广告

此起。当时广州市盗贼横行，有黑社会百二友的组织，以盗窃抢掠为生。所谓百二友，即当时参加这个黑社会的组织共有120人之谓。陈景华任广州警察厅长，思有所创之，乃下令捕捉百二友，其时被株连者甚众。百二友被捕后，凡有犯过盗窃行为者即宣布执行枪决。枪决之前，授以酒肉和派律香烟一包，饮食后即执行枪决。行之不久，事传于外，当时广州市民迷信神鬼，以枪决之人食派律烟为不祥，从而名之曰"打靶烟"。其名迅即传遍广东，因此人人均引食打靶烟为禁，派律烟甚至无人问津。直至1938年为止，派律烟绝迹于广州市凡20余年，日寇侵华，广州沦陷后，广东省会迁于韶关后始复有英美烟公司的派律香烟出现。

《英美烟草公司之"派律烟""三炮烟"在广州》

❖ 陆少操、陈季鸿：趣香饼家的广告经

为了促销和扩大企业影响，趣香饼家的营销方式是多种多样的，不断推陈出新，但均十分注意塑造企业形象和经营风格。每逢粤剧名戏班开台，

就主动送去大型花篮祝贺，以便引人注目，形成广告效应。凡有订购喜庆礼饼的，一定附送道贺的喜幛，并派人赴宴贺喜。逢年过节，就从电话簿上抄摘一些单位的名称、地址，寄发征订信函，招揽生意。40年代，有一位达官寿辰，大摆筵席，席间摆上一个在趣香定做的巨型蛋糕，高3尺，宽2尺，状如花塔，做工精巧，获得满堂宾客喝彩。如是一传十，十传百，趣香饼家的生日蛋糕远近驰名，成为招牌品种之一。

西关的有钱人家，多数雇有女佣，人称"妈姐"，主人要购买日常消费的物品，大都吩咐"妈姐"去买，她们等于家庭采购员。趣香对"妈姐"奉若上宾，施展心计，当她们来光顾时，总是送些新品种让其带回去品尝，当获悉哪个"妈姐"将要休息回乡时，就热情地送些饼食给她作回乡"手信"，笼络感情。于是乎，不少生意通过"妈姐"带引而来。

到40年代后期，抗日战争胜利，国民党的接收大员涌入。不久解放战争又迅速发展，大批国民党官员和一些豪门富商携巨资相继南移，广州的走私和投机商喧闹一时，虚假繁荣带旺了糕点行业。那时趣香饼家为了在竞争中立于不败之地，先是把店堂装饰得灯火辉煌，设置玻璃饰柜，员工衣着打扮也有点气派。为了标奇立异，门前还用霓虹光管安上一个大型广告牌，上面镶嵌了"西关小姐"四个大字，吸引行人。原来西关一带的豪门闺秀，素有"西关小姐"的称谓，趣香就利用这个群众熟识的名称以树立自己的新形象，并用以反映自己经营的饼食具有女性爱好的风味特色。一时，"西关小姐"就成了趣香的代号，要到趣香光顾就说去"西关小姐"那里买。

1948年的中秋节，趣香又出宣传新招，用彩车展开月饼的宣传攻势，把一辆张灯结彩的汽车，安上广告和扩音器，沿主要马路巡回宣传。那时汽车不多，马路上出现打扮得漂亮的车，路人一睹为快，由此在扩大了趣香影响的同时，趣香月饼也名闻遐迩。

《"趣香"今昔》

❖ 黄曦晖：冯强鞋，从胶鞋开始

1923年初，一家叫冯强胶厂的工厂开业。老板冯四、司徒广、万玉田，都是从马来亚回国的。冯当经理，司徒及万两人负责技术。厂设在现今泰康路中市电业公司左右的位置。建厂初期职工100多人。它是看到广州畅销陈嘉庚产品而回穗办厂的。因此，它一开始就着眼于制作成型胶鞋，不再走先制胶鞋底的老路。该厂开业比"中国大一家"稍迟，但它专攻成型胶鞋一项，而"中国大一家"则是从制胶鞋底开始的，在攻成型胶鞋品种时，没有放弃原来的品种。结果，冯强胶厂的大象牌胶鞋不久即与"中国大一家"的"大"字牌胶鞋并驾齐驱。大象牌胶鞋一经面世，就取得顾客信任，业务日渐繁荣。这家厂的优越条件：一是资本较多，实力较厚。它拥有三部炼胶机开业，在同一时期与它设置机器相等的，只有莫彦卿、姚天铎从"中国第一家"转过来的合作胶厂，但流转资金则远比不上它充足。由凌善浦于十八甫西后街开的平安福胶厂，由源述宁、源述庆于大德街开的兴业胶厂，以及"中国大一家"胶厂，也只有炼胶机两部。过了两三年，由胡万六在华贵路豆腐亩开的万里胶厂，李某（李洪的父亲）在龙津中路康王直街开的国光胶厂，则仅有炼胶机一部。至于没有炼胶机的亦称胶厂者则更多。二是既重生产，又重经营。以往，胶厂在生产胶鞋底的年代，工艺比较简单，外来产品冲击较少。此时是生产成型胶鞋，工艺比较复杂，外来品的压力很大，故它需在经营方面下功夫。该厂请来了一批善于经营管理的人，其中，从新加坡返穗的罗宏，对橡胶业有过接触，擅长工场管理，因之被重金聘请掌管内务。刘春生对来往业务有丰富的经验，尤以商场交际手腕见著，亦以高薪被聘为推销员。三是产品讲究质量，不断创新。从1933年开业创制运动鞋、网球鞋之后，每年均有创新。短球鞋、篮球鞋、利便鞋、女庄鞋层出不穷，并且每种鞋都有多种款式和颜色，深得顾客欢迎，故能长期畅销。冯强胶厂厂主司徒广、万玉田都是技术能手，只要有利可图，他们便拼命争取。本来，"中国大一家"管技术的厂主陈玉波、张志端、张志星的技术不亚于司徒广等，只因因循守旧、墨守成规，与冯强相比，就不免显得逊色。两家胶厂初时难分伯仲，后来冯强胶厂变为独占鳌头了。

20年代，民族工商业正处于上升阶段，广州的橡胶行业亦得以迅速发展，有被人们称为"七强"的"中国第一家""大一家""冯强""平安福""兴业""万里"等较具实力的胶厂，还有河南龙口墟的"广东"，福仁市集的"国民"，爱育新街的"大陆""永行"，黄沙的"共和"，西美的"华发"等胶厂。其中尤以"冯强"胶厂最著，从那时起，人们已习惯把广州市各厂出产的胶鞋称为"冯强鞋"了。

《广州市橡胶行业史话》

❖ 陈天杰：朱义盛，镀金首饰自有用处

朱义盛首饰店，它的产品是镀金的首饰，因它的工艺特殊，其产品特点是色泽与真金无异。明是赝品，却能畅销各地。人们只称"朱义盛"而没有加"首饰店"称谓，一称其招牌就知道它的产品是什么，可以说声名远扬的。其之所以能够这样，除了它的工艺之外，而当时社会对这样的产品，确也十分需要，有其广大市场。

一、清朝中叶到清末，官服裤袍及前后宝子的马褂装束，最适用的是朱义盛纽扣。西藏僧侣，也大量以这样的纽扣作配用品。当时，外省销场，以省内为大。贩运这产品的"水客"，总数有五六百人。朱义盛靠这些人推销产品，这些人又靠贩运朱义盛的产品为业。

二、清末，海禁大开，妇女们渐次与社会接触，佩戴首饰，比过去

时代为多，如耳环、戒指、鬓钗、金镯等等，有钱人家用的固然是真金制造的，中、下等人家妇女也得装点面子，用朱义盛的镀金产品，也就极为普遍。

三、旧习惯，女子出嫁，在新娘被抬至夫家下轿时，最为人所注目。新娘有无首饰妆奁，多还是少，都是街头巷尾必有的话题。贫苦人家，要使女儿不为夫家公婆妯娌族众"睇小"（广州话，看不起），多少必购备些首饰佩戴：真金制造的她们无力购买，最适宜的就是朱义盛的产品了。穷人家嫁女固然需要朱义盛的首饰"顶假"，有钱人家，也一样少不了朱义盛首饰品。因为当时乡村俗例，花轿迎接新娘，都是在夜间，那个时代，四乡多有盗贼，当花轿过村时，每为匪徒们在半途打劫。富有人家为防止万一，虽有真金饰给女儿做嫁妆，只能于白天悄悄地送到男家，在下轿时用作炫耀的首饰，一般都用朱义盛首饰作代替。因此朱义盛镀金首饰，也为富有人家嫁女所必备。

四、清末民初，治安极差，抢劫事故时时发生。匪徒入屋抢劫时，翻箱倒箧，他们在倥偬之际，在箱箧中放置一些朱义盛金饰品，盗匪确难辨认真伪，拿了就走。故豪富人家，平常购备大量朱义盛产品，放在箱箧或保险夹万（保险柜）中，把真金的首饰及其他值钱的东西，密藏别处，万一被劫，不致受到严重损失。这种做法，一般商店富户，都是如此。所以朱义盛产品，都适合于上、中、下层的需要，风行一时，有极大的市场。

《广州朱义盛金饰业》

❖ 陈天杰：朱义盛的广告策略

六家朱义盛所经营产品的式样、品种、名称、质量，却是相同的。师傅（技工）不是给这一家雇用，就是被那一家雇用，互相通用。但他们却要各自标榜商标，表示与其他店不同。当时各家制定曾向政府注册的除支店、分店沿用正店商标没有另行制定外，朱义盛第十间商标为狮子牌，第八间为大龟牌，第十一间为麒麟牌，第一间为飞龙牌。这些商标，除了张挂门前及印在包装纸上作为点缀及宣传外，各家都认为有各自的商标给顾客多一重认识，给顾客记住，可多做生意，故印制商标都特别精致，使顾客认清"麦头"（商标）购买。

六家的朱义盛，都各自标榜自己的店为老号、祖铺、正号、始创正祖老铺，等等，有些还向顾客起誓。如第八间的招牌上附刻"并无分支别店，如有假冒，本店子孙不昌"。六家都是挂残旧招牌，以示其店铺开业久远。其实是把招牌先放到鱼塘泥土里，任其腐烂，到适当时取回洗净挂起，便像远年的老招牌了。这也欺骗了国内外一些人，有的外国游客还把他们的招牌作为古董来拍摄照片，带到国外。

朱义盛各间店号，在商战宣传上各展手法。第八间鲁子秋利用广东人养龟的爱好（因能吃蚊子），特地在南洋购到特大的老龟一只，畜于店内，任人观看并乘机大事宣传说，此龟长寿圣灵。1933年"国庆"提灯巡行时，他特别扎出大龟模型纸灯，上面镶满他店内制造的镀金首饰产品，叫店员数人抬着巡行，龟灯金碧辉煌，确也引人注目，达到宣传效果。旧时代，怪诞神话，最易引动群众。鲁子秋便制造流言，说他店内大龟能预示凶吉，如辛亥革命，大龟曾缩头半月，终于清朝被推翻，乙卯水灾，龟也曾流泪多日。这些怪诞神话，不胫而走，弄得各地城乡都知道。广州朱义盛第八间的大龟号甚至流传很长时期。由此他的生意也更好了。

朱义盛各店号，看到鲁子秋第八间这样做有着宣传效果，也学他这么做法，于是第一间养老虎一只，第十一间养鳄鱼一条，后又更养孔雀等。这些店号还故意制造风水星相命运之说，把营业地点的状元坊说成是由于伦文叙中状元而得名，因朱义盛始创老板开张之日，正是"三煞日"，恰为还是童年的伦文叙在开张放喜炮时曾向老板道贺。因伦文叙是"文曲星"下凡，无意中把三煞冲破，转为兴旺大吉。故此朱义盛因而发财，伦也中了状元，把这条街叫作"状元坊"。其实，状元坊原名"通泰里"，南宋末咸淳七年南海张镇孙曾住在这里中了状元而得名，距今700多年了。这些牵强附会离奇荒诞的故事，无非是用来宣传朱义盛，以招揽顾客的手法。抗日胜利后，有一个笔名为"九叔"者，将这杜撰故事添枝加叶，写成小说印出小册子出售牟利。因此在解放初期还有人向朱义盛关系人询问故事真相，可见社会上不少人受到宣传欺骗的。

《广州朱义盛金饰业》

❖ 黄曦晖：机器厂要警惕老熊

在民国初期，有这样一件有趣的逸闻：当时，均和安进口了一部外国的25匹马力的蒸汽机，正在厂中进行仿制。在仿制过程中，把图纸挂在工作间，恰巧为恒昌泰的熊名斋过厂时看见。这位技术本领过人、有"过目不忘"之称的老熊，他仔细地进行了观察和揣摩以后，把图纸所列的结构模型和规格尽记心中。结果，均和安仿制该机尚未出厂问世，而恒昌泰仿制同样的机器却已投入市场了。此时，均和安从厂主到工人都为之大吃一惊。后来人们谈及此事，众皆赞叹不已。过了稍后的一些年份，在河南福场园（现今福场路、南华中路一带）开业的东亚机器厂，厂主秦思昌，经营业务以修理和仿制榨蔗机、卷烟机为主，与恒昌泰所营的修理和仿制蒸汽机的业务是不相同的。前者属生产机械的类别，后者是动力机的类别。秦鉴于曾出现均和安技术泄密一事，便采取对策，以防万一。他着人绘了熊名斋的人像在自己厂前挂出，并嘱咐厂中各人，若见熊来，不准入内。民族工业的内部同行之间，都力图从外国机器之中，通过修理或仿制的途径，把先进的机器设备和技术尽快掌握在自己手中，以便获得更多的利润。这是辛亥以前所未曾有或极少有的现象。

《辛亥革命后广州市工商业发展实例》

❖ 陈通曾：当押业干不下去了

清中叶以后到光绪以至民国十五六年时，是当押业黄金时代，每年各店获利甚丰，生意稳定，当铺越开越多，是利之所在。但物极必反，到了军阀混战，1928年后则逐渐衰落倒闭歇业者不断出现。究其原因：一、政局混乱，政治、经济、战乱打击，军阀取饷，军人骚扰。有的军人把炮弹枪支等强逼当押店押入取款，强行勒索。二、工业品、百货用具日新月异，品类繁多，价值变化无常。当押店为适应时势，将当期缩短，表面上仍挂着二三年当期的招牌，实际上已逐步改为一年或半年期了，仍以一年期较为普遍。虽押期改变，但物值变化，营业困难，只得改行转业。三、资本主义出现世界性经济危机，广州洋货大幅度降价，甚至有些下降50%，取赎不如新买，押主当然弃权不赎，以至押品大量堆积，放出无价，整个行业因而关闭者有50%。四、1936年白银收归国有，改用纸币，物价不稳定，当押业虽然有三分利息亦无法经营，得不偿失。

1938年广州沦陷，更是空前浩劫。当押业规矩，凡在押物品，必候押主来赎，非系逾期，押店不能擅自处理。当战火燃及广州，押店无从拍卖或者搬迁，只有"止当候赎"。谁料国民党军队弃城太快，到紧急时当押店没有时间疏散物品，更谈不到拍卖。沦陷后市内真空，任由匪徒抢劫，当楼（当铺的货仓）是众所周知的物品储存地，当然是抢劫的主要目标，更难幸免，于是整个行业元气大伤。沦陷期间，硕果仅存的押店仅有一些旧衣物放到市场，在带河路至龙津路一带增开几间故衣店、什架店，亦不过苟延残喘。汪伪政府成立后，发行的储备券又无信用，当押业当然无所作为，仅得厚安押等三两间略能维持，其余甚少当铺营业了。但有两间在一德路附近新开业，一叫庆丰，一叫新业，是台湾人所做，因有护身符，凭

▷ 广州街巷里的当铺

▷ 清末广州当铺的碉楼

借日本人势力，因在乱世，押期只有两个月，业务如何难以知悉。

胜利后，因政府发行大量货币，金圆券频频贬值，物价剧烈波动，早晚时价不同，当押业所得的利息不能抵偿通货膨胀的损失。早已苟延残喘的当押店亦只有关门大吉，其从业人员纷纷转业，各谋生计，旧日当楼也改作民房，广州市的当押业随之消逝。

《广州的当押店》

❖ 陈通曾："当小孩"，就是图个吉祥

（广州的当押店）还有一种荒诞无稽的迷信把戏，叫作"当小孩"，真的抱个小孩到当铺去当，此固不是一种营业，当铺受当，是乘着世俗迷信，宣传一下招牌信用而已。旧社会里，政府对人民卫生事业不重视，防病和治疗的设备更差。穷人婴儿的夭折率甚高，只得笃信鬼神和命运，所谓见生不见养，认为命中注定，或诿说家山不好。因此，再次生育儿女时，防其再次夭亡，即于满月之日，抱到当押店做当小孩之事，其用意是当给当铺，即属当铺的儿女，纵使自己命运家山不好，有当铺挡煞。此种自欺欺人之事，愚昧无知，但也不乏人，以水上居民为多。

在当小孩时，有些简单的仪式，把小孩抱上当押店的柜台，从左边抱入，右边抱出，然后当押店送给小孩利市一封，以示吉祥，写上"长命百岁"或"根基长养"等字，并用当票印印在红纸封上面，付与当过的小孩。此虽迷信把戏，但当小孩的父母便心安理得，连说吉利言语，把小孩抱回家去。

小孩当过之后，若真的平安无事，父母必定送礼与当押店，逢年过节更有糕品火肉鸡鹅鸭之类以为答谢。到小孩长大读书，更携小孩到当押店叩拜贺喜，无限欢乐。

《广州的当押店》

❖ 梁日盛：梁新记牙刷，"一毛不拔"

　　梁新记牙刷，诞生于广州，在上海得到发展。当梁新记牙刷的销售遍布全国广大地区时，在它的发源地广州，牌子更加响亮。上年纪的人都知道，20世纪30年代中，广州西濠口有一镶着日光灯的广告牌，上有双十商标，下有"一毛不拔"四字，引得行人驻足观看。抗日战争前，广州凡旺地必有梁新记。如中山路、高第街有铺面，惠爱路（现中山六路）有工厂。高第街的店铺铺面较大，以牙刷为主，兼营百货。抗战胜利后，梁新记在长堤先施公司附近开了间店铺，做了一支全市最贵的牙刷（法币12000元），使广州市民对梁新记印象极深。

　　30年代的广州，牙刷业比较稳定。比较有名的厂家有麦明记、李进兴、刘佳记、陆英泰等。一般的厂家多做批发，而梁新记则批发兼门市，做批发的牙刷款式不多，梁新记牙刷的款式则很多。牛骨柄一般用牛的脚骨筒做原料，牛骨的形状不同，梁新记就根据牛骨的不同形状制成形状各异的牙刷柄，光款式就有几十种。梁新记初办时手工操作，开骨、穿毛等均发外加工，30年代后自己设厂购进机器，机械开骨，用砂轮打磨，机器钻孔，牙刷柄的质量得到了保证，不过穿毛仍发外加工。刷毛一般用猪鬃，广东的猪鬃不行，最好的猪鬃来自四川，而湖南来的猪鬃最多。猪鬃以猪头部的为最好。对售予回民的牙刷则不用猪鬃作刷毛，而用西尾（马尾）。梁新记为何能"一毛不拔"呢？对穿毛的女工要求很高，加工质量好的才上岗，并注重验收。制作时用双氧水漂白刷毛和骨柄，使其洁白，刷毛穿好后用夹子把四行毛排列整齐，故梁新记牙刷外形美观，价格比一般的要贵一角几分。那些质量较差，如骨柄爆裂、刷毛穿得不好的次品，则用其他名号出售。

梁新记除了用"一毛不拔"做广告宣传外，还很注重推销。先是广州就有二三十人肩挑牙刷上街叫卖。这些人担着一担箩，手拿着双十标志，箩筐上放着一个玻璃箱，箩身围着红色裙布，上书"梁新记"，箱里陈列着各款牙刷，一边写着"一毛不拔"，一边写着"脱毛包换"。人们满街都可以见到在推销梁新记牙刷。除此之外，梁新记还雇有十个八个人"行街"（即专门上门推销），凡有牙刷卖的商店都千方百计打进去，它有句口号："找到铺就行了，不愁冇嘢卖。"

▷ 民国时期梁新记牙刷的广告

梁新记牙刷厂的产品取名"双十牌"，初衷是爱国的，在其后的发展中，梁新记始终抱着爱国这个初衷不变。如日本人占领上海，要梁新记生产牙刷供日本兵使用（这毫无疑问是一个发财的机会，当时很多人都羡慕我获得了这条财路），然而我坚决拒绝了。

由于梁新记的经营者头脑灵活，善宣传，善待人，故在牙刷行业内"一毛不拔"享有盛名。当时，按照梁新记的实力，完全可以垄断整个牙刷市场。但我们始终没有这样做，如果这样的话，牙刷行业的大发展就要推迟很多年。同行业中，有竞争，发展肯定会更好。对于一些规模小、资本少的同行，我经常借钱或赊货给他们，扶持他们共同振兴这一行业。

《一毛不拔梁新记》

第七辑

美味聚集地·
吃货们的天堂

❖ 秦牧：独树一帜的粤菜

　　饮食也是一种文明。生产水平极低的原始部落，茹毛饮血，生嚼昆虫，是无所谓饮食文明的。当今世界上，中国菜和法国菜、意大利菜俨然鼎足而三，雄视天下，原因无他，这三个国家都有悠长的文化传统，正是在这样的基础之上，烹饪技艺才能够得到弘扬，风靡各国。自然，如果一个国家，除了佳肴美点的文明之外，其他的文明都了无足观，就正如一个人除了会当"美食家"而外，其他任何事情都干不来一样，那是很糟糕的。然而尽管世界上可能有若干这样圆圆滚滚，胖得流油的人物存在，却不会有这样"独沽一味"的国家。没有一定的生产水平和其他方面的文化积累，饮食文明就无所依附的，也不可能一枝独秀。试看中国历史上，随着生产水平的不断发展，明清之际，食谱也就日益丰盛起来，以至形成繁花如锦的局面，此中道理，也就令人可以思之过半了。

　　粤菜用料广而精，口味清而又醇，点心品种纷繁，新颖别致，堪称独树一帜。这和南方的山珍海味出产丰富，气候炎热，人们口味要求清淡，讲究汤水，广州长期以来就是海上丝绸之路的起点，内外交往频繁，形成各方物品总汇的局面有密切的关系。而且，在吸收外来烹饪技艺方面，也常能得风气之先。正是由于这种种原因，粤菜的别具一格，自成体系，可以说就是顺理成章，十分自然的事了。

《食在广州史话（序）》

❖ 潘广庆：广州酒家——食在广州第一家

广州酒家位于民初之羊城食府文园之西南，又与文兰书院为邻，地处广州最繁华的商业街第十甫、下九路中心。四周为市内人口密度最大，每平方公里内居民数高达16万人的清平、秀丽、宝华、华林等西关住宅区。有人说选择文昌路、十八甫、下九路、第十甫交点之开阔地带经营饮食，是找到了龙口地，独具商业头脑。半个世纪的历史已经证明，一点也不假。广州酒家除所处之环境、位置之外，店铺别具特色、主人善于经营，是业务日益发展的主因。广州酒家铺址原为西关的文昌庙和洪圣庙。1921年，孙科出任广州市市长，提倡破除迷信，将庙宇作为公房招租。后因开筑马路，这两间庙在十字路口，有碍交通而被拆毁，地皮为当时广东绥靖主任、第四路军总司令余汉谋之兄余庆吉购得。而光复南路英记茶庄之店主陈星海也看中这块地，想在这个"龙口地"开设酒楼，乃四出活动，集了资金，向余转购此地兴建酒楼。酒楼落成，以门庭朝向西南，便取名西南酒家。新张之日，楼内筵张百席，楼外鞭炮喧天，醒狮采青，十分热闹。由于稍具规模，讲究装饰，园林修竹，绿荫小池，典雅豪华，而庭前金匾"南北酒菜，物极四时"八个大字，又显得气派，自是轰动了广州西城。陈且重金聘得有"南国厨主"之称的钟权大师执厨，有原大同路福馨茶楼关乐民主持店务，经营有方，与附近广州四大酒家之首的文园激烈竞争，拉了不少生意。钟权首创的"西南文昌鸡"名噪一时，西关豪客多趋往之。曾有一班食客品尝之后，专程敲锣打鼓送来"广州第一家"的金字大匾，高悬于大堂之上，自此声誉鹊起。俟后陈济棠主粤，各业发展较快，市场繁荣，西南酒家生意持续兴隆。迨至1938年日寇侵粤，广州陷敌，国民党政府的"焦土政策"使十八甫一带包括西南酒家尽遭焚毁。多年心血，毁于一旦。

可是陈星海及股东等并不气馁，翌年又招股重建，得茶楼巨子陈伯绮、谭晴波、原负责人关乐民以及骆衡川，谭棣池等人参股支持，集了108股，每股大洋500元，共5.4万元。1940年建成后，取意于"食在广州"而名"广州酒家"，由陈中汉任经理。当时别运匠心，在门前及天井各移种木棉树两株，以象征大红大旺，参天擎日，胜人一筹之意。

▷　民国时期的广州酒家外景

开业后，聘请省港名厨梁瑞执掌，接着又聘曾在巴拿马国际烹饪比赛获金质奖的世界厨王梁贤，声誉大振。梁瑞把原日"西南文昌鸡"又加改进，改名"广州文昌鸡"。文昌鸡是以身肥肉厚的海南文昌之鸡，脱骨斩件，伴以火腿、珍肝、菜远而成，远近驰名。其他菜点，均下了不少功夫，"食在广州第一家"之名声又起。抗战胜利后，由陈星海任经理。陈解放后去了香港，酒家便于1950年2月歇业。

《食在广州一明珠——广州酒家》

❖ 冯汉：银龙酒家，享受一次高端体验

银龙酒家，地近西区花坛，"近水楼台先得月"，顿时顾客如云。为了适应形势的要求，经理李祺、叶润枝等根据经营特点，研究扩充改革计划。首先把各厅房的设备装饰做全面的改革；其次把原来的礼堂适当扩大，在大厅则布置全副酸枝家具，如酸枝麻将台、吸烟用的酸枝罗汉床，各厅房都冠以优雅的名称，如："松醪""三雅""金符斋""玉茗堂""紫藤轩""坚寿亭"等等，再次是筵席用具和饮具的改革，桌上全部用银器、铜器、锡器之外，如什么博古扣盅，以及全套江西碗碟，使用正式象牙筷子，大小配套的玻璃酒杯，并在杯里插上花巾，以分别主次座位（即主位与贵宾位），每厅房设有花帘和电铃（顾客不按叫铃，服务员不得擅自进去）。

在酒菜方面，除特聘名厨师区恩、邓苏主持厨政，以此大事宣传之外，食品的选料则力求上乘，不论价格，各中外名牌酒类，常备供应。水池上经常有海狗、山瑞、水鱼、生鱼等海鲜；笼里经常有仙鹤、猴子、鹧鸪、白鸽、鹌鹑等；以及自槽的肥三鸟；海味干菜有鲍、参、翅、肚、燕窝、干贝和三菰、六耳等，真是飞潜动植俱全，山珍海错皆备。每席的取价动辄100元以上。

如过去之花酌馆设有知客（交际员），银龙酒家也指定专人为接待顾客的招待员。人选要和蔼可亲，彬彬有礼，并竭诚为顾客服务，凡需要什么即妥为照办，例如：客要摆堂会开响局，则代请乐队（每次代价三五十元），如叫歌妓侑酒唱曲，则飞笺到花坛召来（每次二元），如顾客要打麻雀或开烟局即代登记完税（每次缴税2元），如要吃生果、冻品或云吞面之类，都可以效劳。如属于大主顾的熟客并可以垫支，待结账时一并计

算。因此附近如金钟阁的云吞面，顺记的椰子雪糕、杏花楼的山楂奶皮卷、双皮奶，顾客们都可以随时叫用。顾客中的大亨们为了表示阔绰大方，只在结账单上签字，而不必支付现金，以后再由酒家派人到顾客单位收取。

《抗战前后银龙酒家与西区花坛》

❖ 陈国贤：吃卤味，家乡的味道

烧腊卤味是"食在广州"的一大特色，这些是广州宴席必备的佳肴，成为"大拼盘"的主料。在潮汕地区，烧腊不甚普及，但卤水鹅、鸭却是普遍的食品，在宾馆餐厅、饭店酒楼、大小食档，甚至市场摆卖、肩挑叫卖的都有供应。潮州人在迎神赛会、喜庆筵席、家常待客等多以卤"澄海狮头鹅"为上菜，这与广州人请客"无鸡不成席"的习俗大抵雷同。还有一种叫"熏鸭"的，潮汕人称为"鸭脯、鸭豉"，是把整只鸭调味后用蔗渣烟熏，焗制而成，状如"南安"腊板鸭。老一辈的潮籍侨胞，惦记这一家乡特产，极喜品尝。过去曾一度停制，几至失传。现为保留传统食品，已由老名师的下一代人恢复制作，以满足广大侨胞和消费者的需要。

《独具一格的潮汕风味》

❖ 邓广彪：特色风味，创新需要胆识

以野生动物为原料制成种种佳肴，在广东菜谱中也另具特色。最负时誉者首推龙虎斗（蛇羹）、满坛香（狗肉）等。能致人死命的毒蛇，居然成为席上珍品，不得不佩服首创者的胆识以及牺牲精神。

其实这一类食品，像鱼生、狗肉、禾虫、蟾蜍，早就有人研制和品尝，并且相当普遍。特别是鱼生，过去曾风靡一时。前人笔记中，就有"粤东善为脍，有宴会必以鱼生为敬"等记载。

经营这一类品种的店号多设于桨栏路。至今仍有一条小横巷，人们习惯称之为"雀仔街"，所卖的都是水鱼、山瑞、山鹰、猴子、果狸、鹧鸪等野生动物。各个菜馆原料亦多由此供应。而蛇王满、联春堂等蛇餐馆也设桨栏路营业。

《广州饮食业史话》

❖ 肖楠：东江盐焗鸡

以前广州的粤菜基本只有三大流派：广府、潮州、客家（东江）。而东江菜馆数量很少，因而宁昌馆曾盛极一时，其独创的"东江盐焗鸡"更是趋之者众，一时无两。东江菜又名客家菜，是以东江流域为中心的地方菜系，其特点是主料突出。多用家禽三鸟为主料，烹调方法朴实大方。客家源自中原，故客家菜也保持了中原地区的淳厚之风，特点是下油较重，味偏于浓郁，这与客家人主要聚居在自然环境较为恶劣、物种资源相对较少的山区也有关系。

东江饭店的代表菜除东江盐焗鸡外还有东江十大名菜，即东江香酥鸡、红烧海参、爽口牛丸、红糟泡双肱、七彩杂锦煲、八宝酿豆腐、东江卷、梅菜扣肉、东江大圆蹄、咸菜肚片。

东江盐焗鸡的做法有两种，传统方法是将光鸡用纸包起，埋到炒热的粗盐里慢慢焗至熟透，特点是鸡味浓郁，缺点是带有盐的氯味，而且鸡肉过于干身，老而不滑。现在所称的东江盐焗鸡则是用上汤浸熟，然后拆骨起肉放进沙姜味料捞匀即可上碟，既保持盐焗鸡浓郁的风味，又兼皮爽肉滑，口感极佳。此菜的由来还有一段故事：宁昌馆开业之初，有一权势之人嗜食盐焗鸡，常来饭店订此菜，但又经常爽约，致使鸡变坏而损失。一日，此人又订了一只盐焗鸡，但至夜晚8时仍未来取，饭店便将其卖了出去，谁料那人在饭店打烊时分又赶来了，酒店为免得罪于他，急命厨师赶制。但按传统方式是绝对赶不及了，厨师急中生智，将鸡以汤焯熟，拌以味料上桌，厨师在旁侍候，心中未免忐忑不安。谁料此人食后大赞不已，认为皮滑肉嫩，远胜往昔出品，厨师方才放下心来。此后，其人频频带客来品尝新法盐焗鸡，自此，这款盐焗鸡风靡一时，流传至今。

《东江水暖客家情——东江饭店》

❖ 杨绍权：万和挂炉鸭，师父的重要性

回族经营牲畜、三鸟的屠宰与供应，受伊斯兰教的影响，都独自开业，不与汉族混淆。但是在汉、回杂居的地区，回族贩卖牛羊肉、三鸟类的商业，却不因宗教的影响而生意清淡，相反受到汉民的欢迎，业务发达。例如从清代同治年间开业的广州小市街万和鸡鸭铺，就以不卖死物而著名，大受广州市民的欢迎。距离万和不远，有一所公厕。在旧社会里清扫卫生的人，被呼为"屎坑公"，终日不得一饱，更谈不上宰鸡煮鸭。唯独住在万和附近的那位清扫工人，却不时得到万和舍弃的死三鸟，有肉类供食，成了万和的"活招牌"，证明万和专卖新鲜的东西。鸦片战争之后，中国沦为半殖民地，而广州又处于五大通商口岸的地位，买办资本和民族工商业得到一时的繁荣。小市街成为金铺集中之地，附近大新街、大德街亦为珠宝玉器、银庄钱店和洋杂货会集的大商店区。在他们一本万利、财运亨通的剥削生活中，也最讲究吃喝玩乐。他们听到万和的油鸡、烧鸭，只只新鲜，宁愿派个学徒多走几步，也来帮衬这家铺头。

光绪初年，有广州回民陈吕姜、杨晓初二人，看到万和生意兴隆，就在卫边街华宁里集资开了家广兴昌，请来一位外地商人"石师父"，以"北

京脆皮挂炉鸭"为号召，生意更比万和旺盛。这个"石师父"，原是陆路提督蔡金章从北京带来的厨师。蔡金章为了巩固海防，在虎门监修炮台，因受山岚湿气病死了。石师父便以朱门名厨师流落民间，公开了他的手艺。原来这脆皮挂炉鸭极"考师父"（广州俗语，即是很需要有高明的技术的意思），烤制这种脆皮鸭时，先要用蜜糖搽上一层薄皮，等它干了，烤起来才是脆皮的。而糖浆的调制必须合度，稠了易焦，稀了又容易流走烧不成。石师父不但调剂得好，并且经过试制，改蜜糖为麦芽糖，效率更高。所以跟他学艺的几个徒弟，都能学到一手本领。过了十多年，陈吕姜因他侄儿死去，铺中无人管理，就和杨晓初拆了股到麦加去朝圣。杨晓初则又在濠畔衡山陕会馆附近和一位叫作"豆皮朝"的师父，开了一家易品，也以脆皮挂炉鸭为主，兼售桶子油鸡。过了几年，易品迁到香港，扩充为珍昌酒家，仍由豆皮朝担任烤鸭的工作，香港也开始有了这个新名菜。

▷ 北京挂炉烤鸭

万和虽然开得比较早，业务也比较大，但所卖的还是普通的烧鸭，眼看生意被广兴昌抢去，就想改制脆皮鸭，趁着广兴昌改组为易品的机会，聘请了陈清泉去当师父。陈清泉也是陈吕姜的侄儿，由石师父亲自教会他的本领，手艺颇佳。万和本来就是一家资本大、字号老、货色齐全的大店，再增了这个品种，更为顾客称道。"万和挂炉鸭"变成一个专名词，从清末到民初，传遍食客之口。

《广州万和脆皮挂炉鸭的演变史》

❖ **邓广彪：** 紫洞艇和菜艇，无边的珠江风月

▷ 珠江边上售卖艇仔粥

据老一辈回忆，紫洞艇亦称花舫，始于何时，颇难考究。由清末乃至民初，仍然十分繁盛，显然是以前有一个全盛时期。后因妓院迁至陆上，乃日趋下降而至消灭。花舫为两层楼之大舫，有三四个大厅，可摆设十多桌酒席，停泊于珠江河上，女招待花枝招展，为广州饮食业中另一特色。当时人们称之为"珠江风月"（前时有一小岛位于江心，名曰海珠，岛上有一慈度寺，有匾题"虫二"两字，寓风月无边之意。）

以后又出现一种菜艇，游弋珠江河上。艇上并无座位，只伺客游河时，以艇泊客船侧，出菜单供客点菜，即在菜艇中开镬制作。由于鱼虾新鲜，又易保持镬气，亦吸引不少游客品尝，这种菜艇一直至解放初仍然保留。比较有名气之菜艇据回忆就有辉记、牛记、孖生、大小神仙等。

《广州饮食业史话》

❖ 黄永根等：食不厌精，菜根香的素食

吉日神诞，是素食馆最繁忙之日。一般居士和善男信女，参神后素食一顿，以示虔诚。初一、十五、万佛诞、观音诞（农历二月十九日、六月十九日、十一月十九日）、观音开库（农历一月十九日）等参神日，佛门弟子以及善男信女，多到六榕寺上香参拜，菜根香的生意则应接不暇。道教也有斋期，每年的三元诞几天（农历正月十五日为上元，上元之夜叫元宵，七月十五日为中元；十月十五日为下元），道教的三元宫香火极盛，人们参拜后上馆食素，名为结缘。参拜者除了香油衣纸的花费外，大部分钱用于上馆食素。

据佛门中人说，素菜和斋菜是有区别的，同一样的东西，意义不同。佛教寺庙是清净之地，由庙内人员烹制的食品、饭菜叫斋菜，人们称为"食斋"；而菜根香菜馆设在繁杂街市，是营业的，人人可以品尝，所以只叫"素菜"，称为"食素"。

素菜的用料局限于各种干鲜蔬果、菌类、豆制品、面制品等，如：冬菇、金针、发菜、云耳、冬笋、腐竹、粉丝、莲子、百合、面筋、生筋。素食馆仅靠这些原料制成多种多样美味可口的食品，是不容易的。荤菜一般用"五辛"作配料来增加菜式的香味，而素菜则禁用"五辛"。"五辛"指的是葱、蒜、芥、韭菜（韭黄）、洋葱头。

素菜可分为菜品类、佛门类、仿生类、图案花类等。素菜的命名多引用佛经句，如：桂绿素食、雪耳袈裟、秋蝉掠翼、玉宇葵花、佛法花香等。也有宫廷菜，如：皇母请金菇、香芋扣猴菇等。素菜用料不多，但菜式丰富多样，主要靠造型、烹制技巧。如仿生类就是仿照鸡、鸭、鹅、鱼等禽畜而造型的。如：斋烧鹅、斋白切鸡、奇鱼吐珠、清蒸鲢鱼等。奇鱼吐珠是用笋、红萝卜、鲜菇、发菜通过拼砌而成；清蒸鲢鱼是用冬菇、笋、发菜做成一条鱼的形状，形象生动，造型精美。经历届厨师不断研制、改进，素菜的菜式品种现已达到二三百款之多，较为有特色的如雪积银钟、葵花豆腐、酿扒竹笙、鼎湖上素等。雪积银钟是将鲜菇切去蒂部，剪去菇芯，滚煨后用淀粉抹匀菇蕾内部，酿入素百花馅（将浸发处理好的香菇、蘑菇、草菇、鲜笋、荸荠、榄仁、生面筋等均切成小粒，加入精盐、白糖、芝麻油、胡椒粉、荸荠粉、花生油等搅拌而成），用旺火蒸熟，再将煨过的雪耳镶边，最后勾上玻璃芡即成。这道菜，晶莹的白雪耳有如雪花，鲜菇犹如山林庙宇，那褐铁色的鲜菇蕾，确像那漫雪露顶古寺的洪钟。这种构图，令人赞叹。葵花豆腐则是用豆腐、三菇、面筋和笋先进行油炸或过油，使之金黄油亮，上碟后，郊菜镶边，造型酷似一朵向阳盛开的大葵花，让人赏心悦目，食欲大增。被列入中国名菜之列的酿扒竹笙（竹笙是名贵的斋料），是将竹笙浸半小时，洗净后切去头尾，取其一寸五分长，将花菇和笋也切成一寸五分长，然后把切好的花菇、笋、菜远酿在竹笙内，用植物油旺火炒匀，随即把素上汤、酱油、味精、食盐、麻油调好放入锅内，将竹笙煮十分钟，取出排列在碟上，再将荸荠粉放入锅内与原汤一齐打成薄芡，淋于竹笙之上即成。此菜甘香滑爽，实不失为一名贵的菜式。鼎湖上素是抗战前西园酒家吸取鼎湖山斋菜和榕荫园如来斋的特点而创制。抗战胜利后，菜根香素食馆将西园酒家的鼎湖上素加以改革，用传统斋菜的做法，精心制作，使之成为素菜食谱上的精品，成为50年代全国著名素菜之一。鼎湖上素的制法：用植物油将生笋泡透，再将鲜菇、黄耳、榆耳、石耳、木耳、软根等加入料酒后放入热油中，随即捞起，再加蘑菇、花菇、白菌、竹笋、生筋、莲子、青豆等一并用素上汤焖透，然后以味精、酱油、糖、盐等调味，再焖五分钟，即放入芝麻油、胡椒粉炒匀，用盘盛好，再用大碗把盘中花菇、鲜菇、榆耳、黄耳、笋花、白菌等摆成葵花形状，其余原料放在碗中蒸约15分钟，再将原碗反扣在碟上，然后将已漂好的雪耳、桂花耳加素上汤用原汁打芡，四周摆上菜远而成。其特点是菜味清香，鲜甜爽口，为夏季素食之佳品。

《菜根香素食馆》

❖ 关顺明：大同酒家

大同酒家这座楼宇，原属联华影业置业公司的产业。据说，它的楼层高度原设计与爱群大厦相等，后因日军侵占广州，建至第八层就停止了，直到1958年才在顶层上加了九楼和十楼。

在日本侵华期间，大同这座楼宇，由日本人中泽亲礼等人开设，名为广州园酒家。其服务对象主要是日本军政要人、汪伪官员以及富商巨贾，一般市民不敢问津。

1942年，中泽亲礼因酒家亏损而放盘"卖台"，香港饮食巨子冯剑生联合广州饮食巨子李铭、谭杰南、谭焕章、陈伯绮等"买台"。广州园易主，招牌也改用在香港已负盛名的"大同酒家"牌子。由冯剑生出任总经理，钟林任司理。经过增添陈设、装潢门面后开业，业务发展较快。

抗日战争胜利后，据说该酒家由于铺面的"底子"是日本人的，被定为敌产，遭查封。后来公开招标为当时有"茶楼大王"之称的谭杰南以港币

10.5万元得标经营。他集资港币15万元，将酒家装饰一新，仍挂大同酒家牌子。谭杰南自任总经理。谭焕章为司理，罗致穗、港、澳饮食人才，集诸家之长，锐意经营。由于服务周到，礼貌侍应，把"海派"作风（指上海同行较为新颖的经营作风）移植过来，更有誉满南粤的名菜美点，如驰名的"大同脆皮鸡""海南大群翅""金牌烧乳猪""红烧鲍片"等，所以深得军政显要、富商巨贾的青睐。当时国民党的高层人士孙科、宋子文、陈果夫、陈立夫、吴铁城、罗卓英等都曾来光顾。广州解放前夕，省、市当局宴请蒋介石、李宗仁、陈诚等人，也请大同酒家派厨师及服务员到梅花村官邸服务。

《大同老号 别具一格》

劳逸风：双皮奶，好吃不好做

20年代末至30年代期间，物价稳定，社会秩序较好，各行各业繁盛。甜品小食店更见兴旺，普遍获利，行业称为黄金时代。当时花色品种丰富多姿，而且渐趋高档，奶制品颇为时尚，出现了不少牛奶优质甜品。

广州双皮奶名噪一时，海外侨胞、港澳同胞也津津乐道。双皮奶的制法来自顺德大良，大良双皮奶系受大良成牛乳诱发而制成。大良咸牛乳饼薄如蝉翼，晨早用牛乳饼泡白粥很有营养价值。旧日广州的金山庄，用密封罐装运往美国华人街销售亦不少，是最有乡土气息的佐味食品。牛乳饼的原料取自本地水牛的牛奶。大良素有饲养水牛习惯，挤出的水牛奶，原汁不加水，用火炉烘着，以一小杯为度，先放鲜牛奶在小碗内的白醋中，奶遇醋便结成小奶团，汰去水分，俗称"埋榄"，再把奶团在小饼印中压成牛乳饼，藏入盐水中保鲜。牛乳饼只能用鲜奶制成，滚过消毒放至隔日便失效。炖双皮奶概括地说，亦即把鲜牛奶滚过冷却，浮在牛奶面上的奶油，简称奶皮，并在炖牛奶之先，把奶皮放在碗内，加入炖奶原料（炖奶要加入鸡蛋白和糖及适量的醋）炖熟后成两层皮，便是双皮奶。但制作不如所说这样简单，一般先做摊皮工序，把滚熟鲜奶斟在碗内，冷却后倒出牛奶，余下奶皮加原料，再在铜镬内慢火炖熟。一般炖镬不用铁镬而用铜镬，免沾铁锈气味。镬盖亦有讲究，用谷顶木盖，以免蒸馏汗水滴入奶上。还要用幼蚬壳垫住碗底，使奶碗平放不会侧歪，又使滚水如虾眼样从蚬壳内喷起不致侵入碗内。叙述至此，有必要说明本地水牛与番牛或杂交牛挤出来的鲜奶的质量问题，以解释为何目前广州市想恢复制售双皮奶而未实现，纵有制售亦远不如过去，没有那种香滑甘腴之味，这不在于炖奶技术，而在于鲜奶的含油量多寡。现在广州牧场所养的奶牛俱是外国种或杂交种，本地水牛已用于耕田，不再用以挤奶。时代是进化的，本地水牛的鲜奶产量不多，夏季每天挤5—6斤，冬季只能挤3斤。至于番牛与杂交牛的鲜奶每天产量有时高至30—40斤，与本地水牛产奶量几乎十与一之比。而奶油含量则倒转过来，本地水牛奶含油量九点，番牛与杂交牛的鲜奶含油量仅有两点，这是科学提供的数字，因此浓淡有别，用于食品上大相径庭，番牛奶不能制作双皮奶原因在此。

《广州甜品与甜品店》

❖ 梁俨然：卷粉与马蹄糕

卷粉与马蹄糕都是广州西关的风味小食。卷粉原名猪肠粉，因其形似猪肠而得名。猪肠粉的创始，见汉代《释饮食》《急就篇》等书所记：

"溲面而蒸熟之为饼，溲米而蒸熟之为饵。"又，"米粉经过浸沃黏合蒸熟，可制糕，摊薄可作粉皮。"可见制粉在汉代已大行其道了。

30年代之前的广州，猪肠粉往往在低价茶楼（俗称二厘馆），或街边小摊、小食店处出售的，是一种廉价食品。抗战时，广州泮塘乡有间小茶馆名酌荷仙馆，以制卷粉出名，初时用猪肠粉卷油条，别开生面而得食客赞赏。继而有茶客在附近市场购肉片、猪肝、鱼片等食料，至馆中要求卷入粉中而食。泮塘卷粉由此传播远近。后来又有莲苑茶寮（在泮塘路边，以竹棚瓦盖建成），也以此制作小食，推广开来成为名点了。

至于马蹄糕，是20年代的泮塘乡人，以马蹄（荸荠）磨烂混入米粉中蒸糕而成，再用镬煎，吃时清甜爽口，风味独特。那时，小贩肩挑马蹄糕担，沿街叫卖，即煎即食。有的还附卖一种叫震震糕的，是以马蹄粉、澄面等蒸成，也很得食客喜爱。

酌荷馆老板见此，也用马蹄粉蒸糕，用新方法蒸出软韧可口的马蹄糕，生意便更旺了。

❖ 梁俨然：奇妙食品商店

20世纪20年代西关浆栏路十七甫一带设有小商店，专营奇妙食品，如马恒圮，专卖和味龙虱桂花蝉，有龙虱大王之称。满香园，专卖礼云子（蟛蜞卵）糟蛋糟蟹。贵记，专卖土桥梅菜，芥蓝耳（芥蓝嫩枝）油柑子、槟榔、银（仁面）宜雅，香松酥糖，随园的阿公想跳舞糖（椰丝榄仁糖），另有一些专卖糕饼店，售卖有响糖（以白糖溶成楼台人物）、龙香、以糖胶粘凑纸扎龙凤人物、松糕、大发（糕型面粉饼）、麻通、米通、煎堆、寿包、糖藕、金钱饼，还有一种叫钱狮（用铜钱扎成为狮子）、鳌鱼（用彩纸及小镜片扎成一状元像，立鳌鱼上），扎成用为喜庆嫁娶之用，抗战后人们对这婚丧寿诞的仪式，已大大改变，逐步消失了。

❖ 周翠琼、肖楠：输了请你大三元一席酒

大三元店址在长堤大马路的258至262号，一连三间铺面。80年前，该地段是羊城最繁盛的商业、金融业地带，交通方便，商店鳞次栉比，为客

商集散之地，极宜开设食肆。几十年来，大三元酒家凭借这得天独厚的优越环境，以独特的经营风格，不断标新立异，招徕天下食客，赢得食家的一致好评，成为遐迩闻名、享誉海内外的酒家。

大三元酒家是由一名叫温心田的商人所创，最初的经理人为陈福筹。"大三元"之名的由来取自"三元及第"——封建时代的科举制度，以连中乡试、会试（省试）、殿试榜首的解元、会元、状元为三元及第（明王朝又以殿试之前三名，即状元、榜眼、探花为三元），酒家取名"大三元"，有暗含"酒家榜首，食肆班头"之意。

大三元酒家向以经营粤菜为主，店东不惜重金聘请技艺高超的厨师主厨，其中有得"鱼翅大王"美誉的吴銮，以主制大群翅著称。大群翅一菜售价白银60元，在当时堪称"天价"，但售价虽贵，前来品尝者仍络绎不绝。开业之初，只经营早晚两个饭市，由于陈设典雅，环境清幽，食品高档，因而慕名光顾的多为达官显贵、巨贾富商和海外宾客。

其时，大三元酒家是广州饮食业称雄一时的四大"最高食府"之一，且名列榜首，其他依次是西园、南园和文园。当时有一首流传广泛的民谣这样说，"大三元，一席酒，价钱平，味可口"。直至今天有些人在打赌时还戏谑："输了请你大三元一席酒（一直走）"。可见大三元酒家久负盛名。

《八轶老店　闻名遐迩——记大三元酒家》

❖ 潘广庆：泮溪酒家，赏美景吃美食

举世闻名的泮溪酒家始建于1947年，当时是在龙津西路泮塘村口的莲藕塘上，用木柱木板建搭起来的大木棚，面积只有200平方米左右，职工40人，座位200个，由粤人李文伦、李声铿等人出资开设。建搭虽然简陋，但地处白荷红荔、五秀飘香的田野水旁，有浓厚的田园气息。在食品

方面，又有郊菜鲜虾肠、生磨马蹄糕、八珍荽笋王等独具特色的食品，深得市民喜爱。假日不少学校教师和一些文化界人士安步当车，光临到此，十分热闹。

《荔湾湖畔一明珠——"泮溪"》

❖ 刘学曾：腊味店兄弟斗法

广州人都知晓，城里有两间颇有名气的腊味店，一间是"八百载太上皇"，另一间是"东昌皇上皇"，两店"鸡犬之声相闻"。不明内情的人还真把它们看作是皇家父子店哩！以为"八百载"为父，"东昌"为子。其实这是豆萁相煎，兄弟斗法的产物。"八百载"老板名为谢柏，东昌老板名为谢昌。谢柏为兄长。早在30年代便开设腊味店，在西关和长堤一带，还小有名气。谢昌是弟弟，日本入侵广州初期还是一个挑担小贩，做一些咸鱼、茶叶、沙榄等小本生意，自从其兄从事腊味加工后，谢昌时而进店或在猪栏取一些油渣自制肥皂出售，为日后腊味加工兼制售肥皂业务打下基础。当时纯属走街串巷叫卖，小本经营。在制售肥皂的过程中，谢昌发觉腊味市道不错且利润颇丰，便开始涉足此业。每当傍晚挑担收市后，便在梯云路兴隆街一带买一些低价晚市剩肉，俗称"散栏猪肉"（梯云路及兴隆一带，设有众多生猪栏和批发商，他们往往当天进货，当天卖清。行话谓"可胜不可剩"，卖剩的猪肉，宁可削价销售，称为"散栏"），自制腊味，摆摊销售。谢昌凭着低价进，加工后高价出的经营手法，艰苦创业，日积月累，其后稍有盈余，便在海珠南路"八百载"隔壁租一铺面，自立门户专营腊味，并取名"东昌"。

谢柏、谢昌兄弟俩同在海珠南路经营腊味，两店咫尺之隔，分庭抗礼。在认钱不认人的社会里同行如敌国，谢氏兄弟双方在生意上的角逐斗法，从未息止。办店伊始，"八百载"无论从店铺规模乃至产品知名度方面，都远远超过"东昌"。每逢旺季，"八百载"产品如林，顾客盈门；"东昌"却产品单调，经营惨淡。日常生产的十多个品种，仅得"东昌金牌老抽肠"有人问津。面对现实，"东昌"老板意识到必须对经营方式、工艺加工、产品质量、降低成本等方面进行全面改革，才能在激烈的商业竞争中寻求出路。于是"东昌"老板广招行内高手，狠抓产品质量，扩大经营范围，开展宣传攻势。顿时，"东昌"麾下集中了包括腊肠、酱油、制冰、制皂、买卖手等专职技术人员，为保证产品质量，继续开发新产品、新项目打下了基础。

▷ 腊味店

　　腊味生意的好坏，销路的畅滞，与专司商品陈设的铺面工的经验有密切关系。"八百载"的生意之所以日渐兴隆，与该铺有一名能干的经验丰富的铺面工是分不开的。"东昌"老板深谙此道，也深知人才难得。他经过"三顾茅庐"，终于用重金把"八百载"的铺面工挖了过来，专门负责"东昌"的商品陈设工作，使"东昌"的铺容铺貌为之一新，销售额与日俱增。商标、招牌，历来被生意人视为发迹之源，正所谓"宁愿生坏命，不能改错名"。生意招牌既要响，又要"意头"好。东昌老板对此可说是煞费心计。"八百载"与"东昌"的产品，十有八九是雷同的，同是"生抽肠""老抽肠""切肉肠""白油肠"等品种，大同小异，异曲同工。真正差异的就只是冠以不同的字号而已。为兄的谢柏，自视甚高，认为自己出道经营较早，便将各类产品都冠以"八百载"字号，统称为"太上皇"腊味，以喻其之产出为正宗，字号老，品种至高无上。为弟的谢昌也不甘示弱，干脆你当太上皇，我当皇中之皇，于是便一锤定音，在1943年，把"东昌腊味店"易名为"东昌皇上皇腊味店"，一场招牌字号之战在谢氏兄弟之间愈演愈烈。在新中国成立前的短短几年里，谢昌的招牌前后更改了六次，开头称为"阿昌腊味"，继而称"昌记腊味"，设店销售后称"东昌腊味"和"正牌东昌腊味"，其后生意日渐兴隆，改称为"东昌金牌腊味"，全盛时期统称为"东昌皇上皇腊味"。"东昌"的每一次易名，都标志着其经营业绩又前进了一步。

《腊味家族皇上皇——皇上皇肉食食品厂》

❖ 冯明泉：秋风起矣，三蛇肥矣

粤菜的花（款）式品种繁多，物别四时。蛇类肴馔，只宜用于秋冬季节，而且只是千百菜式中之一种，既不能长年供应，也不能以它为主。然而蛇羹蛇馔作为"补品"早已为人们特别较富裕的人家所赏识，酒楼把它作为上菜，秋风初起，便竞做宣传。这不是因一款菜式而花太大的宣传力气，而是因为一款蛇羹之后，配套菜式，必然也属上乘，故其卖钱额是很可观的，吸引力颇强。

"秋风起矣，三蛇肥矣，食指动矣。"这是抗战前四大酒家的颇为生效的广告，有时也可成为某些有求于人而没有机会启齿的人士奉作一种请客借口。

酒楼行业的盛衰，是与社会的安定、繁荣成正比的。辛亥革命（1911）以后，中国变成军阀混战，派系斗争的大"黑锅"。即使北伐成功，也只是由新军阀代替了旧军阀，社会动荡未已，经济不前，酒楼行业，发展缓慢。在这种情况下，全业徘徊了十多年。自1929年开始，陈济棠已经实际上完全掌握了广东军政大权。他扩充军备，巩固地盘；招揽人才，开设新型工厂（糖厂、纸厂、水泥厂、发电厂、肥田料厂、纺织厂、自来水厂等等）。当时商贾兴旺，币值（白银）稳定，治安也较好（比以往而言），物价平稳（1935年白银收归国有后，才稍上浮），酒楼蓬勃发展，加上娼妓、烟赌合法化，官商应酬，这都是酒楼行业的大客源、大主顾，使全行业锦上添花，新张企业如雨后春笋。为了竞争，厨师们竞创新品种，更进一步提高烹调技术，于是蛇类肴馔，品种越来越多，除原来的各类蛇羹之外，发展到蛇丝、蛇片、蛇衣、蛇脯、蛇肝、蛇丸（球）、蛇丁，再加各种不同配料，运用烩、炆、炒、酿、扣、炖、红烧、拼伴、扒、焗、炸等各种烹调技巧，创作蛇类肴馔品种，数以百计。于是诞生了"全蛇宴席"，还可以每次菜式不同。我们一般称为"蛇宴"，起码超过半数菜式是用蛇烹制的，现试举两例：

全蛇宴（供12位）

二热荤：云腿麒麟蛇片，蛇片冶鸡卷。

七大菜：翅王拆会五蛇羹，三蛇入凤胎，五彩炒蛇丝，红烧大蚺蛇，酥炸生蛇丸，蛇丝扒芥胆，西汁焗蛇肝。

另：韭王蛇丝伊面，甜菜，美点，生果。席前奉即宰三蛇鲜胆（二副）酒各一杯。

蛇宴（供12位）

二热荤：蟹肉蛇甫，腰果蛇丁。

七大菜：龙虎凤大会，碧绿炒蛇球，百花酿蛇衣，酥炸蛇片扎，玉桂麒麟鱼，红烧双乳鸽，蚝油扒花菇。

另：鲜虾仁炒饭，甜菜，美点。席前奉即宰鲜三蛇胆（一副）酒各一杯。

凡蛇宴席前宰蛇献胆，几乎都是蛇店派出师傅操作的。蛇胆放进玻璃杯内，由服务员用银剪剪出胆汁，加入酒类。醇酒烈酒，随客喜欢。

达官贵人、官商巨贾在交际频繁、酒绿灯红、笙歌夜夜的酒家茶楼上，食厌山珍海错之余，蛇宴自是别饶风味的。四大酒家（南园、文园、大三元、西园），还有众多的"花酌"馆（集中在陈塘南一带），数不尽的其他大中型酒家，每届秋冬时节，均有蛇馔供应。蛇羹、蛇馔，在粤人的食谱中，喜爱程度，概可想见。

《广东餐蛇史话》

❖ 陈邦：挑担叫卖的咸酸火锅

▷ 20世纪40年代广州街头的咸酸档

咸酸火锅出现在二三十年代，其经营方式也是挑担叫卖。前担放置一个炭炉，炉上架个火锅。挑担上备有切成榄核形的生鱿鱼片，切丝的生海蜇等，以及预先制好半熟韭菜球、半生葱球（韭菜、葱结成一个球状）供客选购，并备有干净的小碟盛装，还有各式酱料供食客选用。顾客用竹筷夹其已选购的食品，如鱿鱼、海蜇等放在火锅内滚熟，同时把韭菜球、葱球、鸭血等再加入锅内滚热，状如"打边炉"。火锅内还有煮熟的萝卜出售。最受顾客欢迎的是海蜇头，它的肉身较厚，吃起来更为爽脆。

　　韭菜、葱、蒜是广州人喜食的香料配菜，咸酸火锅的小贩较注重这些配菜的特种制作方法，如"生葱、熟蒜、半病韭菜"，即葱要生，蒜要熟，才不失香味。至于韭菜，过熟时会韧，过生时有辣味，仅熟恰到火候为最佳，故称"半病"。做成球状是为了好看、好夹、易进食，吃起来感觉更爽。咸酸火锅的生意在每年的秋冬季最旺盛，小贩每到一处，叫卖之声一起，就有不少人闻声而至，把炉档围住，各购所需，食而甘之。

《广州民间小食杂锦》

❖ 梁俨然：夜里来碗云吞面

▷ 制售云吞面

广州市的云吞面是颇为有名的。20世纪20年代，西关宝华大街的江忠记及苏能记都是有名的云吞店。江忠记改变过去用熟虾包馅以鲜虾包云吞，故特别鲜美。苏能记则发明了"锦卤云吞"，将云吞用油炸至微黄，再以各种烧腊作配料，用酸甜吊味，颇有新意，所以也很有名。

30年代以来，华贵路尾三圣社路边的池记云吞担，华贵路的徐深记面店，及桨栏故衣路路边的曾志记制作的面条如丝，云吞馅美，汤水香溢，都很出名。40年代则有逢源路边的陈昭记、利记等，池记和陈昭记都是云吞担，摆在路边。入夜，顾客纷至沓来在路边捧食，也有乘车而来光顾的；更有达官富商乘小汽车到此品尝。云吞面声誉由此名传省港澳。

《广州云吞面》

❖ 郭姝等：黄埔蛋，再难尝到了

黄埔蛋作为粤菜一式，远近闻名，但真正的黄埔蛋，现在已经很难尝到了，尤其关于这一菜式的来历，更鲜为人知。

很久以前，黄埔鱼珠镇是沟通长洲、新洲（广州市河南尾）的交通要镇，这里的船家云集，他们用小艇摇渡，同时也经营饭菜小吃，艇家在船尾养了一些鸡，吃的饲料是小鱼小虾，生下的蛋尽管体小，但含蛋白高。艇家们就用这些蛋做菜招待客人。

菜式的做法是：用柴火热红锅头，下生油煮沸，将搅拌后的蛋倒下油锅，随即铲起上碟送到船头客人桌上。这时蛋刚熟，热气喷人，香滑可口，油而不腻，同时这款蛋的菜式也像一般的黄布，取讹音"黄埔蛋"。由于吃客多为旅差之人，这款菜式便闻名于市面，过往的客人常以为下酒之佳品，久而久之，黄埔蛋便出名了。现在，真正的黄埔蛋已难尝到，原因是船家到陆上住，养的鸡下出的蛋也和其他鸡一样。"黄埔蛋"是名不符其实，或只能称之为炒滑蛋了。

《"黄埔蛋"之来历》

❖ 陈邦：榄类小吃，有得睇有得食

榄是一种零食，即正常饭食以外的零星小吃。（20世纪）三四十年代，穿街走巷卖榄食的小贩不少，大多是做小孩的生意。榄食的品种很多，以下仅为其中的几种：

鸡公榄 过街小贩扛着一只纸扎的大公鸡，用油彩把鸡涂得五颜六色、七彩斑斓，很像一只公鸡，但比活公鸡大好几倍，小贩可以站在鸡肚中间用布带挂在肩上，榄食也放在鸡肚内。小贩用手来操纵公鸡，摇来摇去，并常常吹起"的打"（也叫唢呐，一种乐器），吹成"鸡公榄"之声，就会招来一群小孩围着"公鸡"比比画画，又叫又

▷ 旧时广州街头售卖飞机榄的小贩

笑，为小贩招来不少生意。售卖的榄类有好几种，都是用黄榄或沙榄腌制的甘草榄、辣椒榄、咸榄等等。为了吸引顾客，故将这些榄起名叫作"鸡公榄"。

飞机榄 小贩将甘草榄用色纸卷扎，两个榄一孖，扎得很结实，并模拟飞机形状，沿街叫卖"飞机榄"。住楼上的人听见叫卖声，有些即探头出窗曰："买飞机榄！"钱也一并掷下，小贩即将榄用力抛上二三楼或更高的楼层，投掷均能百发百中，引得行人驻足观望，购者也开心欢笑，皆因有得"睇"有得食，这常常是当时街头的一景。

甘草榄 是用甘草水、盐腌制的，有润喉生津作用，许多人喜欢嚼食甘草榄，因而这种榄的销售量较大。三四十年代，人们饮中药汤剂后，喜

欢买二三个甘草榄来"送口",以去除口内的药味。当时也有一些药店为顾客配中药时,加送一小包甘草榄的。

茶滘山榄　出自广州芳村的茶滘,这种榄身型瘦长,每个榄皮上都有天然的黑痣,榄肉爽脆香滑,是属橄榄一族中的丁香榄一类。据说这种榄有醒酒功效,有人专门买来解酒。也有人因茶滘山榄好吃而专挑这种榄来买。茶滘山榄的价钱比一般的榄类都要贵,过去多被达官贵人用作送礼之品。民国时期,曾有人将它运到南京的展览会上出售,价钱不菲。当时曾流行过一句话,就是"食榄要食茶滘榄"。

《广州民间小食杂锦》

❖ 邓广彪:"鱼生"话旧

广东人曾嗜吃"鱼生"。"鱼生狗肉,不请自来",这句俗语在广东南(海)番(禺)顺(德)一带颇为流行。这和日本人的"拼死吃河豚"有异曲同工之趣。可不是吗?虽然人家没有邀请,你却老实不客气地跑来,但人家也不见怪,可知鱼生的迷人,彼此熟不拘礼。

前人汪兆铨有一首竹枝词写道:"冬至鱼生处处同,鲜鱼脔切玉玲珑,一杯热酒聊消冷,犹是前朝食脍风。"莲舸女史也有"冬至鱼生夏至狗,一年佳味几登筵"之赞美语。李调元写的《粤东笔记》有"粤东善为脍,有宴会必以鱼生为敬。"更是把吃鱼生提到敬字上来,好像此外则无以为敬了。确实,"红肌白里,轻可吹起,薄如蝉翼,两两相比,沃以老醪,和以椒芷,入口冰融,至甘旨矣。"这又怎不人人色喜呢?这种招待也确实毕恭毕敬了。

从上述字里行间,可知清末民初时期,广州人还是盛行吃鱼生的,甚至还可以追溯至前朝,其根本点广东菜就是求鲜,鲜中还要带爽、嫩、滑。直至今天,虽因防止传染疾病而禁卖鱼生,但还是不乏约齐三五爱好者,亲自下厨炮制而大快朵颐的。其实，解放前早已禁卖，但当时有令不行，且多在店铺中自制而吃。记得吴连记粥店也曾卖过，不过吃的人已是不多了。

鱼生用料主要是鲩鱼，也有用鲤鱼的，绝少用其他鱼。配料最普遍用萝卜，也有用莲藕或雪梨代替，再加荞头、酸姜、花生、芝麻、薄脆、芫荽、柠檬叶、胡椒粉、玉桂末等香料，以及熟油、香醋、烧酒等，酌情而定，可加减变易，有的还多至三四十种配料，除花生、芝麻、薄脆需经炸炒熟食外，其余都是吃生的。

做法颇为考究，鲩鱼去皮洗净，连鱼瘦肉也得除去，以干布抹净血水，晾干后，以锋利快刀切成极薄片。萝卜、姜荞等均切成幼丝状，和之以熟油、香料、香醋、高度酒等等。也有人喜用调味酱的，视各人嗜好，亦因各地区习惯。下料先后次序有别，最后才加上薄脆即成（也有用炸粉丝的）。

少不了的还是吃鱼生时必饮酒，之后还必食一碗滚粥。那些不敢吃鱼生的，只有把生鱼肉放入滚粥内烫食，或挑拣薄脆花生而吃。诚然，其中烧酒、香醋亦有消毒作用，但生食鱼肉毕竟利口不利腹。因此，今天仍属不宜提倡，独不知好此道者以为何如？

吃鱼生有一点颇为有趣，吃时大家举箸，边捞边说："捞起捞起，有得食有得捞。"广东人说有得捞，表示有工作有钱赚之意，虽有迷信之嫌，但习惯却成良好祝愿。这风俗也传至新加坡一带广东人聚居的地方。春节期间，新加坡一些酒楼、餐馆，甚至摊贩，亦有以这道菜招徕顾客的，也说明广东菜传至远方。

❖ **冯佳：吃西餐**

1840年鸦片战争之后不久，本市沙面内外，洋行林立。1860年间，有一位市郊西村人徐老高在沙面其昌洋行做厨杂，干了多年之后，学会了做几味西菜，因与"工头"冲撞，改行上街肩挑煎牛扒贩卖。由于生意兴旺，便在当时广州南城门外的一个更楼门口地名叫作太平沙的地方，固定位置，挂出了因地取名的"太平馆"招牌。发展至清末民初之时，该馆已驰名远近。徐老高去世后，徐家掌握业务的人便进入了第二代。这就是本市著名的西餐馆——太平馆的原始。在晚清年代，像徐老高这样最初由流动肩挑、进而固定摆档然后开铺经营西食的，为数很多，但半途改行，或倒闭了的也不少。至今尚留在人们脑际的，有一家叫二重楼，它位于河南现今同福西路海天四望的地方，其生意一度兴盛，但最终还是倒闭了，不能像太平馆那样发展起来。广州市西餐业的太平馆，可以说是西餐业的一个典型，是这行业中最有代表性的一家。

到了30年代，西餐业已经有了较大的发展。沙面是我市西餐业的发源地，这时，沙面一带有东桥、玫瑰、经济、域多利等好几家。一个地段，有几家西餐厅同时存在，这是以前所没有的情况。惠爱路与永汉北这一段，威士顿、波士顿、威士文、巴黎、国民、太平新馆以及哥伦布等店号相继伴随城市新开拓的马路而出现，后来居上。此时全市西餐店号共有30多家，是个鼎盛时期。

西餐业除本地资本和华侨资本外，还有一些外国的资本。西餐厅的主人，并不都是中国人，也有外国人。玫瑰餐厅是犹太人开的，域多利是英国人开的。企业的组织形式亦是多种多样的，独资、合股以及有限公司都有。长堤大马路的东亚酒店（现红峰旅店）、西堤的亚洲酒店（现南方大厦）、太平南路的新亚酒店以及后来在新堤开辟的地段所建的爱群酒店等都是公司式的。这些酒店之内都设有西餐厅（过去经营旅业的，凡设有餐厅者，称酒店，否则称旅店）。此时的企业资本，以华侨投资的分量最大。

早期西餐的牛扒、猪扒这一类，每款售价二三毫，后来，也顶多高至六毫。食谱的数量不断增加，使价钱也随之变动。入民国后，西餐一般都升格了，烧乳鸽、葡国鸡等名菜争相问世。而且，餐厅一般再不是设在矮楼木屋之内，而多是设在高楼大厦之中。即使属旧馆发展过来的，也增添陈设，力求华丽。它们都乐于经营葡国鸡这类高级菜，而不愿经营猪扒这

▷　民国初年的太平馆外景

类非高级菜了。食品发生的变化，是随着食客的变化发生的。此时，一般劳苦大众较少上馆，偶一为之，亦多是吃些廉价的西菜。稍有名望的馆子，其席位多为一些"高等顾客"所占领。诸如军政界、工商企业界人士以及教授、学者等。此外，便是来自各国的华侨和外国人。

《我所知道的广州市西餐业》

❖ 陈培：北方风味在广州

食在广州是众所周知的事，而北方风味落户广州的历史，却是鲜为人知的。

我国南北之分通常是以长江流域为界，即长江以北为北方，长江以南为南方。但在一部分老广东人的脑子里，除两广之外的外地人，都视之为"北方来客"。我国是一个多民族的国家，疆域辽阔，各地物产不同，气候差异，因此，生活和饮食习惯就有许多不同之处。所谓南甜北咸、东辣西酸的说法，就是从地区差异所总结出来的烹饪特点。过去广东人对外省菜系了解不多，总以为外地菜不好吃。其实，中国八大菜系各有各的长处，都有不同的风格和特点。在清末民初，特别是新中国成立以后，北方菜点逐渐南移，使广东人能真正尝到了北方菜的滋味，从而改变了过去对北方菜的不正确看法。

以前，北方人有句俗话叫"宁往北走一丈，不往南行一寸"。古代所谓"南蛮"之地，北方人是不愿来的。到了清代，南行者只有从外省派来广东的二三品后补官员（如太守、道台、抚台之类）。这些官员，凡在接旨之后，必往京中等候，领取通牒，然后南下广州（省城）上任。官员家属多数在京中雇请厨师带到南方，由此北方菜点开始南传。官员满任之后，仍回北方，但有的厨师就落户广州，不愿再北迁。民国以后，曾有一些外省官员在广州为了找个聚首之所，便集资开设饭店，雇用北方厨师。最早有贵联升、南阳堂、一品升等等。后来有中华北路（今解放北）的半斋、福来居，经营湘菜；还有汉民路（今北京路）的越香村和越华路的聚丰园菜馆，经营姑苏食品。

解放初期，随解放大军南下，来了一批北方干部；部分北方部队驻地广东，其中有些转业时便留在当地，因此北方人迁留广州者日多，经营外省馆子很有市场。为了适应当时环境需求，外省饭馆先后源源开设，达数十间之多……

《北方风味在广州》

❖ 梁荣：城隍庙的炆鸡翅与大肉云吞

城隍庙的后花园，有一西式园林酒家，名"寰乐园"，在民国元年已有。那时政体初变，清朝的旧官僚，一部分逃亡海外，隐居香港澳门，一部分被扫除。当时执政的人，都是头脑较新的，往日应酬风气，亦有所改变。至龙济光入粤，官僚接踵而来，又回复官僚豪绅的应酬风气，于是以官绅宴会为主体的大酒家，业务虽不十分冷落，但顾客多趋新酒家，因此西式的园林酒家，乃代之而兴。

寰乐园以炆鸡翅为叫座名牌品，其实是下等翅，不过售价比其他翅低些。宴会翅席以红烧翅、清汤翅才是上等品。若以蟹捞翅、蟹黄翅、蟹蓉翅、坟鸡翅、鸡蓉翅、三丝翅等，都是微不足道，以下等菜来叫座，才适合当时情状。因当时顾客，大部分来自民间农村的"民军统领"、营长和新政府的官佐，往日的军阀、官僚、富豪，早已逃亡港澳去了。这些民军统领、营长，入息有限，新政府的官佐，也是如此。于是以下等翅叫座，生意也觉得兴隆。"云吞"本来是一种最平凡的食品，任何饭食店也懂得制造，绝不新奇，何以城隍庙的"大肉云吞"独享盛名，历久不衰。当民国初年间，住在广州市的人，爱好吃云吞的，都到城隍庙里吃云吞。有些人竟然每次吃五六碗。城隍庙云吞的制法，分"外表皮"与"内容馅"两种。外表皮取平凡，内容馅采精制。就是用净面粉造皮，绝不加蛋，用棒槌打"皮"时，要打得多而且力匀，所以云吞皮非常薄，要薄中带韧，滑中带爽，和市上一般的"蛋皮云吞"不同，虽然不及蛋皮之香，但它以棒槌匀多取胜。他何以不用蛋？就是"蛋皮"不能满。若要"皮薄"取胜，非用"水"皮不可。至于人家制馅，大书"鲜虾云吞"或"冬菇鲜虾云吞"，以示用料名贵。城隍庙的云吞，是"大肉云吞"，除了猪肉一项以外，其他一无所有。它的制法，把猪肉去净其筋，一些不留，这一点就是各食物店所难。因为去净猪肉筋，要耗去猪肉十分之一，在工作过程，也嫌烦琐。不去筋，岂不两全其美？所以市上的云吞，必定有筋，有筋就不好吃。城隍庙的云吞，把肉去净筋之后，又将瘦肉和肥肉分开，肥肉用"切"，瘦肉用"喙"，然后用少许豆粉香料，完全和匀；再加上两只蛋，取一点香味，这是制馅方法。其次是熬汤，其法用白豆和猪骨，取白豆的甜味，猪骨的髓汁。纯白豆则味略寡，纯猪骨则味略清，故必兼取，然后味始浓郁了。云吞一经煮熟，有此浓郁汤水作陪衬，于是云吞皮既薄滑，又浓郁，自然爽甜甘香，无筋留滞牙缝之弊。如果用此法制风肠，就是最佳的风肠。城隍庙内的食品摊，除"大肉云吞"外，还有福来居的水饺和"炸酥鲗鱼"，也是脍炙人口的。

《饮茶粤海》

❖ 黄曦晖：成珠楼与小凤饼

新中国成立前的制饼行头，凡设茶楼营业的，称为茶楼业，不设茶楼的归属饼饵业。而所制的饼食，均称饼饵。以往在出名和比较出名的茶楼中，皆是自制饼饵的，或者说，就是因为它所制的饼饵精美受到顾客称赞而成名的。成珠楼就是如此。它是以创制小凤饼起家的。

本来，饼饵一般说来可分三类：一是龙凤礼饼，包括红菱酥（豆沙馅）、黄菱酥（豆蓉馅）、白菱酥（夹糖馅）、莲蓉酥、皮蛋酥、蚝豉酥各种，是用于婚礼的。二是中秋月饼，包括豆沙、豆蓉、莲蓉、榄仁各种，而有些品种如莲蓉这一品种中又有四黄、双黄、加头、纯正等细款。这是用于中秋节的。三是一般饼饵，包括数不尽的款式。成珠楼所制的小凤饼，是属于这类饼饵，但它为人们所公认的精美饼饵品种之一而闻名。

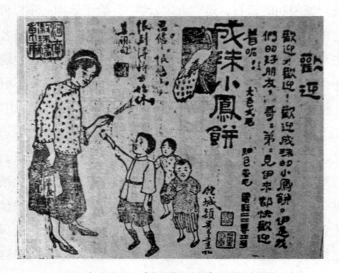

▷ 1925 年 6 月 1 日《广州民国日报》刊登的小凤饼广告

小凤饼何时始创，以往有几种不同的说法和记载。一种是：相传百多年前，漱珠桥附近住着一个姓伍的豪绅，他习惯于午睡后要吃新鲜出炉的饼食。一天，他午睡醒来，照例又打发丫鬟到"成珠"买点心。恰巧那时中秋将届，饼店师傅正忙着制月饼，其他饼饵已卖完了。老板怕得罪这个豪绅，就同制月饼师傅商量，把制月饼的馅头馅尾同面粉捏成小团，匆匆烘成饼食应付。不料那个豪绅吃后，大为赞好，再派丫鬟去买。师傅们猛然悟到，那些混合月饼馅料本就是咸甜两味俱全，一经拌面粉烘制更脆化香甜，便继续如法炮制，得到许多顾客赞好。因这饼外形似鸡，故称为"鸡仔饼"。另一说是：这姓伍豪绅家中的奴婢们平时只能吃到残羹剩饭，时常挨饿。有个婢子叫小凤，每逢宴客剩下来的菜吃不完时，便把它留下来加些梅菜压成饼块，交"成珠"的点心师傅烘干，以备充饥。一天，来了个外地客人要吃广东点心，碰巧点心师不在，小凤急中生智把储藏的干饼拿给主人请客。客人吃后竟连声称好，以后还来信赞此饼好吃。所以这种饼便取名"小凤饼"。再一种讲法是这样：笔者在以前曾到成珠楼老板家中访问过，谈到小凤饼定名和饼料配方的来由。知道他们的祖父梁殿华原是一个小贩，到了中年才开始经营成珠楼的业务。由于饼的外形模样与小凤（鸡仔）相似，故名为"小凤饼"。关于小凤饼原料配方，他的祖父梁殿华也是从上手接过来的。因饼的定名和饼料配方，早在1855年（清咸丰五年）间便已形成。此时，他祖父还是一个小童。过了30年之后，梁殿华接手经营成珠楼，依靠制饼名师又再逐步对制作技术有所改进，但基本还是原来的原料和模式。这些老人在叙述小凤饼与龙凤礼饼、中秋月饼的饼皮、馅料、印模、炕制的不同时，特别提到了小凤饼的主要原料"熟菜"。"熟菜"是用一种鲜菜经过"九蒸九晒"（九次蒸熟九次晒干）而成，是由郊区芳村一个农民按祖传方法进行特制的。这位农民，除与成珠楼交易外，还转运国外销售。这是一种没有菜骨，能与其他馅料合在一起并溶化其中的上乘配料，绝非惠州梅菜所能比拟。有了它，小凤饼才能有甘香并存的美味。这些老人还说到炕饼是用"唐炉"（中式炉）而不是用"番炉"（西式炉）制的。前者可以把饼上下炕透，所以松脆；后者只炕一面，形成上边不透，下边过焦，容易失去真味。

《广州成珠茶楼概述》

第八辑

娱乐休闲·
会享受的广州人

❖ 吴紫铨：痘皮梅救场

已故粤剧名艺人痘皮梅，历充省港各大名班如"人寿年"等丑角，声誉鹊起，妇孺皆知。有一次，在广州某戏剧院演戏，与三帮花旦某拍档，他饰丈夫，某饰老婆。某向他借银二毫买鸦片烟顶瘾，他拒而不与，某悻悻地说："好！你不借给我吗？等下出场时你就知了。"他自恃是大老倌，你的小角色奈我何！卒不借给。没有多久，锣鼓打响，三花出场了，本来三花所唱曲词的韵脚是"依呀"韵辙，某偏偏改唱"劈石"韵辙。在行圆台后，唱"奴夫出街去打石，家中未有把米籴，奴家在家把柴劈"。他在虎度门（舞台上左右两门的门帘）一听，异乎平常，知道某故意与他为难。但瞬间就要出场，无以对答，或者答不合韵，就会被挤台（喝倒彩的意思），声誉扫地，如何是好，不禁冷汗直出。幸而急中有急智。一面拨开虎度门，一面急急步地走出，接着唱"急急忙忙把路趣（'趣'广州话读为'笛'音，快走的意思），一路饿到归背脊，返（'返'广州话读为'番'音）去家中揾饭吃。"观众初听三花所唱与平日不同，已觉奇异，后来又看他唱做得跟跄狼狈的样子，不禁大笑喝彩，挤台戏变为"爆肚"①戏。某见他对答如流，出乎意料，无可奈何。以后彼此照常继续演做下去。演罢，等回台后，他把某大骂一顿："衰仔！你是椤景（椤景，捣蛋的意思）还是赠兴（赠兴，助兴的意思）？这一回，几乎给你一壳（勺）舀起（给你累起，声誉扫地）！"一面大骂，一面动手想打，吓得三花面如土色，耷拉着头，默而不吭声。全班围拢起来，有的忍不住笑，有的想笑又不敢笑，有的责备三花，把他劝开，一场风波，始告平息。

《粤剧名艺人轶事》

---

① 爆肚：即没有台词或演错了，由演员急中生智去解救。

▷　民国时期的粤剧表演

❖ 潘广庆：广州西关落乡班"爆肚"趣闻

抗日战争胜利后，西关有个粤剧落乡班，开到郊区沥溜演出古装粤剧《关公斩蔡阳》。班主的两个徒弟，一个演关公，一个演蔡阳。某晚演出时，师傅正在抽大烟，两徒弟便问："师傅，哪个死呀？"这时班主烟瘾正浓，大为扫兴，随便答道："两个都抵死！"两人相续出场，武打一开始便在台上你来我往，难分难解，不知打了多少回合，打到筋疲力尽，然后双双倒在台上，装死去了。台上锣鼓不停，台下嘘声震天。就是没有主要演员出场。"窝可"兵（跑龙套）只好跑入后台，报知班主，班主原以为他们不会把自己的话当真，一齐装死。这时他已抽足大烟，精神奕奕，立时急中生智，穿起道袍，手拿仙拂，飘然登台。只见他口中念念有词，其词云："善哉，善哉，苦楚难挨。蔡阳先死，关公起来。"

念毕，用仙拂指向关公，叫了声起来，把关公超度回生了。由于他能随机应变，爆肚成功，引发观众不停喝彩，大叫"好嘢！"成为八和会馆一件趣闻。

❖ 谢仰虞：改良粤剧和革命歌曲

清末，由于清政府的腐败无能，丧权辱国，孙中山先生于是组织革命志士，进行反清的革命活动。当时，广州和香港两地，均有大批报界文人追随响应，亦有一些粤剧艺人积极参加。他们懂得利用群众喜闻乐见的戏曲宣传鼓动革命的巨大作用，于是借粤剧"以发舒其民族主义"，这在当时曾得到孙中山的支持和赞许。1907年左右，广东报界名宿黄鲁逸，带头组织了"优天影"志士班，以"文明戏"的形式，即以话剧加唱的形式，演出一些"改良粤剧"。这种"改良粤剧"，有两个特点，一是内容均是现代题材，富有革命性；一是唱白方面，尽量运用广州方言，通俗易懂，使观众易于接受。这种"改良粤剧"，曾吸引了大量的观众。过去的粤剧，是用类似桂林话的"戏棚官话"来演唱的，现在改用广州话，不仅耳目一新，而且有亲切的乡土味。20年代金山炳在演出粤剧《季札挂剑》时，最先尝试用广州话唱传统戏，效果亦佳。接着朱次伯、千里驹、白驹荣等相继仿效，不断推进，这种广州话的平喉唱腔，及至薛觉先、马师曾等继续发展推动粤剧、粤曲唱腔的革新，终于形成了今天富有"粤音"味的曲腔。从而使粤剧、粤曲成了一个大有异于其他外省戏曲的独立剧种、曲种。

▷ 广州茶楼里的粤曲表演

过去，粤曲的曲本，多采自粤剧的唱段。古老一些的，更有采自"江湖十八本"的，内容多是历史性的东西。及"改良粤剧"的出现，大演现代题材的时装戏，同时也有不少文士为了宣传革命和社会改良，撰写了不少现代题材的粤曲，如早期曾有一首仿"陈世美不认妻"小调的宣传革命的小曲，在当时知识界中传唱，其中"但愿光复汉江山"句，还成了当时一个宣传反清革命的口号。抗日战争前及其初期大量演唱宣传抗日救亡的粤曲，"改良粤剧"粤曲可说是它的先驱。

《二三十年代广东曲艺和广东音乐》

❖ **欧安年：**粤剧时装戏，古今中外大融合

1898年，孙中山先生在伦敦清公使馆被囚，这事轰动中外。事后，编剧家顾无为于1916年据此编成白话剧，剧目《孙中山伦敦蒙难记》，由民鸣剧社上演。据说孙中山先生曾表示"本人并不反对"。是剧后来移植改编为粤剧，普遍上演于欧美华人区。近年美籍华人陈依范先生之照片巡回展览——《梨园在西方》，赫然有《孙中山伦敦蒙难记》之粤剧舞台剧照，还有粤剧名伶关德兴穿牛仔裤之剧照，可见清末民初，时装粤剧，已远渡重洋，在美国旧金山正式作为"大戏"上演了。这里，还补充一件事，民国初年的男花旦袁文明，在《贼现官身》一剧中，遭"福军"头目李福林之忌（因李是绿林出身），被枪杀于舞台上。可见粤剧"时装戏"的问世，也曾伴随"流血"的斗争。

在这之后，"时装戏"已是新编粤剧的一种重要样式，举要如下：

粤剧表演艺术家薛觉先，不愧是"万能泰斗"，他在时装戏方面，有过不少成功演出，如《毒玫瑰》是1928年薛觉先在"新景象"班的好戏，说的是名妓白玫魂含冤昭雪的故事。这时薛仅25岁，为了演好律师的角色，专门跑到法院旁听，细心揣摩律师出庭时的神态风度，演出效果很好，得到观众赞赏。后来《毒》剧成为镇班戏宝，续集增至三集之多。接着薛觉先陆续编演《唉！依错了》（后改名为《道学先生》）、《主仆恋爱》（原名《黄慧如与陆根荣》）、《阎瑞生》等时装戏，受到观众欢迎，认为较之《毒》剧又有长足进步。

特别值得一提的重头戏《白金龙》，这是1930年薛觉先在"觉先声"班的首次演出，本来是改编自美国电影《郡主与侍者》。时值南洋烟草公司有国产"白金龙"牌香烟，与外国香烟展开市场争夺战。该公司特意请求薛氏将剧名改为《白金龙》，以收市场宣传之效。据考：著名的"八一"电影制片厂导演汤晓丹，当年也为该剧画过布景。这出"西装戏"后来还拍成电影，社会效果更大。该剧手法新奇，主题是歌颂爱情和正义战胜邪恶。剧中人白金龙能文能武，智勇双全，又能纡尊降贵假扮侍者、下人，接近玉娘，又能扮番女、酒吧歌女、卖唱乞丐。单人匹马深入险地，克敌制胜，有如"超人"。在艺术特色上，集中了古今中外各种艺术表演手法之大成。仅舞蹈就有多样化，有交谊舞、集体野人舞、活泼单人舞、番女托瓶的杨枝舞。既有北派大打，又有魔术、幻术、催眠术。音乐唱腔出现了许多新腔、新调、新唱法，首先使用电吉他伴奏。舞台美术方面，也有许多革新的尝试，如豪华欧化的室内陈设、野人营幕夜景等。使用吕宋烟、电话、朱古力糖等现代生活用品的小道具，光怪陆离，不一而足。当中虽有商业化的猎奇，迎合低级趣味的倾向，但其大胆革新的精神是值得肯定和借鉴的。其余值得评介或具有一定影响的"时装戏"，还有如下一些剧目，据粤剧老艺人朱少秋回忆他在20年代参加"工人剧社"（这个工人剧社的前身是"劳工话剧社"，原为国共第一次合作——工人运动的产物）演出时装戏的过程，该剧团自编自演（于业余时间演出），历时几达两年，主要剧目有《蔡松坡云南起义》，歌颂蔡锷自云南组织护国军，讨伐袁世凯称帝，直接配合了当时的北伐战争；《温生才刺孚琦》叙述同盟会会员温生才，于1911年阳历4月以手枪击毙广州清将军孚琦，本人当即被俘殉难；《安重根刺伊藤侯》，叙述朝鲜沦为日本殖民地后，志士安重根于哈尔滨刺杀日本首相伊藤博文，本人被执殉国；《袁世凯发梦》，讽刺袁氏称帝，有如"南柯一梦"。在历时两年的演出中，社会反响热烈。甚至影响当时乐善大戏院的大老倌演出的卖座率。当时颇有名气的丑生半日安，也经常到来客串演出，同时还把他的两个妹妹送来剧社学戏。麦啸霞在他所著的《广东戏剧史略》中介绍：民国以来，新排的革命时装戏有

《太平天国》《云南起义师》《温生才》《怒碎党人碑》等，改编世界名著的有《茶花女》《黑奴吁天录》《半磅肉》《罗密欧与朱丽叶》等；改编电影名片的有《璇宫艳史》《贼王子》《复活》《野寺情僧》《无敌王孙》《野花香》《深闺梦里人》等。麦氏对这些现代时装戏，给予高度评价，认为既有古乐和奏，又有西乐和奏，并用立体布景，参用电影表情，渗入话剧气氛，统一时代服装等等。这些时装戏"能适应潮流，切合时代"，虽然难免"幼稚"和"未能尽如人意"，然已非北剧（指北方诸剧种）之墨守成法，故步自封，老演唱旧腔旧戏可比。

《粤剧时装戏概述》

❖ 熊飞影等：女伶的兴起

　　清末至1918年，这期间，广州歌坛只有失明的男女艺人，而以女失明人为主，男的仅占少数。广州人称为"师娘"。同时期妓院中的"琵琶仔"、妓女、校书、南词妹，虽有善歌唱的，但她们并不是以演唱为专业，只是在酒席间演唱。1918年间，广州茶楼歌坛始有两个开眼的女人演唱。头一个是林燕玉，约50岁，原是妓女，从良后又被遗弃。染有鸦片烟瘾，生活困难，时到茶楼听曲和茶楼的人混熟了，她提出临时加唱，不受报酬。她的曲艺虽不算好，但是开眼人，开风气之先，很受欢迎。消息传播出去，人多以一见为快。茶楼老板见她能招引顾客，遂请她加入失明艺人里参加演唱。林燕玉由此便从客串成为演员。这是第一个登上歌坛的开眼女子。接着有卓可卿，四十许人，也是妓女出身，从良后再出来的。官厅初时以为失明人在茶楼演唱，是救济性质，不得已的；开眼女子上茶楼演唱，有伤风化，又抢夺了失明人的职业，说是要加以禁止。但顾客究竟喜欢开眼人，茶楼老板利用她们增加收入，妓院中的妓女和从良后又受家庭压迫的妓女，潜入歌坛的越来越多，茶楼老板用钱买通官府，也就不加禁止，歌坛遂出现失明艺人与开眼女子混合演唱。至1923年左右，广州的歌坛，失明艺人逐渐绝迹，完全为开眼女艺人所代替，在社会上成为一行一业，被称为"女伶"或"歌伶"（笔者注：以上根据失明女艺人温丽容回忆）。

《广州"女伶"》

❖ 黄德深：粤剧全女班，巾帼不让须眉

五四运动以后，全国掀起反封建的高潮，在"男女平等"和"男女自由"的声浪中，广州市的粤剧戏班于民国九年（1920）间，异军突起地出现了两个完全由女子组成的"群芳艳影"和"镜花影"的粤剧全女班。

在那屡遭挫折和迭受限制的女子从事戏剧活动的时代中，这两个粤剧全女班的出现，不仅引起社会人们的注意，同时也轰动了当时整个的粤剧艺坛。这两个粤剧全女班，除了拥有唱做兼优、艺术上乘的正印花旦李雪芳和苏州妹外，"群芳艳影"所罗致的武生廖无可、小武细林、小生小生燕、花旦苏醒群、丑生矮仔周，"镜花影"所罗致的武生吴铁民、小武曾瑞英、花旦牡丹苏、小生细蓉、丑生鬼马三等各个角色，都是唱做到家、艺术娴熟。尤其李雪芳和苏州妹二人的声腔和演技，不仅足以与当时粤剧男班的有名演员互相媲美，同时也足以与之互相抗衡。而其人才之鼎盛和阵营之壮大，也不下于当时的粤剧大型男班。

此外，该两班对于上演剧本的取材，也做到别开生面，独具风格，尤其在舞台布景和服装方面，如李雪芳在演出《仕林祭塔》（即《白蛇传》）一剧时，在布景上和服装上都装上了闪闪发光的各色电灯，大大渲染了该剧的神话色彩；而苏州妹在演出《桃花源》一剧时，在布景上，使用电灯照明把剧中景物照得确切入微，加强了剧情的气氛和提高了演出的效果。而这种新型布景不仅为当时粤剧各个戏班竞相效尤，同时也创立了以后粤剧戏班在布景和服装方面，可用灯光装配的先例。

李雪芳表演动作娴熟，歌喉清纯而高亢，丹田气力充沛，虽是大段的"反线"，唱来还是一气呵成，毫无轩轾之碍，善于演苦情戏，她在演出《仕林祭塔》一剧中，饰演剧中人物白素贞（即一般人称之为"白蛇精"和"白娘子"）一角，当剧情演至其子仕林中了状元以后，得知其母为法海和尚囚禁于雷峰塔之内，前往抒见亲娘中的母子相会一场，白素贞对其子仕林诉述往事时所唱的那一段涌长的"反线二王"，不仅在唱腔中表现了那无限郁抑和哀怨的情感，还引起了观众对白氏的同情。对于李雪芳在《仕林祭塔》的唱功成就，当时人们认为在清代末年由名旦角白蛇森创立了"反线二王"的"祭塔腔"发展到扎脚文，使《仕林祭塔》成为一出唱做兼优的好戏以后，而李雪芳在这一出戏的方面，虽不能达到"青出于蓝"的程度，但在唱腔方面的成就，则已达到高峰而超出白蛇森和扎脚文二人之上。李雪芳的拿手好戏，除了《仕林祭塔》外，《夕阳红泪》《曹大家》《红娘递柬》等剧目的戏演得也相当成功，受到观众的赞赏与欢迎。

苏州妹扮相秀丽，做工细致，歌喉虽没有李雪芳的清脆高亢，但行腔婉转缠绵，这则为李雪芳所不及，她在"镜花影"班中，原是正印花旦，但有时在演出时则反串小生角色，做工娴熟，风度翩翩，腔调恰切，声音嘹亮，可说是一个具备全才的角色。如在她所演出的拿手好戏《桃花源》一剧中，她在剧中由女子化装为男子，其后又由男子恢复为女子，而在这忽男忽女的变幻中，对于两种角色演得都恰如其分。此外，她的首本戏，如该班根据19世纪中叶的粤讴大作家招子庸所作的粤讴《吊秋喜》而改编的《夜吊秋喜》一剧，在演出时，苏州妹饰演秋喜，由小生细蓉饰演招子庸，两人配搭得当，演来动人，其在剧本取材方面，能以19世纪时代的广东粤讴作家招子庸的恋爱故事作题材改编成为剧本，这是当时粤剧戏班在剧本取材方面的一种创见。

《粤剧全女班的兴起、发展和衰落》

❖ 黄德深：做广告、受追捧的女明星

广州是我国开发较早的通商口岸，在世界各国资本主义蓬勃发展的时期中，资本主义思想和各种带着资本主义化的形形色色的事物，也很早地从海外以及香港、澳门等传到广州来。受此影响，广东戏剧事业的发展也就随之而趋于商业化。民国以来，广东戏剧的整个命运是完全掌握在资本家和商业剧场的手上。故当"群芳艳影"和"镜花影"两个粤剧全女班在广州异军突起，受到广大群众的欢迎之时，各个行业便不惜资本捐赠帐幕、布景以及各项道具，而在帐幕和布景道具上显明为人所注意的地方，写着某某公司，某某药房，某某绸缎庄或某某大酒家敬赠的字样外，并注明它的门牌地址和电话号数以及出品一并列入，以广招徕，使人人到剧场和看戏的时候，便感商标广告琳琅满目，有如置身于交易的场所之中，此外又互相的在月份牌、日历以及足以作为宣传广告的物品上，印制着如名角的肖像（当时华成烟草公司所出的"美丽牌"香烟就是以李雪芳及蝴蝶影的肖像作商标的）加入商品广告，大肆宣传，借以达到推销商品和招徕生意的目的。

除了上述的情况外，当时的一般有闲阶级与无聊文人，所谓"剧评家""诗人""词客"也由于李雪芳和苏州妹二人的声容优秀、艺术动人，引起了他们的诗情逸趣，大加吹捧，对李、苏两人当时在粤剧舞台上的互相演出，喻作"梅李争妍"，引为佳话，而在当时报章上也纷纷写出了欣赏歌颂的剧评，即自称为写作衿慎的所谓"岭南词人"陈洵（别号述叔，曾任广东大学和中山大学文学院中文系教授），也兴致勃勃，对于李雪芳的演艺作了一首赞赏的词，并收入他的词集内。

"群芳艳影"和"镜花影"两个粤剧全女班，尤其这两班的正印花旦李

雪芳和苏州妹两人，由于当时各行业资本家的大肆宣传吹捧，以及当时一般文人逸士的欣赏歌颂，因而名噪一时，更加引起广大群众的欢迎和注意，每次演出，都无不挤拥异常，争相购座，先睹为快。台脚之旺，大有与当时粤剧男班所谓"三班头"的第一流名班，如"人寿年""祝华年""环球乐"等并驾齐驱之概。

《粤剧全女班的兴起、发展和衰落》

❖ 冯明泉：花酌馆离不开妓馆

广州的"花酌馆"是俗称，实际招牌也只是称酒楼的。它和画舫不同之处，是酒楼本身不蓄妓女，而必与妓寨（院）近邻，营业对象当然以寻花问柳的客人为主。因而这类酒楼的布局，又与一般酒楼有别。它没有宽大的厅堂，而以仅容一两桌筵席的房间为主（也有些间隔是活动的，必要时可以打通）。每个房间又必备麻将牌具，摆设全套酸枝家私，有些还备有酸枝大罗汉床，以备随时可开鸦片烟局（需代禁烟局征捐）。酒楼装饰以古色古香为多，但灯饰却喜用进口的，据说这样才显得明净高雅，而名人字画，则不多见。

清末民初，直至陈济棠主粤年代，广州的高级妓院（寨）均集中在西关陈塘南一带（今十八甫南由梯云路口至六二三路段），花酌酒楼几乎都在陈塘南一带，有六大花酌酒楼之称，它们是群乐酒楼、永春酒楼、京华酒楼、瑶天酒楼、流觞酒楼、燕春台酒楼。酒楼的规模相当大，大小厅房一般都有四五十套，通道铺以名贵地毯，铺面有宽敞幽雅的会客厅，作为接待客人、预订厅房筵席之用。每套厅房有一位专责接待员（男性）称为"厅心"，厅心工作类似酒楼的厅房服务员，担负全厅具体服务侍候工作。绝大多数都是选用年轻俊俏、口齿伶俐、温文有礼的小伙子。由于顾客较少个人光顾，来必以小集体为多，花天酒地，纯娱乐者有之，拉关系联络感情者有之，斟生意、求官职者有之……他们在厅内"禾雀乱飞"，一时在这，一时在那，厅心的记忆力要很好，客人姓氏，一次便熟，不论张三李四喝什么茶，总之他到哪里，他的茶就"跟"到哪里（茶是每客一茶盅的）。辅助厅心做下栏清洁的则是中年妇女，她们衣着简朴，以白色大襟衫、黑宽脚裤为主，绝不会混淆。

花酌馆的业务，与妓院十分密切，故必设在妓院周围，而妓院又必须依靠酒楼，生意才能做旺（直接到妓院寻欢者虽有，但远不如酒楼"成批"召唤），故几乎所有妓院都把妓女"花名册"及其"玉照"送存各家花酌酒楼，以供顾客选择，这就叫"飞笺召妓"。

酒楼与妓院之间既相互依存，又互有"矛盾"。酒楼有求于妓院的是要能满足识途老马（熟客）的要求，能召得"红牌阿姑"猜（枚）饮（酒）唱（歌）靓（美貌）四美俱全者。但这些"红牌"毕竟是少数，妓院很难同时应付各家酒楼之需，于是乎，妓院就实行"提高身价""超前预约""缩短陪酒时间"等做法，可谓手段百出。妓院有求于酒楼者，则是"红牌"之外，一般妓女较多，这些都要靠酒楼介绍给顾客。于是多给"回佣"者有之，贿赂厅心者有之，所以厅心的收入，也大大超过一般酒楼的服务员。

花酌酒楼的业务，一般都从下午三四时开始（搓麻将牌），直至深夜12时后，供应的酒菜都是较高级的，所以对厨师的技术要求较高。以往有不少名厨，是在花酌楼的实地操作中锻炼出来的。

广州沦陷时妓院均迁往十五甫正街，仅宝华路银龙一家做此花酌馆生意，但档次已低，生意远不如前。

《广州的花舫与花酌馆》

❖ 冯明泉：紫洞艇，曾经的广州风格

紫洞艇是食在广州的又一种风格，它不同于画舫，也没有画舫那么巨型，但它却是能适应顾客要求，可以到处流动的平底木船。规模虽不算大，

一般也有两层，下面一层可容筵席四桌左右，楼上则只容两桌（需留地方贮物、住宿等），另艇头可容一二桌。其装饰也很不俗，也是画栋珠帘，少量的酸枝桌椅，点缀着小厅堂，而一般家具，均以简洁精巧为主。常停泊于珠江岸边，其经营特点，是必须预约，有生意才进货（鲜活品种），有客才升火（炉灶）。其组织几乎全是独资，家庭劳动，客有所需，亦可代雇临时女招待，甚至可以代聘鼓乐队，雇主欢喜将船开到哪里停泊，选择风景点，均唯命是从，所以紫洞艇每天大多数都只有一个雇主（即包艇）。清末民初，包艇一天，白银十两（包括撑艇水手）。菜式丰美，价格略昂，但原料必上乘，必新鲜，这是某些酒楼所不能保证的。这种消费，非常适合于久居闹市，厌倦酒楼喧嚣的富裕人士。民国十五年（1926）太平沙盐商黄某娶媳，回乡摆谢酒，包了六艘紫洞艇，串成一字，鼓乐喧天，直奔南海九江，轰动乡里，好不热闹。

紫洞艇在停泊珠江时，也曾经营过"飞笺召妓"生意，但毕竟环境所限，没有小厅房，不太方便，服务工作也远不及花酌酒楼。后来，水上画舫妓帮，又全为琼花、合昌两家控制，故部分紫洞艇则又转泊于黄沙一带（这里地近陈塘）。

紫洞艇全盛时期，长堤一带江面上有六七艘，另海珠公园（海珠公园是江上小岛，即现爱群大厦至靖海路口地段）江边泊有两艘，黄沙一带也有七八艘，其中最著名的有潮潮（长堤也有潮潮酒家）、孖生、辉记等，它们除菜式精美外，也与能召红牌妓女有关。然而紫洞艇由于自身也有不可克服的缺点，如业务上受地方太小的限制，兴旺时生意不能增多，冷淡时费用又很难减少；沿江建立码头以后，码头各有业主，由堂口控制，泊位困难；木船经一定时间使用后，便要维修，折旧费比陆上要高得多。更严峻的是小型菜艇（游河）、小花艇越来越多，生意灵活，紫洞艇的优点，几乎全为它们所代替。在这样内存困难，外受新兴同业的排挤下，紫洞艇便逐步减少，直至完全消失。1945年日本投降后，一些老前辈认为在全市酒楼业迅猛发展的大好形势下，紫洞艇大可以在没有多大竞争的情况下，"古老当时兴"，仍然有奔头，于是集资大修翻新一艘旧紫洞艇，取名"海平"，

▷ 清末民初珠江上的紫洞艇

并于1946年初在长堤"镇记"码头附近江面开业，然而艇容依旧，客源已稀，无法引起当年人们对紫洞艇的兴趣，不到一年便告歇业，成为广州市最后开业也是最后歇业的一艘紫洞艇。

《广州的花舫与花酒馆》

❖ 王羡甫：讲古寮，村哥里妇听书场

讲古寮是一座一连三便过，十分简陋，坐东向西，近百年来的建筑物。位置在东较场靠南边（即现在省人民体育场内），广州沦陷时期，被日本占领军拆平了。

讲古寮每日当正午前后，总有成百以上的人聚集其地，大抵1时左右即开讲。到时，讲古先生踞上座，前置小长台一，惊堂木一，茶壶、茶杯各一，小香炉一。他们经常讲的是《三国演义》《说唐》《精忠说岳》《水浒》《西游记》《济公传》《七侠五义》《小五义》《七剑十三侠》等通俗小说。这些小说内容，正面是讲忠义的，反面是讲奸邪的。他们讲得十分透彻，讲到忠义人物，从他的说话中描写出他的热情，他的义正词严，他的凛然不可侵犯的态度来；讲到奸邪鼠辈，也可从他的说话中刻画出他的心术，他的奸佞颜容，他的阿谀辞色，卑鄙、猥琐……一切一切从他的辞令中吐露出来。讲时口沫横飞，兴高采烈地形容故事中人之一举一动，讲至激动时不禁手舞足蹈。听众则倾耳凝神，心焉向往，听到忠心耿耿、大义凛然的事迹时，则容动情沸，眉飞色舞；听到奸邪的花言巧语时，则咬牙切齿，表现出恨不得"食其肉"的情态。听讲的群众，时有数百，但绝未见过文质彬彬、衣冠楚楚、自号为儒者的人到寮听讲。讲古台上还燃上一枝一节节的粗香，烧了一节，讲古先生便下来收一次钱，小休一下。休歇时，卖花生、瓜子等零碎食物的声浪起于四座，售卖者穿插于四座之间。稍一会儿，始再开讲，直至下午4时为止。

《广州讲古寮与东较场》

❖ 谢鼎初：泡汤的公共运动场

广州市内较为宽阔的场所，可辟为运动场的，只有东较场和北较场。北较场南北长，东西窄，面积不大，不敷建筑公共运动场之用；东较场面积宽广超过北较场，为全市唯一最大的空阔场所，位置虽稍偏东，惟交通便利。自民国成立后，每届省运会主持人鉴于临时布置会场，消费过大，均向当局提议，建敌永久公共运动场以省用费，因未得到政府当局的重视和协助，始终未能实现。至1916年（民国五年），朱庆澜任广东省长，他对于提倡体育，颇为热情，当时除设立女子体育学校，成立中国南部体育会外，又拨东较场地址建筑公共运动场。朱庆澜对此曾专案上呈大总统，其呈文云"……请拨地建筑公共运动场以提倡军国民教育请饬部立案由，……查该地内容由东到西六百六十五尺，由南到北，一千一百二十尺，地址宽阔，以之辟公共运动场，最为适合……请饬下内务、陆军、财政、教育四部立案以垂久远……"。是年接到大总就十二月二十六日第七二号训令照准立案后，即在东较场建设围墙头门，塑刻横额招牌以标志其政绩，又下令中国南部体育会妥为筹办。所谓提倡军国民教育，似乎煞有介事，其实仅有一纸拨地虚文，而场内仍是荒草砾石，空无所有。

1922年（民国十一年）孙科任广州市政厅长后，将原日广府南海番禺两县所辖广州市地区，正式划为广州市区，由广州市政厅管辖。其时是粤军在西北两江战后，军饷急如星火，加以广东纸币价低折，市库空虚，孙科为着搜刮军饷，除将市内各街坊寺庙公产尽行出卖外，认为东较场面积宽阔，可以售取巨款。其搜刮目标，又转向东校场。唯该地早经拨建公共运动场有案，若谬然出卖，深恐无人承领，乃出其欺骗手段，先由粤军政部（当时广东设大本营）下令以投变东较场建筑营房为名，着公共运动场迁往北较场设立。

省教育会等团体，以北较场面积狭小，不敷建设省运动场之用，请将北较场旁之陆军医院一并拨充，又请求在投变东较场所得产价项下，先拨款二十万元以为建筑公共运动场用费。粤军政部认为是借端纠缠，有意为难，即下令省署函知省教育会等，谓西北两江战事后，伤兵留院极多，请拨陆军医院为公共运动场地址，势难照准，至北较场地方，究竟于军事上有无关系，应否留为政府建筑兵房，容派员查勘明确，再行核定云云。这样把前经指拨北较场之舍，一笔勾销，以便为所欲为，继即把东较场平价出沽，每井产价只定六十元。又因面积广，产价多，个人承领，不无顾虑，敢于投资者，竟无一人，市政厅遂进而分段零沽，计全部面积六千多井，分作三十二份，共售产价41万多元。孙科又复下令工务财政两局，着将原建在东较场之围墙头门招商承拆，一并刮清，半砖不留。

自此以后，不独公共运动场建筑地址无着，省运动会举行地点，亦变成流动摊贩，随处借地开档。第九届省运会是借广东大学（现文明路鲁迅纪念馆，广东大学后改中山大学）操场举行，第十、十一两届省运会是借中山大学运动场举行。每届省运会借用会场，不独于交通、布置、秩序各方面有困难问题发生，而临时布置会场耗费亦多，一般舆论咸认建设公共运动场是一件重要事情。广东第五届全省教育会议，会议决请政府执行，省教育会呈请政府筹建。1928年（民国十七年）教育厅长黄节将建筑公共运动场案，提省务会议，但一切均无效果。所谓振兴体育，任由人民群众呼吁，而政府当局仍是充耳不闻。

《广东省公共运动场的沧桑》

❖ 张方卫：电影流行，戏院受冷落

20世纪初，广州虽有电影放映业，但毕竟都算不上现代的电影院。1920年南关画院建成，次年，一新、明珠竣工开业。此后，各电影院如雨后春笋，纷纷建成开业。

早期影片都是默片。如查理·卓别林的《寻子遇仙记》《淘金记》一类的影片。进入20年代，摄制整部故事片的风气蔓延全球。1926—1927年，我国制片业又兴起拍古装片的潮流，古装片如天一公司的《梁祝痛史》《孟姜女》《唐伯虎点秋香》；复旦影业公司的《华丽线》；上海影戏公司的《杨贵妃》《盘丝洞》等。这些影片在南洋各地和国内都很有市场。1928年，明星影片公司推出新片《火烧红莲寺》，于是武侠神怪片又开始流行。一时《红侠》《黑侠》《荒江女侠》《关东大侠》《万侠之王》接踵而来，不少是多集的，如最卖座的《火烧红莲寺》共拍了18集之多，《关东大侠》和《荒江女侠》也都拍了13集。这三部武侠多集片一直拍到1931年才告结束（这些武侠片后来有的被改编成粤剧）。如果不是1932年"一·二八"淞沪抗战爆发，导致有关当局在民众压力下禁止明星影片公司续拍《火烧红莲寺》的话，则可能这类武侠多集片的总集数还要多些。

据最近一家杂志的统计，说当时所拍的400部国产片中，武侠竟占了25部，可见武侠片曾风靡一时。

1926年，美国制成有声电影。1929年起，美国片商倾全力摄制"百分之百的有声片"。同年2月，上海放映了美国有声故事片《飞行将军》，这是有声影片在中国正式公开放映的开端。1930年4月12日，广州西堤二马路的中华画院首次放映了派拉蒙公司的有声片《红皮》（蜡盘配音，放音方式类似放唱片）。同月30日，南关电影院亦放映有声片，片子是联美公司的《驯悍记》，也是蜡盘配音片。随后不久，中华画院放映了派拉蒙公司的《璇宫艳史》，这是广州放映的第一部片上发音的影片（即声带发音，与现在采用的影片发音方式相同）。"自是以后，广州市民之欣赏画片，几无声不乐矣！"（《广州年鉴》，卷八，88页）

有声电影出现后，各电影院竞相添置设备，改放声片。各影院营业额遂告大增。到1933年，全市各影院的营业总额约达粤剧营业总额的160%。资本家见有利可图，纷纷集资开设新电影院。从1930年1月广州放第一部有声影片起，全市到1934年已有21个电影放映场，此外，还有三家电影院在兴建中。当时各影院多于院名中加入"声"字以广招徕……各影院的总座位数，1933年已达到19670个，次年2月金声开业后，又增加了大约1500个座位，总数已逾2万。各影院一般每天放映四场（日、夜各两场），粤剧只有日、夜各一场，而且10个演出场地总座位数大概只及影院的一半。况且进入30年代，戏院常因营业不佳而歇业。1932年下半年，海珠、河南、太平三家戏院开始兼放电影。1933年2月新华电影院开业，仗着资本雄厚、座位最多，率先实行降低票价，各影院群起效尤，于是戏院门庭更加冷落，而粤剧每年观众总人数更无法与电影相比。

▷ 民国时期广州夜晚的电影院灯火通明

电影的内容极为广泛。按当时的分类，共有言情、社会、军事、武侠、滑稽、伦理、侦探、歌舞、浪漫、惊险、历史、传奇、爱国、兽片、新闻、益智、体育等17类。真是包罗万象，古今中外，天上地下，无所不备。粤剧在题材及内容方面实在无法与之相比。

《三十年代广州粤剧盛衰记》

❖ 冯明泉：小画舫，舢板仔，游河听曲还有美食

▷ 售卖咸酸的疍家艇

广州人的生活，是多姿多彩的，民初以来，人们剪了辫子，也逐渐冷落长袍，渐兴西装革履，"四大一包"（指穿脱容易、舒适的开胸四个大袋短衫，宽阔而要打"裤包"才能穿稳的裤子和唐装鞋）的唐装衫裤鼎盛，工农商学各界人士，十居其九喜穿它，以其穿、脱快捷，灵活舒适（当然布质高低，色泽深浅亦有别）。人们工余之暇，消遣繁多，穿着唐装去游河是个大热门。游河的主要交通工具是"小画舫"和"舢板仔"。舢板仔是简单小艇，无篷，长两米多，宽仅八九十厘米，可坐二三人。租用者要自己划，故多是青壮年小伙子享用，按时计租，可以自由自在，满江游转。这种舢板几乎全集中于荔湾涌边，密密麻麻，夜幕将垂，便被租用一空，一艘艘顺涌而去，划入珠江。小画舫则是游河的主要设施，它不知始于何时，但因适合男女老少，舒适而幽雅，故业务越来越盛，小画舫也越来越多，

荔湾涌根本无法全纳（泊），于是很快就发展到黄沙和沙面江边（鬼棚尾），而且均数以百计。

　　小画舫艇长约4米，宽1米多，有四柱篷，有天花板装饰，艇的前面及左右舷，均有活动窗帘，中设长方形矮几，两边各可坐3人（限载6人），艇头以五彩雕花木檐衬托"前门"，艇尾高翘，可做广告使用，有活动篷以备天雨时可以拉出，遮护操桨人，操桨者全是中年以上妇女。每艘小画舫，均有一名青年妇女（时称"艇妹"），此女多矫健，衣着入时，但俱短衫裤，以方便行动，傍晚便淡妆迎客，立艇头接生意（艇租以时计，包划船）。艇妹口齿伶俐，讨价还价之余谈笑风生，生意谈就，全艇开灯（用蓄电池），除照明灯外，还有红绿小灯泡，光彩耀目。随客所喜，游览珠江夜景。小画舫以游河为主，一般不兼营其他业务，但可满足游客需求。如游客需听曲的，小画舫便划泊歌姬艇边，或歌姬艇应召泊靠小画舫，由客人点曲，自弹自唱，或双人弹唱。如客人需饮食的，小画舫便泊靠小食艇或菜艇，小食艇供应各种咸酸、皮蛋、汽水饮料。粥艇供应艇仔粥，猪、鱼、牛肉粥，菜艇供应各种菜式。这时"艇妹"便为你服务，她跳上菜艇，送来菜谱，点菜后，还为你摆好餐具，把菜馔送到小画舫，最后还需收拾好狼藉的杯盘碗碟，代客向菜艇结账。但小画舫却经营一款"艇尾鸡"食谱。小画舫的尾部，只备最简单的自用厨具，艇家没有什么烹调技巧，但凡是熟客——识途老马，均可预先一晚订好，请艇家代购艇尾鸡，它是水上人家用小竹笼挂在艇尾饲养的鸡（即广州人常用的歇后语——疍家鸡——见水唔得饮的鸡），由于永不放养，少见阳光而骨软肉滑，鸡味鲜美。但产量很少，只能是水上人家彼此认识，才能买到。此鸡也不必送到菜艇加工，小画舫主人，会按你需享用的具体时间，给你鲜宰，隔水清蒸，全无配料，食用只蘸姜茸油盐，风味迥异寻常。如客人高兴，叫"虾艇"送上鲜活海虾，蒸好鸡后，顺便给你蒸熟。总之，烹调方法也只有一种"隔水蒸"。随着小画舫业务的兴旺，菜艇及各种粥艇、海鲜艇、虾艇亦应运而生。

《广州的花舫与花酒馆》

❖ 叶少华：南园酒家，一般市民可望而不可即

　　南园酒家是过去广州市四大老酒家之一，历史悠久。它位于南堤二马路，为院落式平房，原来是盐商孔家花园，一些文人墨客经常宴游其间。辛亥革命后，略加修葺，改为酒家，仍缘用南园之名。由于酒肴糕点精美，布局又深幽有致，达官贵人趋之若鹜，其满汉全席尤为豪绅巨贾所喜爱，后院一排五间大厅与前头院落隔绝，官僚政客喜其宴饮时易于警卫，又可任意吸食鸦片，遂成为夤缘橼位、苟且贿赂的活动场所。老南园原专为此辈少数人服务，一般市民，可望而不可即。抗日战争期间，广州沦陷，南园酒家被日军占用为海军仓库，营业停顿。抗战胜利后，有人酿资重开，由于当时反动政权已岌岌可危，此专为官僚政客和豪绅巨贾服务的南园，终于无法维持，旋告停业。

《南园酒家今昔》

❖ 梁俨然：娱乐刊物受欢迎

　　20世纪20年代广州戏剧组织，每年农历六月十九日（观音诞）开班，（剧团组织）在新班成立之前，预布信息，使观众周知。当时广州市长寿路有一间两仪轩药店，老板亲属是粤剧界中人。头台尚未公演，店主人先印一份名叫《真栏》的刊物，内刊新班（剧团）名称，艺员名字，角式分配，并附表演剧本插图。沿街唤卖，大叫："《真栏》《真栏》，两仪轩石印版，埋齐有三十六班，人寿年第一班……"等语。甚得观众喜爱，颇有销

路。随后有两仪轩对户的长寿轩药店，也照样模仿发卖。八和公会成立后，收回版权，自行发刊，《真栏》才告停办。

随后市面上又出版了一份《伶星》杂志，报导戏剧信息，且还刊登电影消息。主办人为黄素民（笔名黄魂归来），张作康（笔名为浪里白条），初为16开版，后改为32开版，封面图案绘上戏剧面谱，旁配五角星，为麦啸霞绘制。这本杂志，除了报导戏剧艺员、电影明星的消息外，并附印音乐曲谱、特辑、简介等文章。由十八甫品经堂书局代理，吸引读者不少。该刊还召开读者座谈会，研讨刊物内容。发行之前在报摊挂上广告牌，将本期内容先行报道，因而销路日广，直至广州沦陷才停刊。

抗战胜利后，另有报刊发行商人梅亨（梅火芒）依照《伶星》杂志的办法，刊印一张小报，名为《真栏日报》，由余寄萍主编，亦颇受观众欢迎。

《娱乐新闻的刊物〈真栏〉与〈伶星〉》

❖ 骆臻：业余音乐社，玩得开心

广东音乐具有广泛的群众基础。它的旋律清楚易记。演奏方法也比较简单易懂。不少人从喜欢听粤曲进而学习玩奏。所以广东音乐的发展初期大都是以一种群众业余娱乐的形式而出现的。在广东人的家庭中，每逢喜庆节日，亲友围坐玩乐，丝竹管弦，声闻户外，已是常见的现象；三五良朋，彼此爱好相同，工余之暇，玩玩乐器，作为消遣，这样的机会也很多。记得远在几十年以前，广州市组办业余音乐社早就成为一时风尚。较早期的有济隆社和文镜社，后来荔枝湾畔又有易剑泉主办的素社，一群知识界人士组织的音乐俱乐部，音乐界人士蔚崔林举办的角社等等。每社人数五六人至二三十人不等，同样是聚集一群业余音乐戏剧爱好者以共同研究戏剧音乐为目的。后来这种组织越来越多，有如雨后春笋，卢家炽主持的小蔷薇社，李维慎、朱海、梁巨洶和我合办的美薇社，罗绮云、沈仲涂等所筹办的律吕源社，在当时相当活跃。这些小型的业余音乐社，纯由一群广东音乐的爱好者自发组合而成，没有任何政治后台的支撑，政府也不予理会，无须进行任何社团登记的手续，成员大都是一些中学生、小职员、小商人或自由职业者，每周一二次聚会，由成员每人每月科银三五元不等作为经费，彼此间互相交流经验心得，切磋研究音乐艺术，弹弹唱唱，其乐融融，玩至夜深，煲白粥炒沙龙（即盆粉），作为夜宵，因此"煲白炒龙"成了当时邀约玩乐的一句流行语。这些乐社后来的社会活动范围逐渐扩大，从小型的室内玩乐进而出现在各种活动场所公开表演，很受欢迎。接着也经常被广播电台邀约播音演唱或灌制唱片，成为公开的供人欣赏的艺术。不久，居然登上粤剧舞台，正式演出。记得当年每逢戏院中挂出"某某业余音乐社客串"的彩绸标条的时候，气氛就显得特别隆重。音乐手固然感到无限光荣，台上的老倌也加倍卖力气。

《解放前广东音乐与民间艺人》

❖ 邱秉枋：华南象棋少林寺，棋手的江湖

广州老一辈的棋迷，对于曾被称为"华南象棋少林寺"的翩翩茶室，是非常熟悉的。它原是设在广州西关宝华正中约的一家茶室（按：即周东生花园旧址），开业于1924年。翩翩茶室里面地方宏敞至极，设有园林茶座，环境幽美。它的主事人从"生意眼"出发，增创弈棋茶座，召集了不少棋人在那里活动，横车跃马，瀹茗论棋，成为广州棋手每日必到和棋客们竟日流连的去处。这里真是成行成市，热闹非常，一片让单车、让双马的斟盘口之声盈耳，极一时之盛。翩翩茶室的老板眼见营业日有进展，利润陡增，自然笑逐颜开。可是，职业棋人并没有从茶室得到什么好处，除了暂免瑟缩街头路边守着摊开棋档之苦外，仍须与棋客一样，照付茶点费。

他们每天清早就到茶室等候棋客光顾，棋客到来了，大家就抢着去拉"生意"，为了饭碗关系，同行之间还常会发生争吵。当时常到翩翩茶室下棋的棋客，各阶层人士都有，以商号的老板较多，如下九路京和绸缎庄店东陆伯舟，扬巷某号针织厂少东薛英，大新路德兴隆少东高庆云，濠畔街牛皮店店东苏秀泉等，也有社会上闻名的人士，如医师黎铎、潘拙庵、李应池等，律师郭腾蛟、李耀祖、邓君雄等，教授何衍璇、石光瑛、黄际遇等。这一大批棋迷们多数是以弈棋来作遣兴，专心去钻研棋艺的却为数不多。茶室的棋客虽然充斥，他们也知道和棋手对局，就必须缴交"学费"，每局棋下注博彩一般是二角至四角之间，而每一次对局约需一个多钟头的时间，因此棋手们每天最多只能对弈十局八局，弈彩所得除支付茶点费外，最好收入每天也不过一元余。

艺人们和棋客对弈时，总要将棋度较到差不多的程度，以仅能获胜为止；如果胜了棋客几局之后，就有意输回一两局或与之弈成和棋，务令对弈者不致感到没趣。冯敬如因为没有棋王架子，弈彩多少从不计较，所以想学棋的棋客，多数乐于跟他下棋。当时棋艺较高的棋手，每有新来的棋客就不论其棋力强弱，通常喜欢博险以"让双马"来争取棋客光顾，并且把让双马局当成一种秘密，不愿公开。一般对局的棋客都是棋力较差的，不易懂得让马局的解拆法，因而棋客想学一两下"散手"，那就非得交"学费"不可。冯敬如擅长让双马局，黄松轩曾邀冯试让他双马对弈，其条件是：冯如果胜黄一局则作十局计算，如弈和棋作为胜二局计算，冯负一局仍照一局计算，结果冯虽然负局多，但常有和局出现，冯也不一定吃亏，可见冯的棋力功夫老到。有时遇着雨天又没有棋客光顾时，棋手之间常常互相博弈起来，本来双方的棋力原是旗鼓相当的，捉起"顶手"棋来，孰胜孰负，难有绝对把握。像"广东四大天王"这样的棋坛"台柱"人物，还能吸引到一些棋客来光顾学棋，但是所过的生活也不见得怎样好；至于那些二三流的棋人生活的坎坷艰难，当然更不消说了。职业棋人潘炮在当时是列于次一等棋手的，棋客很少去向他学棋，收入很差，后来，潘炮只好另想一套谋生方法，便苦心练好"蒙目棋"（广州俗语称为"盲棋"）来招揽顾客。在外行人看来，能够闭着眼睛与人下棋是一件别开生面的奇事，因此潘炮改变办法后，还能够吸引到一些人，他也就凭此得以勉强维持最低生活。

《解放前三十年间华南象棋界》

❖ 徐直公：斗蟋蟀，是游戏也是赌博

广东赌风之盛，甲于他省，名目繁多，纪不胜纪。大者如番摊、白鸽票、铺票、山票、闱姓、花会等，规模宏伟，均设有厂或公司，由政府招商承投。小者如牌九、牛栏、顶牛、十二位、天九、打鸡、赶绵羊、三军、侯六、升官图、状元筹、叉麻雀、十点半、柑票、肉票、陶器票、啤牌、十三张、十五糊、纸牌、诗韵、通宝等多属民间家庭游戏，而有赌博性质的。至于斗鸡、斗雀、斗狗、斗蟀，其始虽为游戏，但后发展成为豪赌之工具，弄至倾家荡产者，时有所闻。

▷ 斗蟋蟀

我国斗蟀之风，肇始何时颇难详考。清光绪间，此风广州特盛，非仅以为游戏，直是以为赌博。每岁端阳节后，有此癖者，如云而起，群趋市上蟀肆选购佳种而畜之。

选蟀之法择其头颈圆，头与颈不同色，紫头蓝颈是为佳蟀。体厚而坚，腿长而白，必非劣种，豢养至体力充足时，先遣试斗，谓之较蟀。负者汰，胜者留，有较至十余次仍无能胜之者，斯为健将，始挈之赴猎所。

猎者集中决胜之所，有大猎小猎之分，小猎个中人称之为小斗，广州城厢内外与及河南各地，皆有开设。大猎则设于省河下游，距城约十里许，多属当地有力者包庇之，文武衙门，差役兵丁，利其陋规，不之揭发，官府亦以为属于游戏，无关大旨，不欲苛求。遂至斗蟀之风日炽。然犹避免以财为赌之名，饰词以饼饵金猪为赌，定例：每百斤饼折银6两，满千斤饼谓之1猪，即60两白银也。小斗所赌，不过三五百斤饼而已，鲜有赌至猪者。

《广州赌害：斗蟀》

❖ 朱奕中：动物园比不上生物商店

广州动物园的前身，是20世纪30年代的汉民公园，位于现在的北京路儿童公园处，后来曾称为永汉公园。该园面积甚小，只有一只老虎、一条蟒蛇和几只小猴子。在抗战期间，日本侵略军把这所小公园毁掉，改建了一个什么"神社"。抗战胜利后，国民党政府的"工务局"铲去了这座使人望而生畏的"神社"，重新复建了汉民公园。但那时候动物极少，只有一只云豹和几只猴子，简直比不上生物商店。

《广州动物园史略》

第九辑

大人物·小人物

❖ **龚志鎏：** 两广总督岑春煊

▷ 两广总督岑春煊（1861—1933）

岑春煊虽是一个统治阶级的官僚，但他的措施是比较"新潮"的。他任两广总督时算是行了一些新政，如兴办学校、编练新军与创办将弁学堂。又举办广州的电灯、电话与自来水，筑长堤与拆西关长寿寺改筑长寿路，这可算是广州有马路之始，是由岑发起的。拆长寿寺更有破除迷信的作用，他也惩办过一些贪官污吏，如杀李世贵和留南海知事裴景福，在当时的黑暗官场中岑是比较开明的了。1905年中美互订"华工条约"期满，美国政府要求续约，但约内条文非常苛刻，粤人群请拒绝"续约"。但清政府竟允美要求，于是粤人起而抵制美货，这是一个轰轰烈烈的群众运动。由粤人马达臣、潘达微、夏重民等3人领导进行。美国政府逐令驻广州的美领事照会岑春煊，要求惩办潘达微等3人。岑竟允其请，将潘达微等3人分别扣押于南海、番禺的监狱中。经过了一年之久，才将潘等3人释放。又当粤人发起向美国赎回粤汉铁路的构筑权时，岑又徇美国政府之要求，将赎路运动的发起士绅黎国廉扣押。

《岑春煊在广州》

❖ 佟直臣：糊涂昏庸的孚琦

辛亥（1911）年春，广州将军增祺调任，由左都统孚琦署理将军事务。是年旧历三月初十日，孚琦往燕塘参观试放飞机，归途被革命党人温生财（才）狙杀，当时城内八旗官员，即召集全部旗兵，听候差遣。迨获悉系因孚琦被刺，众皆大笑，谓昔日朝鲜志士安重根，刺杀日本要人伊藤博文，方有价值。今刺一贪污无能的孚琦，简直盲目妄为。后来仅派了一队旗兵出城把孚琦的尸体异回衙署。

孚琦贪污昏庸，贿赂公行，遇有制下官员升级，必以贿赂款多者升之，故旗人多深恨之。如满洲有一协领官名白毓庆者，家有祖遗房屋数间，经济素丰，时有一候补官员税居其家，因多年未得补缺，官囊如洗，积欠房租甚多，无力偿付，乃将仅存的一枝翡翠翎管，送白抵租，白得之视为至宝，讵事为孚琦所悉，提出借用，实欲夺取。白以并无此事拒之。孚琦不得要领，怀恨在心，遇事辄与白为难，卒参劾革去白职。另有一事，某日有一邮差送信给孚琦，当由收发处转递，孚琦拆阅，乃系痛骂他贪污枉法，力数其所得赃款之巨，应即滚蛋。孚琦大怒，即令追捕递信人，但为时过久，无法追及。孚琦乃严责收发员及衙役，经各人认错，方始了事。不久，邮差复投一同样信件来衙，收发员因前次教训，先将邮差扣留，然后转呈。经孚琦阅后，即令将邮差扣押，定要追出主使投信人，但邮差实在不知道，确实无从置答，卒致过时不能返局工作。经邮局查知系被左都统无理扣押，几经交涉，始得放还。由此可见孚琦糊涂昏庸的一斑。

《辛亥革命前夕广州满汉八旗的一些情况》

❖ 陈谦：辛亥遗老和士大夫

惠州起义后，清廷摇摇欲坠。从事革命运动者，以两广人为多。因此士大夫以清廷指斥康有为、梁启超及孙文为三大罪人，悬红缉捕，于是除前此视康梁如蛇蝎，避之而不敢近者，更警惕防范到误与革命党人相结识，并且口口声声斥革命党人不遗余力。而士大夫之败行者，又多方检举革命党人，以图邀功取赏。至于能为革命党人维护者，实不多见。闻之郑彼岸老先生说："粤人华侨何桂因被诬为革命党人，系于刑部狱中，我立即赶上北京营救。寓于旅舍，以同乡关系，谒见何藻翔（何字翔高，进士，顺德人，时任外务部郎中），告以事故。"何不计个人利害，即亲书密函，请军机处章京曾文玉帮忙。曾即遵照何所嘱托，设法营救何桂出狱。然而何藻翔的忠君思想，保守顽固，仍是一成不变。岁庚戌（1910），何充资政院钦选议员，开院十日，一言不发。友人王鸿年询其对资政院作何感想，何说："我为政府，必效拿破仑第三炮击议院，一网打尽。"王说："你愿死其中吗？"何坚说："无悔！"

辛亥三月二十九日之役后，在广州多数的士大夫，持着从前所谓"小乱居城，大乱居乡"的不成文惯例，预将家中所有细软贵重物品，收拾起来，分别押运往相熟而可靠的乡亲处存放。并且日夜打听革命党人举动，互相关照，期保身家性命的安全。及武昌起义，广东省光复后，遗老吴道镕、陈庆桂、丁仁长、张学华等，都如惊弓之鸟，急于躲避。认为各乡民军蜂起，不能安全，转而迁居港澳。各人由自己的住所出门赴码头，都衣长衣小褂，盘辫于顶，以小帽盖之，如道士装，避免长辫垂于脑后，惹人注目。并且多趁天未明时，即乘小肩舆、密垂轿帘，到省港码头后，登上当时之河南或香山、金山、佛山等悬挂英旗的轮船，溜入西餐房去，不敢出而露面。使家人或亲信人等押运箱柜衣物，累累如山丘。最宝贵者为诰命、朝冠、朝服、花翎、朝珠等旧物，郑重嘱咐押运人等小心护理。由于各遗老家中人口众多，蜂拥出门，肩舆络绎，以致夫役人等需过于供，不能不出高价以求。

辛亥阴历十二月二十六日，何藻翔在北京外交部奉逊国诏，时何方缮公牍，即搁笔，随对堂官说："白发满簪，宁堪再嫁，贰臣传末，位置殊难。决拟即日挂冠神武，披剃入山，芒鞋草笠，徜徉五百四峰间，作共和幸民，足矣。"于是翌晨即剃须发，易僧服，遄回粤东。赁庑府城西，杜门却扫。自后广州遗老如吴道镕、丁仁长等，也以香江虽好，而须受制于外夷。且舍却自己大好家园，而屈居于白鸽笼的小屋，月纳高价租金，殊非上计，更因米珠薪桂，维持一家，也势难持久。于是当时的遗老先后致函广州留居的亲友，问询近状，得他们回信，知悉治安如常，可以安居，即又纷纷迁回广州。此后，在广州的遗老每深居简出，以读书吟咏自遣，更不涉足于公共场所，茶楼酒肆。坚决留居港澳者，只是陈伯陶、赖际熙等人而已。

《辛亥前后广东士大夫生活的变化》

❖ 杨鸿烈：梁启超的讲演，听不懂

长期以来，梁氏虽为众所公认的一代作家，但在说话的时候，虽非蹇缓口吃，却很缺乏流利明白的口才，他在讲演的时候有时只闻"啊啊"的声音，即表示其词不达意。据王照说，梁氏初次被光绪皇帝召见，清朝制度，举人被召见后，即得赐入翰林，最下亦不失为内阁中书，但梁氏不会讲官话，口音差池，如读"孝"字为"好"，读"高"字为"古"，于是君臣间相对，无法传达意思，光绪很为失望，仅赐梁六品顶戴，仍派他在报馆做个主笔。大家都替他惋惜。但梁氏却不灰心。后来，因梁氏常与外省人周旋接触，新会乡音便逐渐改变，所以他某次提及在河南开封时，应冯玉祥督办的邀请，向西北军的官兵讲话的一段故事，说当时，因自己一时情感兴奋，竟滔滔不绝，使冯玉祥首先放声大哭，全军亦泣云。但这只是他一生所仅有罕见的场面。事实上，全国大多数听众都以不能完全明了他的西南官话为憾。尤其在华北方面，如一生最崇敬他的前北京高等师范学校教务主任兼史学教授王桐龄氏，凡有梁氏的讲演，几乎风雨无阻，每次必到，但总是乘兴而往，怏怏而归。问其所以，总是自认对于讲词的某段某节，竟完全听不明白，其他人士，十有五六，亦均抱同感。

《回忆梁启超先生》

❖ 罗翼群：孙中山的学问与理想

1916—1924年，我常在上海或广州，当时每因公入见或随侍中山先生，我见到他无论在燕居之暇或是在行营办公之余，都从不虚度时光，每每手不释卷或披阅图表。先生很喜研究各种海陆地图，每因著作需要，常命我代为收集购买。先生对地理特别是对中国地理极为熟悉，所以在他著《建国方略》时，提出了修建全国铁路20万里，公路百万里的伟大理想，以及疏导黄河、治理淮河的水利工程与如何建设各个大港等一套完整的实业计划。从这一计划中可以看到中山先生对祖国地理了如指掌；又在这一点上可以看到中山先生的学问，不独是广博而且是专精的。而其所以博而且精，则是由于好学不倦所获致的。

《孙中山先生轶事十则》

❖ 何泳珠：黄飞鸿的故事

清光绪二十年（1894）8月1日，清皇下诏对日宣战，"着刘永福酌带兵勇渡台"，为"帮办台湾防务"。8月5日，黄飞鸿随刘永福率九营福字军抵台，驻守台南。至1895年，中日战争中清兵在朝鲜败退，北洋舰队覆灭，澎湖列岛被攻占，清廷与日本签订屈辱的《马关条约》，割让辽东半岛、澎湖列岛及台湾，并下令台湾军政官员内渡。台湾军民起义反抗议决成立"台湾民主国"，推举唐景崧为总统，林朝栋为副总统，刘永福为大将军，黄飞鸿遂为殿前将军（刘、黄均未到台北听封，唐派人送大将军铁印给刘，未送达）。日军派北白川能久亲王率近卫师团从海陆两路进攻台湾，陷基隆，犯台北，唐、林畏日如虎逃回大陆（民主国于是年5月25日成立，6月3日唐逃走，不足十天）后，台南绅民推举永福任民主国总统，永福坚辞不受，誓言："我刘某在台湾不要命，不要钱，更不要官，愿与众同甘苦，戮杀倭奴。"仍以防务帮办之职，统率黑旗军和台湾义军同日寇展开生死搏斗。抗战五个多月，消灭日军少将山根信成、近卫师团中将北白川久能为首的日本侵略军32000余人。因清廷屈辱求和，严禁沿海大陆接济台湾军民，黑旗军弹尽粮绝，永福被迫内渡。黄飞鸿也只好离开台湾潜回广州。（据朱愚斋写的《黄飞鸿别传》和林世荣述的《工字伏虎拳谱·序》均有记述黄飞鸿曾到台湾，从唐从刘两种说法并存，我们曾采访过飞鸿徒孙林祖，据他说林世荣也曾问过黄飞鸿到台经过，但黄不说。）由于害怕清廷追究其曾任"反清立国"的民主国殿前将军之事，以及在台湾看到任凭武功再高，血肉之躯和冷兵器难挡敌人枪炮，曾一度心灰意冷，只是行医，不再授武，宝芝林门前贴一招纸（海报），写道："武艺功夫，难以传授，千金不传，求师莫问"。

1911年10月10日，武昌辛亥革命起义成功。11月9日广东革命军宣布独立，刘永福应辛亥革命军广东都督胡汉民之请，出任广东省民团总长，节制十数万起义民军，永福邀聘黄飞鸿为广东全省民团总教练，时间达两年之久。

1919年，黄飞鸿还在广东精武会成立大会上表演飞砣，当时黄飞鸿已七十有二了，两鬓花白，仍精神奕奕，双飞砣左右上下盘旋飞舞，雄风不减当年，赢得满场喝彩。

黄飞鸿行为正直，生活严谨。一些传记小说说他好寻花问柳和三妻四妾云云，这是以讹传讹。黄的一生是结过四次婚，都是在妻子去世才续娶的。嫡妻罗氏，婚三月亡，继娶马氏，生汉林、汉森（肥仔二）二子后，亦以病卒，续纳岑氏，生汉枢、汉熙，又病卒。人们说他命中克妻，因此，再续莫桂兰时便称为妾，而其实则是"名妾实妻"。桂兰19岁嫁飞鸿（因飞鸿年纪已老，因而桂兰未有所出）前，也曾得家传，习莫家拳。嫁给飞鸿后，事夫之余，也悉心学习武技，晨徒暮妾，是师徒也是夫妻，但终因其是女子，遂授以铁线拳、工字伏虎拳、子母刀、十字梅花剑等技，夫严妇勤，进步很快。当黄飞鸿组织舞狮女子队时，桂兰舞狮头，另一名女弟子邓秀琼舞狮尾，若非是武术及臂力有相当功夫，是难以担此重任的。黄飞鸿晚年，全靠桂兰随侍。

飞鸿有四子，诸子中酷爱汉森（因其幼时生得肥肥白白，人称肥仔二），最得飞鸿真传。当时，行驶于内河各地间的轮船，都雇有护勇，这些保卫人员，由一个名叫保商卫旅营的机构管理、派出。汉森就在这个机构任职，派往行驶广州至梧州间的轮上服务。同事中有一名叫鬼眼梁的，见飞鸿之子年轻，要和他较技，并说："我怕黄飞鸿的武功，绝不怕他的儿子。"可是动手后仅两招就被汉森打翻在地，因此鬼眼梁怀恨在心。在中秋节那晚，他设法使汉森喝得酩酊大醉，然后乘其昏迷中开枪击毙汉森，反说是汉森喝醉后拔枪杀他，他不得已自卫，才先开枪将其误杀致死，以摆脱罪责。

▷ 清末民初武术家黄飞鸿（1847—1924）

经过此事，飞鸿知道他的儿子是为了较技才丧失性命的，痛心之余，便发誓不再教他的其他儿子习武。黄飞鸿的第四子汉熙，面孔长得很像父亲，他完全不懂洪拳，其职业也与武术无关。1949年，胡鹏始拍黄飞鸿电影，他多次随莫桂兰到片场帮助。

《南海黄飞鸿传略》

❖ 林从郁："孙大炮"，一个光荣的称号

"车大炮"这句话，在广州话里是含有讥讽人说话不老实，或随便胡扯不负责任的意思。由于孙先生长于演讲和说话雄辩，广州有些人给他一个绰号，叫他做"孙大炮"。这当然是对孙先生的一种诬蔑，追溯源流，可能还是当时反动派害怕人们听信孙先生宣传的革命理论，而特别制造出来的。孙先生知道这一点，不过他并不介意。记得有一次在讲民族主义时，他曾坦率地说："广州有很多人叫我做'孙大炮'，好吧，现在我就要开大炮了。"接着，他就列举事实，指出帝国主义怎样用政治、经济侵略中国，中国如何危险，中国人民应怎样努力，滔滔不绝地像连珠炮那样"轰"下去。

这番话说得十分巧妙，他不否认自己是"大炮"，只用事实说明这"大炮"是打帝国主义的。这就使听众心理上起了变化，觉得这样的"大炮"不仅不惹人憎厌，反而可爱，多一些，对国家民族更有好处。当时博得听众，尤其学生们热烈的掌声。

1925年"六二三"沙基惨案发生时，在工人集会中，我还听过这样的话："可惜孙大炮死早了，如果他还在的话，帝国主义是不敢开枪的。商团事变时，英帝国主义驶进白鹅潭的战舰，它的大炮不是都卸了炮衣指向广州市吗？可是它屁也不敢放一个。"尽管反动派用"孙大炮"这个绰号来诋毁孙先生，可是在群众心目中，"孙大炮"却变成了光荣的称号。

《关于孙中山先生演讲三民主义的见闻》

❖ 詹同济：詹天佑与粤汉铁路

宣统元年八月（1909年10月）京张铁路连成通车，振奋民心，中外注目，鼓舞和推动了各省商办铁路的发展。詹天佑在展修张家口至绥远铁路当中，经川鄂两省呼吁和约请，就任四川省商办川汉铁路总工程司兼会办；1910年10月，经粤路众股东再次推选，任广东省商办粤汉铁路公司总理。1910年12月，詹天佑自张家口南下，经北京往广州，1911年3月，正式就职粤路公司总理职务，报章以《粤路来了好总理》为题，报道他的到职。詹天佑为节省开支，以总理自兼总工程司。邝孙谋离广州北上至北京，就职张绥铁路总工程司，接续詹天佑所从事之张绥铁路展修工作，邝孙谋临行前，陪同詹天佑验看粤路工程修筑事宜。詹天佑就职后，针对粤路公司人浮于事且财务开支浪费事情，采取相应措施，压缩支出，严订工作纪律。正当粤路工程不断取得进展之际，1911年5月，清政府以铁路收归国有为名，向外出卖路权，对商办干线铁路强行没收。清政府此举，招致粤湘鄂川各省人民强烈反对，四川省商办川汉铁路修建中途受阻，四川省激烈爆发保路运动。詹天佑身兼广东省商办粤汉铁路及四川省商办川汉铁路两路领导职务，对于清政府深为不满，他于1911年5月25日于广州致函宜昌颜德庆称："邮传部正在收回所有的铁路，是善是恶，终将有报。我强忍着不做任何评论，而每一个人都和我一样，洞悉此事。"他由于粤路公司工作紧张，无法离开往川路视察工作，粤路公司全体股东于6月6日召开会议决定拒绝政府收回，坚持商办，并成立保路机构。1911年6月7日詹天佑领导的粤路公司致电川路公司共同保路，电文称："路归国有，失信天下。粤路蒸日会议，股东合群反对，力筹对待，现就公司设保路机关所。彼此唇齿，务恳协力。"四川省保路运动发展成为保路同志军起义，推翻了清政府在四川省的统治，成为辛亥革命的导火线。在辛亥革命到来之前，广州城内形势紧张，富有者多怀畏惧之心，逃往香港。粤路公司人员中出现离散情绪，友人们劝说詹天佑不要停留在广州，以免危及安全。詹天佑则将粤路公司各部门领导人召集在一起，向大家宣布，他本人是不离开广州的，如果任何人想走，可以离开，但必须在离开之前，将经办的工作，向公司总理或总理的代表人交代清楚，方准离开。詹天佑坚守岗位，在他的影响下，粤路公司无一人离去，使列车照常开行，保证了运输无误，避免了损失。而邻近的广三铁路，则因为领导人员率先逃跑，使铁路财产遭受重大损失。民国元年（1912）5月，孙中山从事实业建设中，首先到广州视察商办广东省粤汉铁路总公司，詹天佑率领公司人员欢迎孙中山。孙中山非常重视粤汉铁路建设，他指示："粤汉干路关系民国建设前途甚大，且大利所在，并为振兴实业之首务。""速收三期股款，联合湘鄂，推广进行，国利民福，望速图之。"

　　民国政府确定铁路国有政策，但广东省粤汉铁路仍继续商办（直至1923年，孙中山在广州任陆海军大元帅时，因革命军事需要，又加粤路管理不善，乃派员管理路务，粤路由商办改为官督商办）。粤汉全路设督办总公所于汉口，任命谭人凤为督办。民国元年（1912）7月，詹天佑被任命为粤汉铁路会办，为督办之副职。同年12月，粤汉及川汉铁路合称汉粤川铁路，詹天佑任职汉粤川路会办，协助督办主管工程事务，督办先为谭人凤，后为黄兴。詹天佑任职汉粤川全线职务后，辞去粤路公司总理之职，民国三年（1914），由欧赓祥为总理，原副总工程司容祺勋升任总工程司。

《詹天佑与商办广东省粤汉铁路》

❖ 汤锐祥：程璧光与海军南下护法

1917年春，北京政坛上爆发了黎元洪集团（总统府）和段祺瑞集团（国务院）争夺权力的激烈斗争。在这"府院之争"白热化，段祺瑞嗾使督军团武力威迫黎元洪解散国会的危急时刻，海军总长程璧光曾拟由海军舰队护卫黎元洪出京南下，督师北上，讨伐叛逆。此议未为黎元洪采纳，程璧光即于6月5日乘军舰前赴上海，到沪后即召集海军总司令萨镇冰、第一舰队司令林葆怿及驻吴淞口的海圻、海琛等舰舰长汤廷光等商议讨逆事宜，筹划海军独立，开展护法救国斗争。

6月23日，程璧光应孙中山、岑春煊、唐绍仪的联衔邀请，到上海静安寺路哈同花园密商海军南下护法事宜。会议商定由中华革命党提供急需军费（当时孙中山筹得30万元，以捐助方式供给军舰南下使用），军舰煤饷得到解决，程璧光便在林葆怿的协助下，率领第一舰队主要军舰南下广东，伸张护法大义。7月6日，程璧光即饬令时归第一舰队指挥的应瑞练习舰护送孙中山、章太炎、陈炯明、许崇智、朱执信等人先行前赴广东，联络西南各省的护法势力，发动讨伐叛逆斗争。按照商定计划，在接到广东省长朱庆澜致电上海龙华，欢迎海军移师粤海后，7月22日程璧光即率领吴淞口第一舰队的海圻等七舰南下，同时委托汪精卫代拟并拍发了以"拥护约法、恢复国会、惩办祸首三事自矢"的《海军南下护法讨逆宣言》。

海军舰队浩浩荡荡南下后，讨逆护法义声盈粤海，这支强大的军事力量，成为孙中山为首的革命民主派立足广州与护法军政府存在的有力支柱。

▷ 程璧光（1861—1918）

可惜，国难方殷，护法基地的广东又为桂系所盘踞，督军莫荣新恣意专横，对军政府诸多破坏，护法势力正处于艰苦奋斗的严峻时刻，正有待各派各军"协力同心，共扶危局"之时，程璧光又常以兴师护法，纯出公义，捐躯为国，正符夙愿，且素性和平，惯于出入简从，因而对宵小之辈的暗害，未作应有的提防。在他遇害前的几天，22日、24日曾连续接到从邮局投递的以广东水雷局用笺书写的、署名地雷队长岑寿樟和陈祖寿等的诬告信。信中诬陷程公接受贿赂，暗通北京段祺瑞，蓄谋背叛护法。接信后，程公以南下护法已决意"宁维持公理死"，"生死所不计"。对此恶言谩骂，他泰然处之，毫无所惧，只将诬蔑函转送广东督军署参谋长郭椿森，请其公便时转告粤督莫荣新关注此事，指出该信"造语糊涂，意存谩骂。此等无稽之言，本不屑与较，惟该员身为军人，俱有职守，出言负责，岂宜任意诬人"。

正直军人，忽略防备，乃为凶残刺客所乘。2月26日午后，当程璧光从海珠海军办事所独自渡河，正要登岸之际，突遭埋伏在海珠码头的凶徒所狙击，枪中胸部要害，即时殒命。程公矢志护法，革命壮志未成，猝遭惨害，军政府失去有力支柱，痛何可言！

《海军总长程璧光纪念铜像筹建始末》

❖ 陆丹林：第一个殉难的新闻记者

陈听香是广州《公言报》的记者。因为新闻记者出身的陈炯明当了广东都督，借词擅自把另一个由新闻记者出身的民团总局副总办黄世仲枪毙。陈听香仗义执言，替黄世仲打抱不平，笔杆的矛头，自然指到陈炯明的身上。陈炯明即以"造谣惑众扰乱治安"的罪名命鹰犬逮捕陈听香，枪杀陈听香。这是中华民国成立后中国第一个殉难的新闻记者。当时的广州并没有宣布戒严，陈听香又不是军职。而陈炯明呢，是学过法政，当过咨议局议员，办过《可报》，夤缘时会投机做革命党人。一朝权在手，便滥用职权，不经过一定的法律程序，便即枪决新闻记者，可说是残贼成性。因此，他后来的叛变革命，是没有什么稀奇。由此一来，他便开了军阀擅杀新闻记者的恶例。

《死于职守的广州记者》

❖ 杨绍权等：李军长不识字

1926年秋，李福林为国民革命军第五军军长时，也是国民党的中委之一。其时国民党中央组成了一个"航空同志会"，公开吸收群众为会员，各级学校的学生都可以参加，我（杨绍权）也加入了。有一次在大沙头举行航空表演，我被派到会场站岗（当时我是童子军），站在主席台下。李福林以国民党中委和"航空同志会"执行委员的身份，在主席台上演讲。他掏出了一篇讲稿，读了开头三数句，读不下去了。把我叫到台上，将讲稿递给我，并回头向听众大声说道："丢那妈，个个契弟秘书卖弄文才，做咁深嘅稿，好多字都唔识得，叫呢个小朋友帮我读俾你们听。噂，你识唔识得晒呀？"（意思是说："他妈的，那个兔崽子秘书卖弄文才，写这样深的稿，许多字都不认识，来叫这个小朋友替我念给你们听。噢！你能不能都认识下来啊！"）我把它照读了下来，其实并没有很深的字。

他和江孔殷一文一武，盘踞河南三角洲，彼此信任。许多文稿，都是由江孔殷的女儿代他执笔写的。骈四俪六，李福林根本不懂得是怎么一回事。反正全权委之于江孔殷就算。李福林于1917年接受黎元洪赠给勋位的《谢呈》竟有句云："伏念福林白屋起家，绿林隶籍。楼船横海，曾充下濑之兵，繁戟牙门，亲授单于之曲。"一时传为笑柄，但倒也是坦率的自白。

《李福林二三事》

❖ 赖祖鎏：李福林的暴脾气和小心眼

李福林性情虽亢直，但对下动辄打骂。如油浸禾花筒咸鱼，蒸了一块仍嫌多，召厨子告诫。厨子谓不算多，便击以旱烟筒致头部流血；厨子煮生饭，召至拳击重伤；红烧鲍鱼不好，亦然。但其中有由其亲家谭礼庭所介绍之李姓厨师，身体魁梧，精于烹调，善观颜色，未尝受责。有婢上树摘果，男仆大摇树干，李氏见而大怒。立拔枪击，其姐在旁，急抬其手，弹由耳过。归侨黄居正，肄业于广东海军学校，邓铿将校停办，后乃搞编民军，得人枪后，委充营长。黄氏身体魁梧，三皮章身（横直带挂刀带），卫士驳壳跟随，威风凛凛。但性情亦较躁，一次与李忤，为李拔枪伤之，恐愈后成仇，持不毒不丈夫之旨，再加枪毙之。西樵有潘姓巨绅，曾识李氏于微时，迭加资助。李又曾遭江孔殷掌管之清乡公所逮捕。潘为具保省释，大有查伊璜与吴六奇之韵事。李氏为军长后，潘因一匪案，来省晋谒请保。李谓此人实无多大罪恶，乞予省释，言谈间，最后又有"人谁无过，即如军长昔年，不是一样吗？"李立即色变，退去，潘仍坐待。不久，士兵以绳捆缚，外出枪毙，潘氏以保人失言，死于非命，为属揭其隐私。然以重耳不杀勃鞮、小白不杀管仲，亦见其量之不广。

《李福林其人》

❖ 萧宝耀：宋子文发迹

　　1924年春孙中山先生改组国民党，决定收回被外人侵夺的盐税权，准备派员接任两广盐务稽核所。此时宋子文是一个年仅30岁的纨绔青年，在美国读过书，回国后在上海银行任行员。他对中国文字，仅识"之无"，但对英文则颇熟练。见孙先生在粤的事业蓬蓬勃勃，便见猎心喜，辞了银行职务，襆被来粤，求取一官半职。孙先生正在为接收盐务稽核所，物色熟练英文和外国会计、簿记的人才，见宋子文抵粤，即委以两广盐务稽核所经理的职务。当时洋经理久经离职，由华人协理伍于簪兼代经理职务。伍于簪接讯亦弃职潜逃。该所原有三个业务部门：英文课、会计课、汉文课。英文课管理一切对五国银行团和稽核总署的往来文件。会计课主理会计税收和簿记账目，业务相当重要。汉文课只管对中国官厅来往文件。英文课长温福田和会计课长何文锦是北京稽核总署所委派，宋子文接任后，不敢更动他们。那时，宋的"夹必袋"只有2个人才，一个是由上海带来的吴英华派充汉文课长；一个是在美国认识的广东中山人郑芷湘派充东汇关委员。加上西汇关委员林祥，这就是"宋记班"的全部班底。

　　宋子文来到广州住在当时最高等的亚洲酒店，和郑芷湘、吴英华等，每晚在东堤、陈塘的娼寮、酒楼宿娼买笑，大饮大喝，后来接收了两广盐务稽核所经理，财权在握，为所欲为。经理的薪金规定每月大洋700元，还有居屋费和特别费大洋1000元（当时广东以小洋为本位，对大洋加2伸算，每元大洋兑小洋1元2毫。广东的省长月薪800元，财政厅长600元）。宋子文当时尚未结婚，有了偌大的额定收入，就追求享受，雇用了一个弄西餐的厨子，两个洗衣服服侍的女工，还有两个仆人，一辆小汽车，一跃成为财政界的红人。

《宋子文发迹的一些史实》

❖ 郁达夫：鲁迅离穗与文坛登龙术

我的记忆力很差，尤其是对于时日及名姓等的记忆。有些朋友，当见面时却混得很熟，但竟有一年半载以上，不晓得他的名姓的，因为混熟了，又不好再请教尊姓大名的缘故。像这一种习惯，我想一般人也许都有，可是，在我觉得特别的厉害。而鲁迅呢，却很奇怪，他对于遇见过一次，或和他在文字上有点纠葛过的人，都记得很详细，很永固。

所以，我在前段说起过的，鲁迅到上海的时日，照理应该在十八年的春夏之交；因为他于离开厦门大学之后，是曾上广州中山大学去住过一年的；他的重回上海，是在因和顾颉刚起了冲突，脱离中山大学之后；并且因恐受当局的压迫拘捕，其后亦曾在广州闲住了半年以上的时间。

他对于辞去中山大学教职之后，在广州闲住的半年那一节事情，也解释得非常有趣。他说：

"在这半年中，我譬如是一只雄鸡，在和对方呆斗。这呆斗的方式，并不是两边就咬起来，却是振冠击羽，保持着一段相当距离的对视。因为对方的假君子，背后是有政治力量的，你若一经示弱，对方就会用无论哪一种卑鄙的手段，来加你以压迫。

"因而有一次，大学里来请我讲演，伪君子正在庆幸机会到了，可以罗织成罪我的证据。但我却不忙不迫地讲了些魏晋人的风度之类，而对于时局和政治，一个字也不曾提起。"

在广州闲住了半年之后，对方的注意力有点松懈了，就是对方的雄鸡，坚忍力有点不能支持了；他就迅速地整理行囊，乘其不备，而离开了广州。

人虽则离开了，但对于代表恶势力而和他反对的人，他却始终不会忘记。所以，他的文章里，无论在哪一篇，只教用得上去的话，他总不肯放松一着，老会把这代表恶势力的敌人押解出来示众。

对于这一点，我也曾再三地劝他过，劝他不要上当。因为有许多无理取闹，来攻击他的人，都想利用了他来成名。实际上，这一个文坛登龙术，是屡试屡验的法门；过去曾经有不少的青年，围攻鲁迅而成了名的。但他的解释，却很彻底。他说：

"他们的目的，我当然明了。但我的反攻，却有两种意思。第一，是正可以因此而成全了他们；第二，是也因为了他们，而真理愈得阐明。他们的成名，是烟火似的一时的现象，但真理却是永久的。"

《忆鲁迅》

❖ 何崇校：葛老大，好大言脸皮厚

葛肇煌身材高大壮实，肤色黄黑，额角很低，嘴里镶了几枚金牙，一股庸俗气。他见人时，总是满面笑容，说明他能相与人，在旧社会懂得"捞世界"。他有一种讲大话而面不改色的本领。1942年间，葛已脱离了九十三师，参加了军统，在广东缉私处惠阳查缉所任专员。但任职不久，就被人控告，说他有私贩枪支行为，受到撤职处分。军统局还命令广东站将他扣押，审查他的私贩枪支罪。后以查无实据，仅关押几个月便将他释放。那时我因事到韶关，听说他吃官司出来，特地去安慰他。他在西河坝广州酒家请我和我一个刚从惠阳来的内弟吃饭。我那内弟年轻不懂事，在席上一见葛，即说："这位葛专员我认识。"并大声向我说："葛专员在惠阳收了乡亲们万把块钱，说是能代买到自卫枪支，但收了钱后，总无下文，乡亲们都想追回这笔钱呢！"我蹴了内弟一脚，禁阻其在酒席上当面揭发主人隐私。但葛肇煌听了反而泰然自若，毫不介意。他面不改容，仍很愉快地招待我们吃完那餐饭，面皮厚得很。葛讲大话亦能头头是道。记得在1948年，一次葛和我深谈，和我自述他的长处，说："我自问无所长。我只是善于去拉拢别人，还能说得别人相信。但将人拉来之后，如何去组织他们，我就毫无办法了，这就要靠别人帮助了。正如我能到市场去采买，但买回来后，如何烹饪成菜席，我就毫无办法了。"

葛出身于旧式的官僚家庭，但性格尚不古板，做人十分豁达，并不拘泥。他有一个女儿，十八九岁，爱扮男装，毫无女孩气，别人总误会是葛的儿子。葛的老婆三嫂对这个女儿不大高兴，而葛肇煌则总是支持这个女儿，说："何必那样古板？"葛的好大言（能说谎）和豁达不拘泥小节的性格，是适合做一个黑社会头子的。

葛肇煌在韶关受扣押被释放后，军统以他在九十三师任通讯营营长时，驻防西江，对西江情形熟悉，于1943年秋，派他为西江独立行动大队长，命他相机派人潜入日军占领区进行骚扰。1944年初，葛肇煌将他的大队部设在三水县的芦苞镇。这地方当时是日军尚未骚扰的地方。葛蹲在这个安全点，并不派人进日占区去骚扰，而是施展他讲大话的"特长"，又凭借军统的背景，去和附近一带的大天二勾勾搭搭，干违法走私勾当。葛平时爱听人称他为"葛大哥"，那时其实葛尚不是洪门帮会中人，他是于1946年才加入洪门的。

《广东洪门忠义会始末》

❖ 李松庵：关帝厅人马的窦口

新中国成立前广州有个乞丐集团，叫作关帝厅人马。这个组织始于何时，已不可考。他们最初猬集在西关一带，各级头目分别歇脚在洪圣庙、文昌宫、孔子庙、湄州寺、莲花庵等寺庙，而总头目则寄足于西来初地华林寺内，散处在市区和近郊破祠烂庙的乞丐亦归其管辖。

原来关帝厅的头目是世袭的，以后北方来了一个花子头陈起凤，由于他在少林寺当过几年头陀，练得一副过硬的拳脚，身边又有一伙亡命之徒，结为死党，成为一股黑势力。当时北方遭逢了一场严重的灾荒，群乞跑到广州，陈起凤的势力日益扩大，从而打破世袭，取代了关帝厅头目的地位。窦口仍然设在华林寺内。

过去广州的住户每办红白二事，必先送一笔黑钱（黑话叫作"碧陈"）到关帝厅，讨回一张木板刻印有"附城花子陈起凤"字样的符篆式的东西，贴在门口，以保安全，使婚丧诸事顺利进行。据说这笔黑钱分作五份，丐头占一份，当地段警占一份，其余三份名义上为关帝厅所辖乞丐的福利开支，为医疗和殓理之用，然而大部分为关帝厅人马的头面人物所中饱。

关帝厅人马的头目，除了分配乞丐在不同地段叫街行乞之外，还负责其他乞丐的训练工作。有的打发到西来初地对街的光雅里仪仗铺打点零活，临时受雇去抬棺肩舆和撑幡打伞，得些微薄的"利市"和剩饭残羹；有的给年老花子搭配童丐，俨然公孙受难，席地哀求布施；有的用一块腐臭的牛肉贴在腿上，佯作脓肿溃疡，非讨得施主钱米，赖在人家门口不走；有的索性把乞丐的头壳刮光，烙上两行戒疤，穿上袈裟，到处托钵化缘；有的在郊区的破寮烂庙，挂个纸糊的"承接担幡买水，涕泪长短，价钱另议"的招牌，受雇丧家替死者洗脸、招魂乃至哭丧，从中捞取酬赏。此外还有沿街卖唱，当众献武，牵着绵羊耍着猴子求乞的。一般老弱的乞丐，则着他们到大街小巷叫街，尾随过客，锲而不舍，以怆凉悲恻的声音呼叫："好心啦！少爷小姐啦，界个仙屎啦！"（仙屎即铜板）直至过客听得心烦耳腻，不得不给予布施为止。

每逢乡间姓界纷争，酿成械斗，双方为充实力量，而闾里又壮丁不足，在声援无路、搬兵无门的情况下，不得不求助于关帝厅头面人物，许予重金，雇用一批乞群中身壮力健的亡命之徒，作为械斗的借助力量。由于这类乞丐，流浪四方，乡间大都没有家室，即使在械斗中打死，别无遗裔可寻，所发恤金，可以尽入乞头私囊，关帝厅头目亦乐于组织这类炮灰，为其卖命，从中捞取厚利。

关帝厅人马利用以上各种手段乞取的酬赏，必须将所得的三成供奉给所辖乞头（大骨），然后分出一部上缴关帝厅头目，由他们与段警坐享分肥。

一些乞头，还在郊区的荒地，用扒来的手脚架、杉尾、破砖崩瓦，和拾来的麻包、油布、晒衣竹、扫帚柄等支架起竹寮，把所辖领域内的乞丐上缴的"千家饭"，大养三鸟，从中牟利。

在乞群中亦不乏好人，其中还有为人称道的义丐。1911年4月27日（农历三月二十九日），孙中山先生领导的同盟会在广州举行武装起义，在和清军激战中英勇牺牲的烈士72人（实际85人），遗体被抛在大东门外咨议局前的荒地上，当时同盟会员广州报人潘达微毅然冒着生命的危险和一群义丐、仵工前往收殓遗骸，葬在市郊沙河的红花岗（后改名黄花岗）上。潘达微收殓忠骸后，一度跑到上海龙华种花为生，直至武昌起义成功后，潘氏回到广州，缅怀先烈，回忆当时共同冒着杀头风险收葬烈士忠骸的义丐、仵工，看到他们身世飘零，感慨系之，乃毅然办起《乞儿呼天报》，揭露世道不平和乞儿可悲的遭遇，借以唤起邦人，发出同情之心，给予他们财物上的救济。同时将"三二九"侠丐、仵工的义行，写成连载小说发刊。由于该报的编辑、访员不谙这些游民无产者的底层生活，稿源不继，销途日窄，不久停刊。

《广州几种光怪陆离的行业》

❖ 采文：南国"美人鱼"

1933年至1936年，是杨秀琼水上春秋的黄金时代。短短四年中，她接连参加第五届、第六届全国运动会，第十届远东运动会，第十一届奥林匹克运动会，成绩显赫，引人瞩目。

1933年，民族危机进一步加深，日寇的铁蹄蹂躏了整个东北。萧瑟的秋风中，国民党主办的第五届全国运动会在南京中央体育场揭幕。全国各省市运动员在"强作欢笑免为愁"的压抑气氛中参加了这次运动会。东北青年运动员在爱国力量的支持下，高举"辽、吉、黑、热"四省大旗，进入会场，接受全国人民的检阅。

这次运动会，第一次将女子五项游泳列为正式比赛项目。各地女选手纷纷参加，"在国内尚属破天荒之纪录"。杨秀琼和姐姐杨秀珍在一起，作为香港队的选手参加了比赛。决赛时，秀琼技压群芳，勇夺四项冠军。又在200米接力赛中，与刘桂珍、杨秀珍、梁咏娴合作，取得第五面金牌。50米自由泳成绩38秒2；100米自由泳1分29秒6；100米仰泳1分45秒2；200米俯泳3分41秒1；200米接力2分49秒；五项成绩均创全国新纪录。女子团体总分香港队以45分的绝对优势取得第一名。杨秀琼一鸣惊人，成为全国著名的新闻人物。

15岁的秀琼不仅有精湛的泳技，更有姣姣神采。她面容端庄秀丽，身材丰满结实，举止落落大方，而且性情爽朗，言谈和蔼，因此，人们称誉她为南国"美人鱼"。尽管人们对这次运动会反应冷淡，但为了一睹"美人鱼"的风采，也争相抢购游泳比赛的门票。泳池的看台上常挤满了观众，每当秀琼出赛，掌声、喝彩声经久不绝。

1934年，国际形势风云变幻。日寇为了巩固在东北的统治，精心筹划拼凑了一个傀儡政府——伪"满洲国"。为使侵略的阴谋和丑行得到国际承认，日本费尽心机，想把"满洲国"作为正式国家塞进远东运动会，但由于中国人民的坚决反对而未能得逞。经历几许风波，第十届远东运动会于1934年5月12日在菲律宾马尼拉力柴尔运动场拉开战幕。在雄亮的军乐曲中，参加角逐的中、日、菲、印度等国400多名运动员先后进场。走在中国运动员队伍中的，有被誉为靠中国游泳"四女杰"的杨秀琼、刘桂珍、陈焕琼、梁咏娴，她们都是广东人，因在第五届全运会中崭露头角而成为国家队的选手。

《半个世纪前的一位泳坛明星——记南国"美人鱼"杨秀琼》

❖ 吴紫铨："股长褛"与"荐任车"

　　1938年10月10日黄昏时候，日军侵犯华南，先以舰艇进抵我大亚湾附近海面。11日晚上，全部陆、海、空军到海面集中，完成强行登陆各种准备。12日拂晓，以海、空军掩护陆军向澳头附近强行登陆。占领淡水后，分兵两路（一沿惠淡、惠博两公路挺进，绕道出花县包围广州；一出增城沿广增公路进犯广州），长驱直进，不旬日唾手而占领了华南国防前线重镇——广州（23日上午占领）。第四路军总司令余汉谋、广东省政府主席吴铁城、广州市市长曾养甫等军政大员纷纷逃命，军、政机关，纷纷撤退（四路军总部撤退翁源、省府撤退连县、市府撤退四会，包括它们所属机关），因而有"三无"（即余汉无谋，吴铁无城、曾养无甫——"甫""谱"同音）的民谣和"跑也没跑得这么快"之说。广东省政府是于10月17日黄昏时候撤退的。各职员不准携带家属，家属由各人自行处理，只准携带一被铺和随身行李一箱，不准多带。但这是对于委员以下职员的限制，荐任的不在此限；特任、简任的当然更不在话下。出发时，除特殊阶级乘坐汽车外，用无数大货车装载公私物资和人员星夜驶往翁源的三华，大约是第三晚，吴铁城到达三华，喘息未定，又彻夜狼狈地赶往连县。在夜色沉沉、荒山野岭中，车灯齐明，蜿蜒前进，宛如一条很长的火蛇，爬行于屈曲多弯的羊肠小道和悬崖峭壁的秤架山，最后终于到达连县。过了好几天，传说广州已沦陷，人们半信半疑，痴望其为谣传。旋又传说李福林率领军队把广州收复，又转悲为喜。最后证实广州确已沦陷，人们多有痛哭失声或饮泣等，不胜悲痛。

　　天气渐渐寒冷，粤北比广州为甚。由于上述携带行李的限制和薪给、经济或其他收入关系，荐任官以上，大都携带或购置皮衣、绒大袄、绒织品等御寒衣服，无甚问题。所苦的是委任级股长以下的职员。他们大都是"穷鬼"，不比荐任以上的阔佬，既没带来寒衣，又无力购置、缝制，无以御寒。吴铁城采纳某人建议，叫人特制反领西装的短棉褛，给他们特别是股长穿着。工料价钱，似乎是由省府补助、摊扣月薪。委任级以股长为首。当时穿着短棉褛的多是股长，人们与省府各大小官员相遇，无论识与不识，只需一望他们所穿的衣服，便知是何等级，衣服就成为他们等级的标志，于是人们对短棉褛名之曰"股长褛"。

无独有偶，与"股长褛""媲美"的是"荐任车"：

1939年春，吴铁城去职，李汉魂继任。元旦日，召集所属文武官员齐集连县县城郊外较场训话。大意无非是激励他们奉公守法，一心抗战。主要的还是自我夸张，不怕强敌，以省府迁连为怯弱，要把它迁往韶关。这是他履新时针对吴铁城的省府迁连所发的"第一炮"。其后省府迁徙于连、韶之间，还不止一次哩。

省府迁往韶关，选择黄岗和附近一带为省府及所属机关办公地址。黄岗距离韶关十华里，属于山区地带，有小小的村落。除盖搭棚厂、"竹织批烫"外，租用民房、祠堂为办公之需。黄岗对面为乌蛟塘，则填塞建成职员住宅区（仍分荐任、委任）。黄岗与乌蛟塘之间，是粤汉铁路，火车行驶，有规定的时间。省府为了交通和职员的便利，于星期日特备长途汽车数辆，在黄岗和韶关来往接送。但限于荐任官才得享有这种权利，委任的职员无资格乘坐。其时我在省府做股长（以前也做过荐任官），认为在离乱中，还要一再分开等级，对委任的诸多歧视，愤不能平，就不管三七二十一，和他们一起乘车。后来省府秘书处开处务会议（股长也出席），说及交通和搭车问题，秘书张尔超提出此事，说："交通车原限于荐任的才得乘坐，居然有委任的强搭，实属不合！"这分明是对着和尚骂秃驴。决议结果：重申禁令，委任人员不得再行乘搭。于是人们把这些交通车叫作"荐任车"。

《广州旧事拾零》

❖ 秦庆钧：跛老虎，讲乜野

陈铭枢于民国十八年（1929）3月间赴香港转南京开会时，寓于香港皇后酒店。不料酒店失火，仓促跳楼逃避，足部受伤，虽在香港治疗月余，但回广州仍不良于行，时作拐状。当时广州学生择师运动日盛，时常罢课。某日陈到中大附中召集师生在礼堂（现在鲁迅馆）讲话，有几个顽皮学生不进入礼堂，而在外边把头伸入窗门，大呼"跛老虎，讲乜野（什么）！"陈顾而笑曰："乖乖地入来听跛老虎教导你吧！"一时传为笑柄。

后来陈请得跌打名医赖成己为之治疗，闻赖医生的疗法与其他医生有所不同：一方面把手按摩正其骨骸疏其血脉，另一方面将跌打药煮热，用纱布包裹向患处反复熨贴。如是则患者甚感舒适，忘其痛苦。不久陈的双足强健如初，每晨还到东郊跑马锻炼。

《陈铭枢先生二三事》

❖ 练秉彝：陈济棠的迷信统治

陈济棠遭逢时会，盘踞粤省多年。其用人行政和一切措施常以风水鬼神相命为主宰。胞兄陈维周侈言其祖坟将福荫陈济棠做皇帝。时人称陈济棠为"南天王"。陈组织所谓"明德社"提倡读经。通令学校增设《孝经》一课，曲解忠孝。兴办燕塘军校自兼校长，杜益谦副之。企图培养大量奴才，为扩张私人势力作准备。军校设沙河燕塘地方。当时沙河地区一片荒凉，冬夜行人稀少，万籁俱寂，只闻风荡草木作声。军校守兵，疑为鬼魅。

员生加以附会，鬼话连篇，煞有介事。益谦据情上报，陈信以为真，谋诸乃兄维周，央请所谓玄学专家翁半玄，作法驱鬼。每日凌晨，命白云山能仁寺和燕塘军校两处钟鼓齐敲，如临大敌。同年元旦，忽然大风一阵，吹落校旗。陈认为不祥，大发雷霆之怒。棍责值日官20杖，禁闭掌旗官40天。

陈济棠反蒋未动兵之前，先派陈维周赴南京谒蒋。暗观蒋介石气色。维周归来，力言蒋面呈晦气，流年不佳，快要垮台，并偕翁半玄到陈公馆，深夜"扶乩"，佯写"机不可失"四字，以促乃弟反蒋决心。不料陈一动兵，而内部先溃。原恃以为抗蒋的空军司令黄光锐率全部飞机北飞投蒋。所属三军，先后倒戈，迫陈下野。维周亡命香江，尚对人言，翁半玄"扶乩"灵验，所谓"机不可失"是暗示伯南要注意空军。不信军师之言，致遭失败云。

❖ 李仲如：善哭的余汉谋

哭之为用大兵哉，观于余汉谋反而益信。

1929年陈济棠与桂军白圮作战之役以余汉谋有不稳消息，把它扣留，后经全师团长以上发出通电，有"还我师长"的要求，陈氏迫于形势，始把余氏释放，复回原职。然而余、陈两氏之裂痕殆无法弥缝了。蒋介石看透此中情形，遂向余氏目眉里大送其秋波，为他日华南军事上一笔本钱。

1936年陈济棠联合桂系李宗仁，揭橥抗日反蒋旗帜，中央政府为釜底抽薪，任令余汉谋为伪四路军总司令，给以收复粤省重任。余氏当时驻防大庾，中央派专机接迎赴京面授机宜，余氏故主情殷，仓皇失措放声大哭，未敢动程。几经李煦寰、张瑞贵等高级将领极力怂恿，胁迫上机，始允北飞。无奈粤省陆空军亦变起萧墙，纷纷反戈，陈知大势已去，自动下野，余氏回粤，就任四路军总司令职。此一哭也，遂成余氏竖子至名。

越二年，抗战事起，日军南侵，广州万分紧急之际，正值八月中旬，余氏生辰，部曲亲知，醵资为寿，酒数巡，余氏又大哭一场，举座愕然。此一哭也，余氏行将北走避敌为广州沦陷先声。

综余氏一生，第一次之哭，荣总师干，得了方面之寄。第二次之哭，丧师失地，成了败军之将。余氏素以善哭闻于世，每于时局紧急关头，辄对部曲痛哭流涕，用意何在，究非局内人所能测其高深也。

❖ 梁树培：何香凝送裙子

何香凝的父亲何炳桓，一生热爱祖国，热心支持革命事业，曾几度捐献巨款，支持孙中山先生的革命活动。何香凝受到其父革命行动的影响，和当时革命潮流的鼓舞，献身革命，跟随革命家廖仲恺一起参加革命运动。为了革命事业，何香凝不顾个人安危，连私己嫁妆银也全部捐献出来搞革命。

1931年，日本军国主义者发动九一八事变后，蒋介石的不抵抗政策使东北沦亡，何香凝非常愤慨，赠蒋介石诗一首"枉自称男儿，甘受倭奴气。不战送山河，万世同羞耻。吾侪妇女们，愿赴沙场死。将我巾帼裳，换你征衣去"，并附送妇女裙子一条。这件事传遍大江南北，这首诗更为海内外人士广为传诵。

《何香凝故乡情》

❖ 邬庆时：陈耀祖之死，一个汉奸的结局

陈耀祖，字德昭，新会人，陈璧君之胞弟也。因任汪伪广东省长兼广州绥靖主任，人以文武耀呼之。少留学法国，专治土木工程学。学成归国，大家女子争欲以为夫，而陈不屑也。唯爱一婢黄氏，请于亲，与之结婚，生二

子，恩爱弥笃。陈耀祖历任中山大学附中主任、韶坪公路处主任、广州市工务局长、伪广州市市长、广东省建设厅长、伪广东省政府主席以至伪广东省长兼广州绥靖主任。黄氏出入与俱，人不知其不识字也，亦不知其为省长夫人也。妇女各团体知之，举为首领或名誉职，都不接受。其胞弟亦在海珠路开一米店，自食其力。人亦不知其为省长夫人之胞弟也。及日寇投降，凡与陈璧君有关系者皆不免，惟黄氏母子均以无罪获省释，人始知陈之独具卓见。但陈早已遇刺死，则又出陈意料之外矣。陈每暇必到文德路各古玩店看古玩。有当意者，辄买之。价成，则使之装潢锦匣。而令省府会计主任汪彦斌依时备价，带回省府珍藏，遇有贵宾过境或回国，即命取出某件，赠送某人，而不需要时，则未尝一把玩或一展览也。有时并不乘汽车，不带卫士，穿便衣，携妻子，逍遥市内，一如平民。有语以在战争时期须稍为戒备者，辄谓："我不害人，人必不害我。而且能如我者，世有几人，是害我适以害人，亦不啻自害。世无自害之人，则亦无害我之人。既无害我之人，我又何必防其害我？"民国三十二年（1943）6月某日黄昏，凶手数人预伏于文德路横巷，伺陈下车，步行而过，先将卫士当堂轰毙，乃行狙击，见陈倒地，再放一手榴弹，使行人乱跑，然后逃去。凶手既逃，军警乃至，陈未即死，则送陆军医院医治。予闻耗驰往，已不及矣。

《陈耀祖逸事》

❖ 邬庆时：林汝珩、汪屺之"临崖勒马"

民国三十三年（1944）汪精卫病死于日本医院中，旋以飞机运其遗骸回南京，葬于梅花岭。陈璧君率其子女及其亲信由广东飞南京送葬。事毕过沪转飞广州，将起航，却不见广东教育厅厅长林汝珩及广东警务处处长汪屺。遍寻不见，而起航时间已到，不能再待。归广州后，接林、汪两人辞职电，乃知两人实有意逃匿，璧君破口大骂两人无用，即以陈良烈补伪广东教育厅厅长兼广东大学校长，郭卫民补伪广东警务处处长兼广州市公安局局长。南京如言，发表任命。两人既去，广州各要人以精卫已死，而陈公博代之。表面虽属一系，但公博与璧君，平时已有多少裂痕，此后难保其欣合无间。自是暗中将其眷属及珍贵物品运往香港，时有所闻。迨民国三十四年（1945）8月15日日本宣布无条件投降，更大量搭兵舰或民船运去。璧君闻之，又破口大骂各人无用。已运去者，须即运回；未运去者，不准运去。各人不能不遵。至张发奎入广州受降，遂将其一网打尽。而林、汪两人独逍遥法外，行所无事。人皆羡之，谓其智烛先机，临崖勒马，真非在粤各要人所能追及。以予所闻，两人临崖勒马，事诚有之。至于智烛先机，则未免过誉。两人逃匿之最大原因，实在于璧君之善骂，两人在沪时，尝对人言之，人亦认为两人由衷之言也。璧君善骂，人皆知之，在粤时尤为放肆，对于在粤各要人，直视同奴婢，出口便骂。若心中有不如意之事，则借以泄气，呶呶不止。各要人素苦之，固不仅林、汪两人。惟林、汪两人能及时跳出火坑，为其过人之处。精卫既死，公博当权，而璧君与公博，平时已有龃龉，则此后情形，当不免有所变化，甚至于树倒猢狲散，自在意中。林、汪两人乘机辞职，实以此故。当时并不知日军之铩羽一至于此，更不知蒋之翻脸又一至于此云。

《近百年广东异闻录》

❖ 朱哲夫：可怜的车仔

　　广州在开马路以前，人们出外用以代步的交通工具只有小轿。开马路（大约在清末民初即1911年前后）以后，人力车（京沪叫黄包车，广州叫车仔）才逐渐兴起。那时候，车厂厂主从上海和日本购入这种车辆一批，所以又有人叫它"东洋车"。厂主不直接把车租给拉车的人（车夫），而是让一些叫承租的中间剥削者来出租。这种承租的人，从厂主那里以每天每辆租金若干，包起若干辆车，而以高出于包来的租金三分之一甚至二分之一的租价，租给车夫，从中坐享不劳而获之利。车夫们租车，要有商店担保，如果没有，就要交出数十元（白银计，以下同）作按金，以防车夫"走车"（即把车拉了去，不交回来）。但车夫们是很难找到商店作担保的，于是只有忍痛交数十元按金。但按金也不容易筹集，就只有向高利贷（广州叫收贵利）者借钱缴纳。以后只有靠自己的血汗挣得的车钱来偿还。

▷ 民国时期广州街头的人力车

车夫们租车以日租计算。每天车租由一元至一元五角不等。因为一要看车夫和承租人的关系搞得好不好，二要看所租的车新旧程度如何。定租以后，不管你那天拉得多少钱，也要照交车租，而且如果车有损坏，也要由车夫负责修理。广州的人力车，开始的三两年，只有一百数十辆，后来逐渐增多，形成了厂主与厂主，承租人与承租人，车夫与车夫三者相互之间的生意争夺。到头来，吃亏的只是车夫罢了。由于抢生意，车费一般偏低，因为收得贵就没人光顾。那时候，乘坐人力车是有价讲的。例如由西堤大新公司（现南方大厦）坐车，沿着长堤一直到东堤尾的大沙头，索价二角，但讲价结果，往往一角五分便可以了。这样，车夫要每天拉8—10次这样路程的车，才能挣得一元多，才能有钱缴交这天的租金。余下的时候和精力，才能为自己的生活（包括养活家人）打算。车夫们只有拼命加班，但人到底不是机器（机器也要加油），好不容易才度过艰难的一天，这期间，遇着车子损坏，或是自己体力不支，就更无法应付了，更不要说家人有病的医药之需了。

民国初年，广州各派系的军、宪、警、侦缉等横行无忌。这些"有枪阶级"，坐车从不交车钱，车夫们最怕他们又不敢得罪他们。碰上拉他们的车，只有自认倒霉，不给他们说"拉得慢"而遭受一顿毒打，已算万幸了。另外，黑社会的地头蛇各种敲诈勒索，车夫们自身的行帮派别（如广府帮、潮汕帮、南路帮等）之间的倾轧争斗，使车夫们在精神上、肉体上、经济上所遭受的损害与痛苦更为加深。

这期间，唯一的一种人力车夫可以摆脱上述的种种压迫剥削，那就是拉长班车的车夫。那时候，一些富商巨贾，时兴置一部相当讲究的人力车，雇请一个长年专为自己拉车的车夫。这种车就叫长班车。车夫拉到这种车，算是得天独厚的了。但是，富人坐这种车的毕竟是少而又少，这种车夫只是凤毛麟角罢了。

《广州人力车小史》

❖ **林维迪：** 西关嫲姐，"高贵工人"的遭遇

昔日广州有所谓"东山少爷，西关小姐"之说。所谓"小姐"，并不是凡年轻少女之称谓。当时所称的小姐，是指有身份地位人家的女儿，才能够称小姐的。这些被称为小姐的人，多有贴身佣人，因大户人家都多雇人使用。凡此类情况被雇用的人，称之为嫲姐（或妈姐），这些嫲姐穿着大致相同，上身白色大襟衫，下身夏天薯莨绸裤，冬天以浅蓝色布裤为配。打

扮得光鲜颈靓，粗辫发亮，给人一种干净、整齐的感觉。这些嫲姐成为当日的打工一族，形成一个阶层混杂在西关人群的生活中。她们除主人家外，对其他人有一种自我优越感。因此，一般人认为她们是"高贵工人"，不敢惹她们，其实，她们的境遇也不是那样称心如意的。当时，有粤讴一首，描述过她们的遭遇：

你闹乜靓溜，整乜风流。想起你番来真正愧羞，自幼父母双亲辞世后，暂时唔嫁学梳头，服侍少奶随左右，衣裳浆洗更重要梳头。但系出入时常跟佢背后，有时轿尾跑得你汗流，但系朝晚两餐亦要为人食饭奔走，待至主人食罢，正到你轮流。夏天掌扇唔停手，但逢天冷要你叠好床头。晨早要在房中来等候，斟茶倒水两头游。论起你番来真正贱透，讲乜风流美貌闹排头。我劝你少年趁早寻佳偶，指望百年有靠免咁含愁。大抵打工下贱唔堪受，到底寻君配合免担忧。日月相连真秀茂，听过光明到白头。

▷ 民国时期的西关小姐

此粤讴虽然对嫲姐的高傲作了批评（其间亦含有偏见），但还是真实地描述了嫲姐的遭遇，给后辈人留下了了解她们生活的真实资料。

《西关杂记》

第十辑

广州印象·一幅难忘的岭南画卷

❖ **潘广庆：**西关大屋，华美精致的岭南风格

　　西关大屋，是广州市清末盛行的一类旧民居，其中以"西关角"一带的名门望族人家的高檐深宅最具特色，最为精美。它以平面布局、立面处理、建筑设计和细部装饰具有独特风格和浓郁地方特色而扬名中外，为岭南建筑宝库中的一件瑰宝。据我多年从事这一调查研究工作所掌握材料来看，它兴于清代后期，到19世纪中后期和20世纪20年代至为鼎盛。其建筑艺术，一方面来源于历史的积累，其时一批具岭南特色和风格的古建筑犹存，新兴建的住宅与日俱增；另一方面粤人宦成而归者和从事南北贸易的商人带回了国内各地建筑艺术之精华，加以运用和仿造，同时随着对外贸易的发展和归国华侨日多而引进了不少国外先进科技，使西关大屋的建筑与装饰日趋华美。相传兴盛时多达800余所（几间相连大屋的群体，同一业权者称为一所）。西关大屋，以其门庭高大，装饰精美，工艺讲究，功能齐全而闻名，为我国最后一个封建王朝留下的一批建筑财富，具有鲜明的地方特色和建筑工艺价值。可惜现存的西关大屋大都已残缺不全，不足百家了。它理应唤起人们的注意，以期在保存、整理、挖掘和修复等方面有所作为，做出应有的贡献。

《独具特色的西关大屋》

❖ **罗雨林：**美轮美奂陈家祠

　　陈氏书院，俗称陈家祠，是广东省七十二县陈姓合族宗祠。它始建于公元1890年（清光绪十六年），历时四年，于公元1894年（清光绪二十年）建成。

▷ 西关大屋内景一瞥

▷ 广州陈家祠内景一瞥

据陈氏书院契据抄本记载和该书院创办人之一陈香邻的儿子、曾任该书院常务理事的陈杰卿回忆其筹建经过是这样的：清光绪年间，归国华侨陈瑞南、陈照南和广州慈善界人士陈香邻等，为了更好培养陈姓子弟，便于广东陈氏本族各县读书人来省城应考科举以及为了发扬祖先遗教遗德，特倡议在广州筹建全省性的陈氏合族祠堂，以供全省陈氏子弟入考前的备读和考后的等榜之用。由于当时的社会风气，受孔孟遗教影响甚深，陈氏又为广东望族，第一大姓，有"广东陈，天下李"之称，人口众多，宗族根基非常深厚。它自中原南迁到广东各地后，大多发起来了，财雄势大。因而一经知名人士倡议，全省陈姓各房便纷纷响应，海外各埠陈姓华侨也热烈援助。于是形成了一股兴建祠堂以光宗耀祖的热潮。他们以营造祠堂来增强宗族的凝聚力，作为自己宗族的象征和精神支柱。因而投入了大量的财力、物力和人力，选用当时最好的建筑材料，聘请当时最好的建筑匠师，以严密的施工组织管理来进行着意的营造。经过几年的筹划，建祠的基本款项等筹备工作就绪，便在当时羊城八景之一的浮邱丹井之侧（司马涌）购地规划，于光绪十三年开始清理场地和定好格局，十六年正式破土动工。整个工程是承包给广州寺前街（即今惠福东路）的瑞昌店建造的。聘请当时广州最著名的建筑工程师黎巨川（原名济，南海县百西上巷村人）负责整体建筑设计和现场施工总管，并集中了全省名工巧匠和营造商号进行施工。由刘德昌（店址在广州回澜桥即今长堤潮音街附近）、时泰（店址在广州城西源昌街，即今广州文化公园范围内）、许三友（店址在广州联兴街，即今广州文化公园范围内），以及西山居士等店号、艺人负责木雕和部分砖雕的装饰工程制作，陶塑瓦脊装饰工程则由石湾著名陶塑瓦脊店号文如壁、吴宝玉荣记、美玉成、吴奇玉等负责施工。灰塑装饰工程则由番禺"灰批状元"靳耀生、南海布镜泉、布锦庭、布根泉、关勇、关桓、关均和、佛山黄耀生、董耀生、张容（又名张铎生）、高要邓子舟、伍泉锡、程静山、杨锦川等名工负责。砖雕装饰工程刚由颇负盛名的番禺艺人黄南山、杨鉴廷、黎壁竹和南海名工陈兆南、梁澄、梁进等人负责。石雕装饰工程由南海名工邹××等人负责，铁铸装饰工程由佛山名工负责。壁画装饰工艺由佛山以善画著称的"灰批"艺人杨瑞石负责。并从东南亚、南洋、海南岛一带搜集不少直径80公分、高达10余米的坤甸木等良材，到东莞、南海等地精选订造绿豆青砖、油麻石等回来。在瑞昌店和黎巨川的统一筹划、指挥下，各店号艺人各司其职，各显其能。经过约两年的施工，即光绪十八年，当中轴线上的建筑即将完工之时，恰值陈氏家族中的一位儒生陈伯陶，在殿试中高中一甲第三名（探花），进士及第，授翰林院编修，族人以建祠风水有灵，而发动更广泛的筹款捐资。当时的筹款方式，还采取向为其祖先捐款立神主牌位者规定每个牌位的捐款数额（笔者在60年代曾见有一牌位记有洋40银一个。后来这批牌位在"文革"中全毁了）至光绪十九年八月二十日，陈氏书院举行了上梁升祖牌收口落成崇升典礼。当时有瑞昌店贺联（现仍张挂在陈氏书院内）云：

祖德厚流光帝王将相道学神仙垂于后昆丕焕堂基隆享祀；
工师何有力樽栌侏儒根閲扂楔成兹寝庙惟勤涂暨壮观瞻。

至光绪二十年，陈氏书院的最后工程完成，正式交付使用。这座凝聚着劳动人民无穷智慧的宏伟、精美的建筑，就这样诞生了！

陈氏书院落成后，因地方宽大，最适宜于办学之用。因此自清末光绪三十一年（1905）废科举后，就开始在那里办陈氏实业学堂。后改办广东体育专门学校（陈策任校长），后体专迁址大沙头而改办文范中学（以翰林陈启辉和陈宝征先后任校长），到广州沦陷时结束，1946年又办聚贤中学（校长为陈本，董事长为陈济棠）。但每年春秋两季举行的全省性陈氏祭祖怀宗的活动仍照常在这里举行。陈济棠当时就曾参加过这样的祭祖仪式。至1951年聚贤中学结束，改办广州市行政干部学校。1957年经广州市人民委员会决定作为文物保护单位，由学校移交给市文物管理委员会进行全面维修、管理。1959年辟为广东民间工艺馆。1962年经广东省人民政府批准，定为省重点文物保护单位。1988年经国务院批准定为全国重点文物保护单位。每年均由国家拨出巨款延请民间艺人和专家学者根据建筑原貌，有计划地进行科学维修保护，让这颗建筑艺术明珠与陈列展出的各类丰富多彩的民间工艺展览共冶一堂，供人们观赏。

《陈氏书院及其建筑艺术》

❖ 屈慎宁：饱含寓意的余荫山房

番禺的余荫山房是清代广东四大名园之一，且又是四大名园中占地面积最小的一个。园的面积虽小，但其景观布局疏密有致，层次分明，藏与露对立统一，亭与榭各分所属，进入其间，一步一景，步移景换。作为园林，它是麻雀虽小却五脏俱全。难怪它正门通道口的对联似抑实扬地写道："余地三弓红雨足，荫天一角绿云深。"

诚然，余荫山房内的园林的确做到四季有色，四季闻香，终年不败，如意吉祥。

苏东坡说过："宁可食无肉，不可居无竹。"话虽如此，但苏东坡所在的江南与岭南有所不同。岭南夏秋多风雨，一年总有几次或大或小的台风。劲风吹竹，竹尾如大扫把，很容易将屋檐之瓦筒瓦片扫跌或扫动。所以，岭南园林从保护建筑角度来说是很忌种竹的。

园主人邬燕天是个风雅之士。极有文人的清高赋禀，种竹可示其气节。因此，他必须种竹，迎合到来雅集的各方士子与骚人墨客。如何将种竹的人文意义和种竹的副作用解决好呢？邬老先生不愧见多识广，他创造性在园边种上修竹，之后，再砌内外夹墙护着，这样，大风一起竹只能在一定高度上摇晃竹尾，减少破坏性。竹有优点，如夏天降温，冬天拒霜露，日间遮阳，夜里筛月，成为园内一道美丽的高层绿色风景线。再加上一排修竹用高墙一夹。园内人看是园外的竹；园外人看是园内的竹。这种疑内非内、疑外非外的观感，正合传统的美学观点，使人更生意趣。

余荫山房是私家花园，在园林物种设置上，私家花园与公共花园，虽有大同，但亦强调小异。在吉祥、喜气、和合的共性上，还有许多要配合所谓风水和习俗上讲的意头的。余荫山房在物种配置上很注意这一点。比如在旁边的家祠天井，它种上一对龙眼树和一对酸三稔树的。两种树合起来是"子孙成龙"之意。在家祠外又种龙眼与紫荆配搭，这叫"望子成龙"。

花园内物种层次分明，乔木有黄玉兰花和白玉兰花。黄色是金，白色是银，表示有金有银，八角亭畔有株终年挂果的酸三稔树。有人说，山房主人为什么咁笨不种甜杨桃树而种酸三稔树呢？其实这果不为食而为意，因酸三稔常年结果，常常花果并存，因为其果酸，人们大都不摘，连小孩也不会偷吃。酸三稔果多又大，等到熟透了由它自然跌落，这种酸三稔自然跌落的现象就寓意"子孙（谐酸字音）满地"。

酸三稔旁有株高大的菠萝蜜。这是外来物种。正是主人孝心表现，因其祖母与母亲都是礼佛之人。寓意家有"波罗蜜经"庇佑。菠萝蜜树侧又有一高大的苹婆树，苹婆又叫凤眼果。园内种上它，一可寄寓"多子"及"笑口常开"之意；二则与龙眼配搭，家有龙眼（皇帝）和凤眼（皇后）照住，"想唔官运亨通都几难"矣！而且，龙眼与凤眼，也表示"龙凤呈祥"之意！

八角亭另一侧照壁种上一株蜡梅。蜡梅正借春节开花，那金黄的蜡梅花盛放时，使满园金光迎春，颇添贵气。与金光灿灿的蜡梅隔池相应的是深柳堂前花架的一株覆盖过百平方米的炮仗花。炮仗花也是春节开放的，那红如火焰的炮仗花使春的喜气感染全园，给予每个到园的人无尽祝福。蜡梅边种一株蒲葵，蒲葵常绿，而且最招惹蝙蝠。园主人就看中这一点，叫它做"引福归堂"。园内还有吊兰、茶花、紫薇、银桂、丹桂、含笑等灌木花卉。此外，全园的花基上均摆设四季国兰，诸如白墨、黑墨。秋兰有金边马尾、四季春等名种。而地上低层则统种蒲草，蒲草四季不谢，少招虫蚁。如此，山房便四季有花色和花香，且不会落叶。有人说："为什么山房不种鸡蛋花呢？"因为鸡蛋花虽好，但它秋冬落叶最后成为光棍且叶柄有乳状汁液，人叫这是"泪痕"，故忌种在园上。其次，为求辟邪利宅，园中在边角隐处还布种铁树、苏铁和仙人掌，还有一株从海幢寺扦插来的鹰爪花。

《余荫山房园林物种寓意考》

❖ 林维迪：广州醒狮，造型不一般

广州的醒狮，在一定程度上代表了南狮舞。南狮舞的出现，其起源众说纷纭。有人说始于明朝初年，人们仿造文殊菩萨坐骑狮子的形象，在习俗的节日中舞动它，以告四方生灵，不要给黎民百姓带来灾难，以祈求百姓家宅平安。另一种说法认为"醒狮"活动起源于明朝末年，最初狮舞是表现武术馆的尚武精神。无论哪种说法正确，到了清朝中叶，在两广地区已经广泛流行以吉庆为主的狮舞活动可是真的了，当时广州三元里和泮塘的"狮子"最具有特色，据说过去广州的狮舞亦多出于这两个地方。

其实，粤虽为蛮地，但也有"蛮王宴汉使于百花楼，楼前设舞象"（刘恂《岭表录异》）之举。这样说来，用兽或造型鸟兽来舞蹈以助喜庆，也是古已有之。广东民间的动物舞种类繁多，如番禺、澄海的鳌鱼舞，佛山的龙舞和麒麟舞，新会的沙龙舞，粤西的熊鹰舞和貔貅舞，等等。而狮舞是动物舞中最普遍的一种，加上狮与佛教有缘，其吉祥驱邪含义早为人们所接受。总之，广州狮舞的出现较迟于中原，应在佛教传到广州之后。

广州醒狮的造型有自己的演变过程。清朝光绪十六年（1890），兴建在广州浮丘丹井旁边（现在中山七路）的闻名中外的陈氏书院（广州人俗称陈家祠）的薝饰上，就有一头瓦檐狮子（广州话）。这头狮子目圆口大，高额隆鼻，獠牙外露，眉骨外撑，鬣毛罩面，身披鳞状毛块，四肢粗壮有力，体态生动，乍看凶猛，细审慈祥。最令人注目的是这头狮子头顶上只有一个肉瘤，而无角。不管有关研究者怎样考究，舞狮老师傅的态度却很坚定，认为初期广州醒狮的样子就是这样的。

▷ 舞狮表演

现在广州的醒狮，头上是有个角的。这是一个非常独特的造型，名为"狮子"，实质是不像狮子，不像犀牛，不像麒麟，不像虎豹的四不像。对于这独角狮子，民间有多种传说，大都反映了人们希望驱邪护法、能保平安的灵狮具有更神通广大的威力这个愿望。其实，粤俗好斗，舞狮在民间广泛地开展，终于形成了许多门派，为了巩固自己的会馆，弘扬自己的声誉，于是就产生占地盘、振声威的争斗。这争斗除了在各方面进行外，直接的狮头撞狮头的打斗冲突就时有发生，所以，正如舞狮的老师傅所说："要在狮头上安一个角，初时还是用铁造的呢！"这样，一种铁角、青鼻、獠牙、牙刷须（短髯）的打斗型狮子便出现了，广州人称这种狮子为"张飞狮"，又叫"武狮"。后来，这个角便成了南方醒狮的一种特有装饰物。

　　南方狮的形状，很明显是经过匠人几百年来根据民间喜爱的形象，不断地改造和创新的。狮头的造型，主要采取虚实结合的手法。所谓"实"，就是以狮形为基础：眼大、鼻大、口大，并以鬣毛为饰。所谓"虚"，就是以民间喜爱的历史上的人与物的形象为基础，或者根据传说中的神物形象，如龙、凤凰、麒麟等；或者根据历史人物的形象，如张飞、关公、刘备等等；或者根据各地民间石狮的传统模样。总之，目前狮头造型相对固定的形象，是经过千百次演变和不断地夸张、美化的结果。醒狮，渐渐成为富有民族艺术特色且寓有吉祥意义的民间工艺品。

　　广州的醒狮，其形象还有小异，一般是以狮头的图案设计而有所分别。比如额头、脸面、面颊（腮）、舌头、胡须等的着色和图案不同，分别有关刀纹、螺旋纹、如意纹（采用佛教的纹饰）等，因而也分别称为刘备狮（也叫作彩狮、文狮）、关公狮和张飞狮（此两者属武狮）。此外，还有金狮、虎斑狮，或者以产地为名的鹤（山）装狮、（香）港装狮等，其名称之多，举不胜举。

《醒狮报平安》

❖ 梁俨然：春节逛花市，讨个吉利比比阔气

广州花市，由民初至新中国成立前，以浆栏路为花市集中地，将近除夕，鲜花在沿马路两旁店铺门前摆卖（农历十二月二十七日开市至除夕深夜12点后，甚至延长2-3时）。马路中间行人，警察分局则加派警员巡逻，维持秩序，不管理花市。

除夕黄昏后是花市的最高潮，花市的主顾者，多为商业主或住户，而青年男女较少，看花者多在除夕前日夜为多。30年代金融界为安定，工商业亦有所发展，花市颇为兴旺。花的种类以桃花最易售出，工商业者因有宏图大展为吉兆之意，其次如吊钟花，初期曾有梅花出售，后因梅与霉同音则极少人问津了。有丧事的却购买李花（以花色白）。花枝衬托，则有剑兰菊花，盆栽则有牡丹、水仙、金橘、红橘等。而白菊（白掬白做）、芍药（一名将离）、银柳（一名蒲柳，蒲柳之姿）等却甚少人购买。今天已改变了看法。

20至30年代物价较低，而花价却昂，一枝桃花可售价一二十元，而当时生活标准，每人每月食用为六七元而已。

沦陷期间，花市未有间歇，但假风逐渐发生，如用人工加密花朵，以盐水喷洒快开的花蕾，以阻迟开花，或调换品种，不一而足。人们却以过一日得一日的购买心理，故花市仍一样照开。

1946年起，工商业逐渐恢复，一些暴发户，发国难财，即所谓达官贵人，交际繁忙。酒楼、旅业、商行、企业等，它们的厅堂都有大型春花的布置，特大的花瓶，高干的花枝，争妍斗芳，以示阔绰，因此花价出现过一株大桃花标价港币一千元，按下定金，迟迟未取，用红纸书上某号买下，这权作为宣传，显示阔气。那时的商铺营业，是没有例假的，

年终冬至后结算盈亏，然后把商店布置，作除旧布新，寄托希望，厅上摆设花瓶花枝、牡丹水仙、糖果瓜子礼盒，写上吉祥语句或对联，表现了节日的气氛。

《桨栏街花市》

❖ **梁俨然：** 老广州的盆景展览

▷ 民国时期广州市民逛花市

20世纪20年代广州长堤先施公司天台游乐场，曾有一次较大规模的盆景展览，计分树木盆景、石山盆景、名胜微型盆景，尤以微型盆景最为逼真，甚得游人赞赏。当步上天台展场，入门悬有对联："卜岩花着色，丰壁绿成茵。"前面悬挂有康熙帝的咏盆景诗："小树枝头一点红，嫣然六月袭荷风，攒青叶里珊瑚朵，疑是移根金碧丛。"为吴道镕所书。

参观者入场，只觉苍翠撩人，到处枝伸叶舒、疏影横斜，架上系列品呈，配有对联是："似有山家真野趣，都无俗家假清高。"盆景有：松鹤延年、枯木逢春、新花满树等景，林林总总，交错杂陈。而微型盆景方面，布局更为精巧，纵横别致，经过人工锯裁胶合，雕琢精工，假山叠石，流水潺潺。描摹塑造的风景，如桂林独秀峰、象鼻山，杭州的三潭印月、雪峰夕照，苏州的园林小景，越秀镇海楼及荔湾画舫等，甚至长城泰山等名胜，亦列布其中，栩栩如真。砌凿的舟、桥、亭、阁、苔藓蔓藤，构成神形兼备的立体画面，只见盆内现出一峰独秀、群峰耸绿、水光岩影、山居村舍等，尽收在一掌间，令人叹为观止。小园林间又有联："浅水一泓疑画意，堆岩叠翠引诗情。""流水环围，短艇无风长泊岸；云根堆砌小亭有客永登临。"极能道出其逼真之处，还记得有人题诗一首，以记此游园之乐，诗是："砌岩着色草轻匀，削壁裁崖缀绿茵，拳石堆螺迷径路，只疑身是景中人。"读之令人回味。

《谈微型盆景》

❖ 崔惠华：纸通公仔，"梳起姑婆"的神秘作品

纸通公仔是七夕民间拜七姐乞巧用的风俗工艺品，有着浓烈的地方特色。纸通公仔神秘而独特，每件作品独一无二，它的作者是那些终身不嫁的"自梳女"。自梳女是新中国成立前珠江三角洲地区的特殊群体，一些妇女为摆脱封建婚姻之束缚，更为了摆脱婚后被男子遗弃的悲惨命运，坚决终身不嫁，并"以嫁为人间最羞辱之事，于是遂约不嫁，即为父母所强嫁，亦必不落家。不落家者，嫁后不与丈夫同寝处，越日仍归母家，与同党姐妹为伴，为不失落于夫家意也。"（《中华全国风俗志》下篇）长期过着独身生活。自梳女为了能够互相照应，大多相约几个要好的姐妹住在一起生活，她们被称为"姑婆"，她们住的房子称为"姑婆屋"。纸通公仔是自梳女们在姑婆屋里制作而成的，其制作手艺也局限在自梳女内部流传。番禺梅山的自梳女就是靠长年制作和出售这种纸通公仔来维持日常生计的。纸通公仔是她们经济生活的依靠，她们担心失去经济来源，不敢把手艺外传，

姑婆们在姑婆屋里制作纸通公仔，其制作过程从不示外人。做好以后，把纸通公仔放进装有炒米的铁箱里密封保存，因为纸通公仔一年才出售一次，保存方法很重要，据说炒米可以吸潮除湿，经常更换和晾晒炒米，就能避免纸通公仔受潮损坏。一板公仔大约可以换30斤谷子，一年所得的工钱可以勉强维持简单的生活。

纸通公仔被未婚姑娘视为珍贵的乞巧物品，甚至广州、佛山、香港等地有钱的女子也托人前去订购。《广州岁时纪》云："七月初七日，俗传牛女相会之期，一般待字女郎，联集为乞巧会。先期备办种种奇巧玩品，并用通草、色纸、芝麻、米粒等，制成各种花果、仕女、器物、宫室等等，极钩心斗角之妙"。番禺梅山附近的村庄，乞巧节拜七姐是姑娘们一年当中最重视而又最高兴的节日，大家凑钱大搞乞巧活动，各村的姑娘在暗中比斗、摆阔，看谁的乞巧品精美奇巧。乞巧物品最引人注目的是做工精细的纸通公仔，姑娘们合伙在自家门前或村中的大地堂上摆上十几张八仙台，台上摆放着一板接一板的纸通公仔，如同一个个小戏台，让村民逐一欣赏。按当地的风俗，人们认为纸通公仔是圣洁之物。

"梳起姑婆"洁身自好，闭门制作纸通公仔，不准外人偷看，不准私自外传，是因为纸通公仔十分神灵，它忌肮脏的东西。据说乞巧节期间，如果遇到观众里有坐月妇人用手去指点触摸纸通公仔，或是有邪气缠身的人靠近它，纸通公仔则会自然散落倒塌，迷信它那是被"脏东西玷污"所致，极不吉利。纸通公仔的神秘色彩是人们赋予的，它给人们带来了吉祥，带来了喜悦，同时也给广东民间习俗增添了迷人特色。

20世纪三四十年代，番禺梅山村有陈群兴、陈福萍、陈爱娣、陈爱心和陈咏通等十几个姑婆会做纸通公仔，其中有一位外号叫"鸡玉"的自梳女，她有文化，认识字，负责销售、接订单和去广州长寿路洋行买材料。纸通公仔的材料很简单，主要是薄纸片和铁线，蜡做的公仔头、香粉做的脚和手都是买现成。陈咏通14岁的时候开始跟一个叫余兴（外号叫大头余）的60多岁老姑婆学做纸通公仔，由于当时年轻手巧，过了不久她的手艺就超过了老师傅。

纸通公仔的制作工艺十分烦琐，首先要把各种不同颜色的约8厘米方形的薄纸片卷成一条条细小的纸通，再把长形纸通一截一截剪成芝麻粒状大小的纸通备用。经过精心安排之后，把构思设计好的场景用细铁线扎成一个骨架，固定在木板座上，然后细心地把芝麻似的小纸通，按需要、分颜色、孔心向外整齐地排列粘贴，组成各种艺术形象。通常一个公仔需数天才能完成，一板纸通公仔一个故事。做一组（俗称一板）纸通公仔要一个月左右，人物多、场面复杂的纸通公仔需要的时间就更多一些。纸通公仔色彩鲜艳、造型生动，题材十分广泛，有简单的台、椅、花瓶等36件台头饰物，还有根据粤剧故事内容创作的一组组戏剧场面。姑婆们按照戏曲、神话传说等故事内容，闭门创作，各出奇招，每年都有新款式。如"吹箫引凤"，是一位书生在吹箫，箫中吹出朵朵祥云，引来了凤凰，凤凰上站着一位美丽的仙女。陈咏通的作品50年代初曾经在广州文化公园展出过，还刊载于《羊城晚报》，可惜未能保存作品。陈咏通做纸通公仔做了30多年，直到拜七姐风俗逐渐淡化，陈咏通才逐渐结束了她的工作，纸通公仔也随之自然消失了。

《番禺南村自梳女与纸通公仔》

❖ 梁谋、何滋浦：龙舟巧匠

番禺习俗五月端阳例必龙舟竞渡，成为民间的一大事。自明至清特别是清末以来，很多乡村不惜重金雇请造船师傅为本村制作龙船。黄寮师傅手艺精湛，一年四季应聘外出造船，极少待在家里。他为人正直，宽厚待人，虽技艺高超，但从不索取高额报酬，故一生勤劳，却无积蓄，连屋也没置一间，遗下给两个儿子的，只有一身高超的造船手艺。

珠江三角洲属南亚热带海洋性季风气候，河网交错，常受台风侵袭，龙船在波涛汹涌的"龙舟水"中，常受到波浪横向冲击及上下跳跃剪切的

▷ 划龙舟

巨大反应力，很易破坏船体，常有船破翻沉的危险。黄寮为制作上乘龙船，深入观察，反复研究，不断实践，深得其中奥秘。他所造的龙船，长约12丈（40米），为抗御强风恶浪，加强船体刚性，不仅以三段优质的木料坤甸木拼制而成，还用较厚的木料安装"龙骨"，舟内又辅以几十块隔舱板，再压上一条以上乘木料做的贯通全船的"龙筋"，从而使龙船坚固耐划。龙舟竞赛，以快夺魁，黄寮为使龙船划得快速，吃水线以下的舷板，则使用薄一点的木料，以减轻船体重量，他又注意导航，讲究船身的整体弧度。为了保证所制的龙船能只只上乘，既外形古朴美观，又能乘风破浪，快速前进，因而举凡开线、锯板、拼板、入榫等工序都有严格规定，他也常常亲自检查，亲自动手。

赛场夺魁，固然要靠桡手的力气和技巧，而龙船制作的精巧与否，又是个关键。黄寮造船技术高超，他亲手巧制的有番禺大石南浦东乡村"西约"龙船，曾于20世纪30年代获"通海第一"锦标一面，即全省龙舟赛的冠军。还有番禺石楼菱塘村黄姓的龙船，于1957年参加广州市在海角红楼举办的龙舟赛，也获冠军，一时誉满羊城。

《造船巧匠黄寮》

❖ 郁达夫：*广州的一天*

午前9时，又有许多青年学生来访。郭君汝炳于10时前来，赠我《西泠词萃》四册和他自己的诗《晚霞》一册。

和他出去到照相馆照相。离情别绪，一时都集到了我的身上。因为照相者是一个上海人，他说上海话的时候，使我忆起了别离未久的上海，忆起了流落的时候每在那里死守着的上海，并且想起了此番的又不得不仍旧和往日一样，失了业，落了魄，萧萧归去的上海。

照相后，去西关午膳，膳后坐了小艇，上荔枝湾去。天晴云薄，江水不波，西北望白云山，只见一座紫金堆，横躺在阳光里，是江南晚秋的烟景，在这里却将交入残冬了。一路上听风看水，摇出白鹅潭，横斜又到了荔枝湾里，到荔香园上岸，看了凋零的残景，衰败的亭台，颇动着张翰秋风之念。忽而在一条小路上，遇见了留学日本时候的一位旧同学，在学校里此番被辞退的温君。两三个都是不得意的闲人，从残枝掩覆着的小道走出荔香园来，对了西方的斜日，各作了些伤怀之感。

在西关十八甫的街上，和郭君别了，走上茶楼去和温君喝了半天茶。午后四五点钟，仍到学校里去了一趟，又找不到负责的委员们，薪金又不能领出，懊丧之至。

晚上又有许多年轻的学生及慕我者，设饯筵于市上，席间遇见了许多生人，一位是江苏的姓曾的女士，已经嫁了，她的男人也一道在吃饭；一位是石蘅青的老弟，态度豪迈，不愧为他哥哥的弟弟。白薇女士也在座。我一人喝酒独多，醉了。10点多钟，和石君洪君白薇女士及陈震君又上电影馆去看《三剑客》，到12点散戏出来，酒还未醒。路上起了危险的幻想，因为时候太迟了，所以送白薇到门口的一段路上，紧张到了万分，是决定一出大悲喜剧的楔子，总算还好，送她到家，只在门口迟疑了一会，终于扬声别去。

这时候天又开始在微雨，回学校终究是不成了，不得已就坐了洋车上陈塘的妓窟里去。午前1点多钟到了陈塘，穿来穿去走了许多狭斜的巷陌，下等的妓馆，都已闭门睡了。各处酒楼上，弦歌和打麻雀声争喧，真是好个销金的不夜之城。我隔雨望红楼，话既不通，钱又没有，只得在热闹的这一角腐颓空气里，闲跑瞎走，走了半个多钟头，觉得像这样的雨中漂泊，终究挨不到天明，所以就摸出了一条小巷，坐洋车奔上东堤的船上去。

夜已经深了，路上只有些未曾卖去的私娼和白天不露面的同胞在走着。到了东堤岸上，向一家小艇借了宿，和两个年轻的蛋妇。隔着一重门同睡。她们要我叫一个老举来伴宿，我这时候精神已经被耗蚀尽了，只是摇头不应。

《病闲日记》

❖ 老舍：春来忆广州

我爱花。因气候、水土等关系，在北京养花，颇为不易。冬天冷，院里无法摆花，只好都搬到屋里来。每到冬季，我的屋里总是花比人多。形势逼人！屋中养花，有如笼中养鸟，即使用心调护，也养不出个样子来。除非特建花室，实在无法解决问题。我的小院里，又无隙地可建花室！

一看到屋中那些半病的花草，我就立刻想起美丽的广州来。去年春节后，我不是到广州住了一个月吗？哎呀，真是了不起的好地方！人极热情，花似乎也热情！大街小巷，院里墙头。百花齐放，欢迎客人，真是"交友看花在广州"啊！

在广州，对着我的屋门便是一株象牙红，高与楼齐，盛开着一丛丛红艳夺目的花儿，而且经常有些很小的小鸟，钻进那朱红的小"象牙"里，如蜂采蜜。真美！只要一有空儿，我便坐在阶前，看那些花与小鸟。在家里，我也有一棵象牙红，可是高不及三尺，而且是种在盆子里。它入秋即放假休息，入冬便睡大觉，且久久不醒，直到端阳左右，它才开几朵先天不足的小花，绝对没有那种秀气的小鸟做伴！现在，它正在屋角打盹。也许跟我一样，正想念它的故乡广东吧？

春天到来，我的花草还是不易安排：早些移出去吧，怕风霜侵犯；不搬出去吧，又都发出细条嫩叶，很不健康。这种细条子不会长出花来。看着真令人焦心！好容易盼到夏天，花盆都运至院中，可还不完全顺利。院小，不透风，许多花儿便生了病。特别由南方来的那些，如白玉兰、栀子、茉莉、小金橘、茶花……也不怎么就叶落枝枯，悄悄死去。因此，我打定主意，在买来这些比较娇贵的花儿之时，就认为它们不能长寿，尽到我的心，而又不作幻想，以免枯死的时候落泪伤神。同时，也多种些叫它死也不肯死的花草，如夹竹桃之类，以期老有些花儿看。

夏天，北京的阳光过暴，而且不下雨则已，一下就是倾盆倒海而来，势不可当，也不利于花草的生长。

秋天较好。可是忽然一阵冷风，无法预防，娇嫩些的花儿就受了重伤。于是，全家动员，七手八脚，往屋里搬呀！各屋里都挤满了花盆，人们出来进去都须留神，以免绊倒！

真羡慕广州的朋友们，院里院外，四季有花，而且是多么出色的花呀！白玉兰高达数丈，杆子比我的腰还粗！英雄气概的木棉，昂首天外，开满大红花，何等气势！就连普通的花儿，四季海棠与绣球什么的，也特别壮实，叶茂花繁，花小而气魄不小！看，在冬天，窗外还有结实累累的木瓜呀！真没法儿比！一想起花木，也就更想念朋友们！朋友们，快作几首诗来吧，你们的环境是充满了诗意的呀！

春节到了，朋友们，祝你们花好月圆人长寿，新春愉快，工作顺利！

图书在版编目（CIP）数据

老广州 / 韩淑芳主编. —北京：中国文史出版社，
2018.1

ISBN 978-7-5034-9709-4

Ⅰ.①老… Ⅱ.①韩… Ⅲ.①广州—地方史—史料
Ⅳ.①K296.51

中国版本图书馆CIP数据核字（2017）第264089号

责任编辑：张春霞　牛梦岳

出版发行：中国文史出版社
社　　址：北京市海淀区西八里庄路69号院　邮编：100142
电　　话：010-81136606　81136602　81136603（发行部）
传　　真：010-81136655
印　　装：北京温林源印刷有限公司
经　　销：全国新华书店
开　　本：710mm×1010mm　1/16
印　　张：21　　字数：301千字
版　　次：2018年3月第1版
印　　次：2021年4月第2次印刷
定　　价：49.80元